跨学科协同育人的课程
思政探索与实践

肖长春　徐玉萍　李　曦 ◎ 主编

江西人民出版社
Jiangxi People's Publishing House
全 国 百 佳 出 版 社

图书在版编目（CIP）数据

跨学科协同育人的课程思政探索与实践／肖长春，
徐玉萍，李曦主编. -- 南昌：江西人民出版社，2024.
10. -- ISBN 978-7-210-15663-5

Ⅰ. G641

中国国家版本馆 CIP 数据核字第 2024D4H464 号

跨学科协同育人的课程思政探索与实践

KUA XUEKE XIETONG YUREN DE KECHENG SIZHENG TANSUO YU SHIJIAN

肖长春　徐玉萍　李　曦　主编

责 任 编 辑:饶　芬
封 面 设 计:同异文化传媒

江西人民出版社 出版发行
Jiangxi People's Publishing House
全 国 百 佳 出 版 社

地　　　　址:江西省南昌市三经路 47 号附 1 号(邮编:330006)
网　　　　址:www. jxpph. com
电 子 信 箱:jxpph@ tom. com
编辑部电话:0791-86898873
发行部电话:0791-86898815
承 　印 　厂:南昌市红星印刷有限公司
经　　　　销:各地新华书店

开　　　　本:787 毫米×1092 毫米　1/16
印　　　　张:16. 75
字　　　　数:271 千字
版　　　　次:2024 年 10 月第 1 版
印　　　　次:2024 年 10 月第 1 次印刷
书　　　　号:ISBN 978-7-210-15663-5
定　　　　价:68. 00 元
赣版权登字-01-2024-648

目录 / Contents

"展示陈列设计"课程思政教学案例

陈慧昭

一、课程介绍

"展示陈列设计"课程为环境设计(交通环境设计方向)专业的核心课程,主讲教师及其团队对本课程已有 10 年教学经验,近 5 年来不断进行教学改革创新和课程思政建设,学生作品通过组织活动、赛事参评、网络推广等形式,取得了较好成绩,本课程已具备一定的教学创新成果及课程思政建设成效。课程引导学生树立正确的艺术观和创作观,以展陈空间设计的方式讲好中国故事,宣传中国文化,激发学生以专业报国的家国情怀和使命担当。课程将"政治认同、国家意识、文化自信、家国情怀、社会责任、科学精神和创新意识"等思政元素融入专业课教学中,明确以培养知中国、爱中国、堪当民族复兴大任的新时代文科人才为目标。基于"展陈"课程在教学过程中存在的培养目标不明确,授课内容知识点更新不足;学生缺乏学习热情,难以激发持续和深度学习的内驱力;课程评价体系单一,学生获得感不强等教学痛点问题,结合艺术设计专业特点,本课程教学创新性地采用"四位一体"协同育人的模式,"两性并行、两课互融"的课程思政教学模式与"三驱动"(问题驱动、案例驱动、任务驱动)教学方法,实现"线上+线下""课内+课外""显性+隐性"的相互融合,通过三年建设打造专属"展陈课程思政主题性作品集"。课程的教学创新建设有效助力了学生对展陈知识的内化吸收,促进了学生综合能力的提升和情感态度及价值观的升华,实现了全方位协同育人的目标任务。

课程教学内容总体上分为四个部分:(1)展示陈列空间设计的基本原理与基本程序,要求学生掌握展示陈列空间设计的特性和设计的基本程序。(2)以主题性文化展馆为案例分析对象,通过创意与旨意、内容创意、形式创意、动态与虚拟四个章节的课堂内容,让学生学习新媒体时代下的展示设计形式以及展陈空间设计方法。(3)通过对主题性设计对象的解读,学习主题空间相应的展示活动策划方法和技巧,掌握展示活动策划书的写作方法。(4)案例分析与课堂练习,以"展陈设计课程思政作品集"为切入点,分析不同类型展示空间设计的方法和表现形式的优劣,并开展实践创作。

二、课程目标

通过线上课前预习、现场考察,线下课堂讲授、方案讨论,系统讲授展陈空间设计理论、设计方法,帮助学生理解展陈空间设计的知识重点和难点。培养学生独立完成展陈空间设计工作,具备解决实际问题的能力;引导学生树立正确的艺术观和创作观,做社会主义核心价值观的坚定信仰者和传承者。

三、课程思政教学设计举例

1.“两课互融”教学模式与“三驱动”教学方法的有机结合

(1)通过课程思政教学环节的融入,更新教学内容,让学生在观—思—辩—创的过程中掌握教学知识点。以学生为主体,通过引导与学生共同完成由知识学习向创造能力的转变。课堂教学采用"三驱动"(问题驱动、案例驱动、任务驱动)教学方法与"两课互融"课程思政教学模式实现"线上+线下""课内+课外""显性+隐性"的相互融合,促进学生综合能力的提升,实现全方位协同育人的目标任务。

(2)线上:运用"学习通""i 花椒"等网络平台开展教学。课前,教师发布学习任务及相关课程资料,学生自主预习,查阅资料库,完成预习任务;课上,教师引领学生登录教学平台参与互动,包括主题讨论、分组任务、问卷调查、投票、评分等;课后,学生登录学习平台完成作业并分组互评。后期整合优秀作业通过学院微信平台进行推送,激励学生以专业技能讲好中国故事。

(3)线下:课堂教学与课后实践相结合,运用"三驱动"教学法逐步引导学生分析并解决问题,在此过程中实现知识的积累,培养学生的思辨能力和专业素

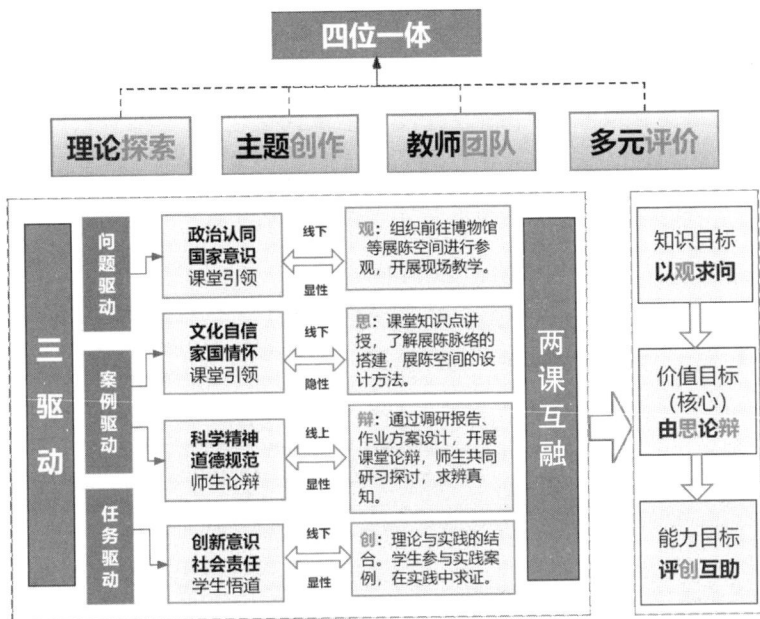

图1 "展示陈列设计"课程思政"两课互融"教学模式、"三驱动"教学方法框架图

养。以"学生讲、教师评"为课堂主要教学方式,激发学生课堂参与性,提高教学互动性,引导创新思维,实现知识传授、价值引领和能力培养的紧密结合。课后,带领学生到红色文化展馆、主题性商业展场等现场进行考察调研,从展陈脉络、展线设计、展品陈列等设计专业的角度为学生们讲述历史文化、非遗文化、现代化发展进程,帮助同学们了解江西革命发展史、地域文化传承等内容。组织学生参与第三届江西省高校大学生"红色走读"优秀作品展展场设计等系列实践设计活动,使思政教育内化于心、外化于行,产生"润物细无声"的课程思政效果。

(4)确定科学有效的课程考核形式和考核标准,注重对德育渗透教学效果的评估,将学生的学习主动性和创新性纳入考核重点,全方位考核学生在学习和创作过程中所传递的社会责任、科学精神和创新意识等,实现对课程目标达成及教学成效的有效评价。

2.具体案例设计与内容

章节名称:文化展陈空间设计(4课时)。

(1)教学步骤1:知识回顾(20分钟)。

案例内容及分析:带领学生回顾之前讲授的展示陈列设计的概念、分类等知识点,同时对课后现场调研环节进行回顾分析,并展示线上已完成的前期文化展馆调研报告。

融入思政点:现场调研工作在让同学们掌握文化展示空间设计的要点的同时,引导学生了解世情国情党情民情,增强其对党的创新理论的政治认同、思想认同、情感认同,坚定中国特色社会主义道路自信、理论自信、制度自信、文化自信。

融入方式:启发引导与自主实践相结合。

(2)教学步骤2:问题驱动(100分钟)。

案例内容及分析:邀请小组代表进行江西省博物馆展厅的调研汇报。在学生汇报过程中提出:①为什么选择这个展厅作为调研对象? ②该展厅的展示主题是什么? ③展厅空间的文化脉络是怎样搭建的? 以问题驱动,帮助学生理清汇报思路。引导学生关注江西本土文化,并思考调研过程中发现的设计亮点和设计方法之间的关联性,逐步明确文化展陈空间的设计要素。

融入思政点:通过"讲故事"的教学方法,梳理基于地方发展的中国共产党百年奋斗史,让同学们了解中国共产党的发展历程,学习展示空间故事脉络的搭建方法,学习如何通过展示空间的设计诠释红色文化内涵,进而培养学生的爱国情怀,使其树立正确的艺术观和创作观。

融入方式:①启发引导与自主实践相结合;②培养学生运用形象思维的方式去感受文化展陈空间的气氛营造,掌握空间设计要素。

(3)教学步骤3:知识点讲授(80分钟)。

案例内容及分析:文化展示空间的设计内容与方法。

①从学生调研的案例中提取知识点,解读分析文化展陈空间的设计要素。

②培养学生融会贯通、理论联系实际、实践运用的能力。

各小组根据汇报内容开展学生讲评、小组自评、小组互评、教师点评,激发学生的学习兴趣,提高教学互动性,引导创新思维,实现知识传授、价值引领和能力培养的紧密结合。

融入思政点:通过知识点的讲解,培养学生的爱国主义精神、民族自豪感、职业道德、职业素养、社会责任感。

融入方式:讲授与讨论研究相结合,启发和自主探究相结合。

（4）教学步骤4：启发探究任务驱动（课后）。

案例内容及分析：到设计对象现场进行考察分析，展开实践教学。采用小组合作形式，考查同学们分析解决问题的能力及团队合作精神等。

融入思政点：在实践环节中强调科学精神和创新意识。

融入方式：实地现场教学，使思政教育内化于心、外化于行，让学生自觉融入其中，自觉成为中华文明、红色文化的践行者。

3. 融入课程思政的混合式教学设计，充分发挥专业优势开展思想政治教育

对专业课程的内容进行梳理，深入挖掘专业课程中的思政元素、思政资源，以价值塑造为目标，把知识教育、能力教育与价值塑造结合起来，打破专业课程与思政课程之间的壁垒。以主题性设计创作为媒介，把思政教育融入学科专业课程：同学们在小组合作的过程中相互帮助，共同挖掘和学习课程内容，真正实现从发现问题到解决问题的自主学习过程。任课教师在展陈课程教学中进行教学方法创新，不断挖掘课程思政元素，着力在教育教学过程中有效实现价值引

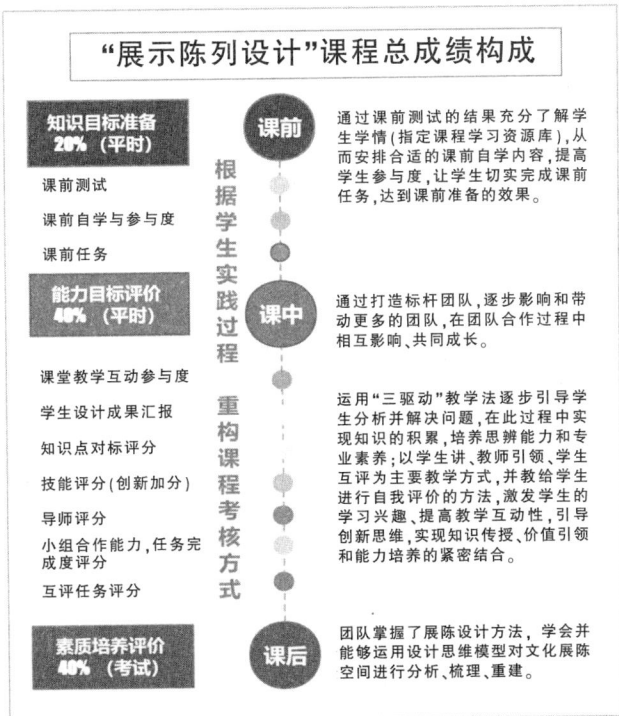

图2 "展示陈列设计"课程考核构成图

领、能力培养和知识传授,提升学校对课程思政的站位。

4.确定科学有效的课程考核形式和考核标准

注重德育渗透教学效果的评估,把客观量化与主观效果评价结合起来,综合采用过程评价、动态评价、结果评价等方式,将学生的学习主动性和创新性纳入考核重点,全方位考核学生在学习和创作过程中所传递的社会责任、科学精神和创新意识等,实现对课程目标达成及教学成效的有效评价。

四、课程效果与反思

1.案例教学效果

课程采用以学生为课堂主体的驱动式教学法,充分调动了学生的课堂参与性。灵活有趣的教学互动环节设计,带领学生了解更多的课程思政学习热点,拓宽学习思路,学生有了更强的课程参与意识和学习获得感。课程设计作品通过教师有效引导,能够做到主题明确,设计表达创新性强,具备较好的宣传功能。

2.课程思政显性效果

(1)学生家国情怀明显增强:课程的有效导向,使学生在现场考察和搜集整理展示素材的过程中增强了政治认同、思想认同、情感认同,树立了为人民服务的意识。

(2)学生创新创造能力增强:利用新媒体技术,"线上+线下"多平台,鼓励学生运用各种艺术设计技术综合表达自己的设计想法,学生在分组演示、小视频制作、展板设计等方面展现出青年的创新创造能力。

(3)课程教学成果显著:近四年来,每期课程结课作业分别以"高校科学文化展馆""江西省红色文化地图""中国青年文化精神""中国式现代化进程——我亲爱的家乡＊＊"等不同的设计对象、相同的家国情怀为设计主题,引领学生围绕政治认同、国家意识、文化自信、家国情怀、社会责任、科学精神和创新意识等不同思政主题展开文本分析及实践考察,将研究结果转化为设计成果。教学目标完成情况好,学生评价高。近三年来学生相关作品参加全国大学生艺术展演,江西省第十届、第十一届艺德杯大中小学生艺术作品展演等活动;设计作品获国家级奖项8项、省级奖项60余项;学生发表相关学术论文5篇,获批专利6项;指导学生参加第七届全国"互联网+"大学生创新创业大赛获铜奖。每期课程主题展陈空间设计作品均同步在艺术学院党建平台进行全网推广,获得校内外师生普遍好评,点击率上千,起到了很好的思政课程宣传推广效果。

3. 课程思政隐性效果

与教学内容相关的思政元素在学生作品中的融入体现,能唤醒学生的自主意识;个体主观能动性和创造力在作品中得到发挥;教育引导学生树立正确艺术观和创作观,助力学生全面发展。整体上,本课程思政教学设计起到了启智润心的良好效果。

4. 教学反思

"展示陈列设计"课程拥有丰富的课程思政资源,文化展陈空间涉及知识面较广,要求同学们具备较高的文化素养和专业素养,而课程课时设定有限,在课堂教学中只能完成基础的展陈空间方案设计;同学们在案例探讨学习的过程中,注重一些局部场景的设计,往往忽略了空间整体性和关联性设计;对新型数字化展陈方式的技术更新、展陈项目材料的换代更迭等知识点的学习尚属于滞后状态,教学内容的更新和丰富是"展示陈列设计"课程下一步教学改革的重点。

"画法几何及机械制图Ⅱ"
课程思政教学案例

陈文芳

一、课程介绍

工程图样是工程界用来表达物体的工具,被广泛用于机械、建筑等领域。"画法几何及机械制图Ⅱ"课程主要研究解决空间几何问题、绘制和阅读工程图样的理论和方法,其目的是培养学生具备看图、绘图和空间想象能力。本课程是机械类专业的一门重要技术基础课,也是后续课程和设计不可缺少的基础。其授课对象是机械类本科一年级学生,主要内容包括画法几何、制图基础、机械制图、计算机绘图四个部分,含理论教学与实践教学(手工绘图及计算机绘图)。

根据课程思政目标,设计四个思政元素模块("专业自信、文化自信""工匠精神、科学精神""家国情怀、责任担当""工程意识、国家标准"),将思政元素"渗透"到课程教学内容中(详见表1)。

表1 "画法几何及机械制图"课程思政教学内容

教学章节	知识点	思政案例	培养目标	思政元素
绪论	图样的发展史、图样的作用	宋应星《天工开物》中的机械图样;火神山医院、港珠澳大桥、胶州湾跨海大桥	展现机械大国的风采及四个自信,培养兴趣,增强民族自信心、自豪感及学生学习的积极性	文化自信
绪论	工程制图的研究对象	中山国古墓中出图了2400多年前的《兆域图》	中华民族在制图史上留下过恢宏的篇章,现在我们更应共同努力,为实现中华民族伟大复兴的中国梦而不懈努力	责任担当
第一章第一节	国家对制图标准的基本规定	规矩与生活息息相关,如法规、校规、交通规则等	利用国家标准培养学生的行业规范意识和法律意识	国家标准

（续表）

教学章节	知识点	思政案例	培养目标	思政元素
第一章 第三节	平面图形的绘制	鲁班之巧,无规矩不成方圆,华为图案设计	渗透工匠精神,养成精益求精的工作态度	工匠精神
第二章	投影法	关于投影的最早记载应为《汉书·外戚传上》中提及的皮影戏	展示中华文明,增强民族自信	文化自信
第二章	点、线、面的投影	苏轼的《题西林壁》	分析点、线、面在不同面上的位置关系,引入多角度全面认识分析的哲学思想	科学精神
第四章	基本体的三视图	三视图蕴含多角度全面分析问题的哲学思想	引入由简单到复杂的认知规律,形成层层递进的思维方式,提高辨别是非的能力	工程意识
第四章	平面立体的截交线	鲁班锁(先人的智慧):榫卯结构	体现合作包容、团结协作的团队精神;榫卯结构密不可分,诠释了"天人合一"的哲学观,蕴含着力学、美学的智慧	文化自信
第五章	组合体的组合形式	组合体形成方式:既可看作基本体叠加,也可看作基本体挖切形成	认识事物要从不同角度、不同方向进行观察,由个体与整体引出个人与国家的关系,融入爱国意识	科学精神
第五章	掌握绘制组合三视图的方法	形体分析法、线面分析法	蕴含化繁为简的思维方式以及科学认识论、方法论;培养注重细节、追求完美的工匠精神	工匠精神
第六章	轴测图	强调投影轴的作用,轴测图与三视图对照	以投影轴为标杆,强调榜样的力量,培养审美能力,认识物体表达方法的多样性,引入换位思考,学会感恩和理解	科学精神
第七章	机件需用的表达方法	苏格拉底的"麦穗理论"	机件表达的多元性,指出认识物体的多样性,提出人的多元性,强调人格高尚的重要性	责任担当
第七章	剖视图	《天工开物》中的采矿图、神九返回舱	增强民族自信心及制造强国的自豪感,增强实现中华民族伟大复兴的责任感	责任担当
第八章	螺纹	雷锋事例	培养"螺丝钉"式工匠精神,突出遵守制图标准与行业规范的重要性,培养学生标准化意识	工程意识
第八章	螺纹紧固件	日本"永不松动螺母"	培养精益求精、追求卓越的工匠精神;激发爱国情怀,增强专业自信	专业自信

（续表）

教学章节	知识点	思政案例	培养目标	思政元素
第九章	零件上常见的工艺结构和尺寸标注	大国工匠人物——"两丝"钳工顾秋亮	通过讲授零件尺寸精度对产品质量的影响，弘扬工匠精神，培养匠心	工匠精神
第九章	零件图的技术要求	中国制造 2025 - 3D 打印技术	培养学生的自主学习能力、创新设计意识与团队协作精神	科学精神
第十章	装配图的识图与绘制	天宫神舟飞船	培养学生的部件拆装、测绘能力与团队合作、责任担当意识	责任担当
第十章	计算机绘图：画图命令的使用	绘国旗、党旗、校徽、铁路路徽	培养学生的计算机绘图能力，让其知史爱国、知史爱党	家国情怀

二、课程目标

根据我校"交通特色，轨道核心"的办学定位，将课程思政目标与课程教学目标深度融合，形成新的人才培养目标：扎根铁路、建功交通，做新时代铁肩担大任，铁心创大业的铁人、铁军（如图 1 所示），实现课程教学目标"知识、能力、素养"三维一体化。

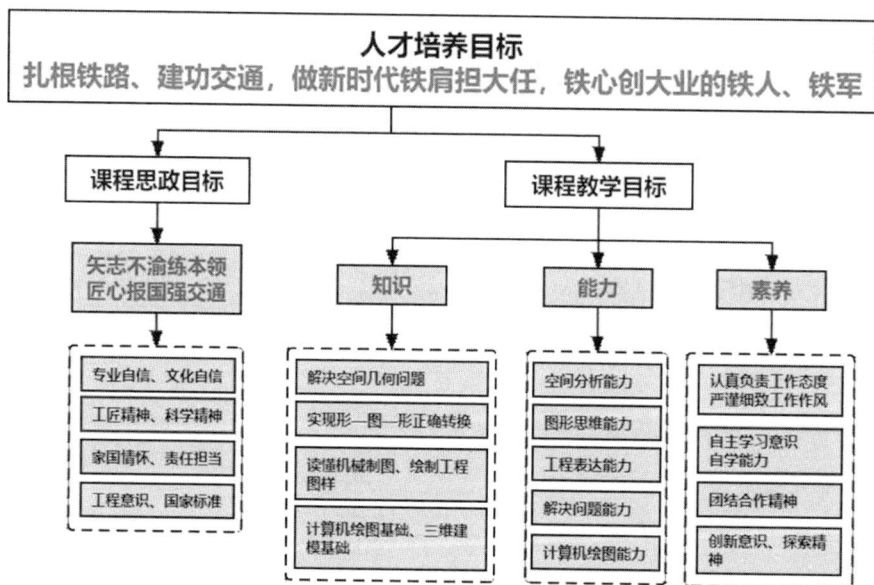

图 1　人才培养目标示意图

三、课程思政教学设计举例

1. 创新课程教学模式,构建"三堂三能"教学模式

(1)以"OBE 理念+BOPPPS 模式"为依据,改革课程教学模式,构建"三堂三能"教学模式(如图 2 所示),正向实施教学过程。

(2)"三堂三能"教学模式在时间和空间上对课程思政的延伸。

①在新教学模式中,可以通过案例式、互动式、引导式、翻转式等教学方法促进学生积极主动思考,同时录制课程思政微视频,发布于慕课等网络平台,利用慕课堂、QQ 群等信息化技术开拓课堂有限时空,让课程思政在时间上进行课堂前和课堂后的延伸。

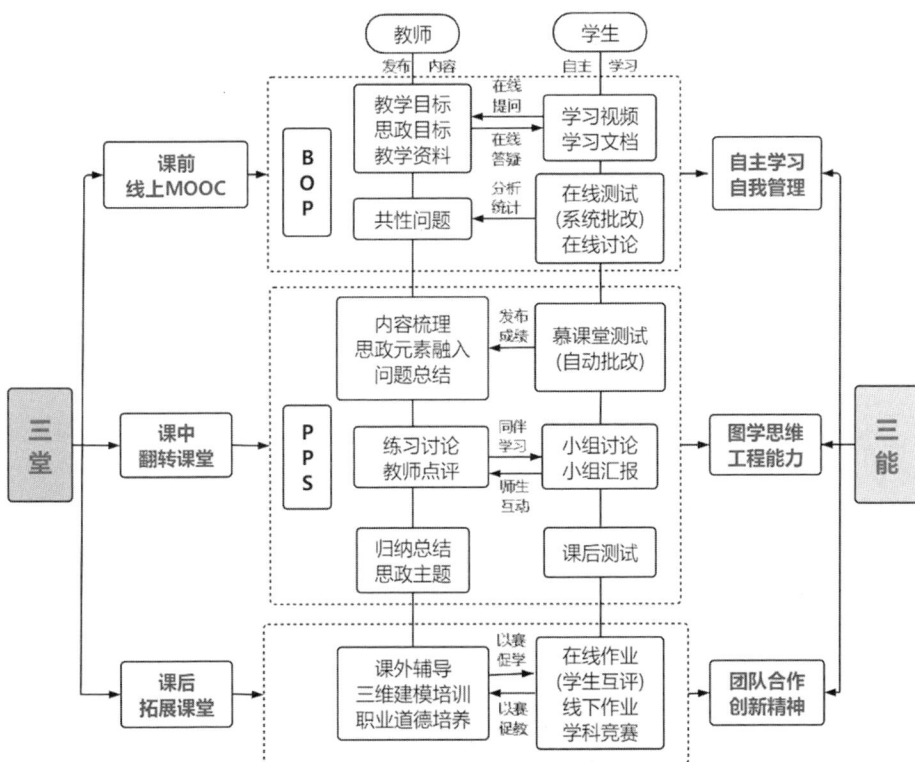

图 2　"三堂三能"教学模式示意图

②在培养应用型专业人才时,不仅要将思政元素与理论知识融会贯通,而且在实践环节也要将思政育人落到实处。在学科技能竞赛、工程认识实习等实践

活动中,组织学生参观考察、调查采访,并创建"行走的思政课堂",使课程思政在空间上进行实践的延伸。

2."螺纹紧固件连接画法"教学设计

本案例以"画法几何及机械制图Ⅱ"第八章第二节"螺纹紧固件连接的画法"为教学内容,进行课堂教学设计。

(1)教学目标。

知识目标:学习螺纹紧固件连接画法。

能力目标:具有查阅螺纹紧固件的国家标准的能力;具有正确表达螺纹紧固件连接图的画法的能力,具有发现问题、解决问题的能力。

价值目标:培养学生严谨细致的工作作风、认真负责的工作态度和顾全大局、团队合作的意识。

思政目标:培养学生的规范意识、责任意识;引导学生传承和弘扬"刻苦钻研、追求卓越、创新发展"的工匠精神;激发学生爱国热情,增强学生的民族自信心和自豪感,促进学生对专业的认同和热爱。

(2)教学内容。

掌握三种螺纹紧固件连接的画法。

(3)教学重难点。

螺栓紧固件连接画法。

(4)教学过程设计。

1)课前:学习基础知识。

【教师】①通过 MOOC 发布学习任务:螺纹的五要素、螺纹分类及标记;内、外螺纹及连接规定画法;②进行线上答疑和引导;③通过 MOOC 发布课前测试,考查学生对课前学习内容的掌握情况。

【学生】通过 MOOC 自主学习,完成课前测试。

【设计意图】①学生课前完成螺纹基础知识的学习,对螺纹紧固件有初步了解,为后续课程学习打下基础,并且提高自主学习能力。②教师根据学生观看视频时长、课前测试数据等资料制定合理的线下课堂教学内容、教学方法和手段。③学生通过阅读雷锋故事,学习螺丝钉精神,培养爱岗敬业品质。

2)课中:突破重点难点,融入思政元素(翻转课堂)。

课程导入:

【教师】①通过课件演示生活中常碰到的带螺纹物件,引出常见螺纹紧固件,让学生认识到螺纹紧固件在实际生活中的广泛应用。②向学生提问:螺栓究竟怎么连接两零件?动画演示三种螺纹紧固件的拆卸安装,引出本节课的任务。PPT展示螺纹紧固件的连接。③提问:螺纹紧固件配合安装应满足什么条件?布置任务:三种螺纹紧固件结构有什么相同、不同点?可以相互替换吗?

【学生】①与教师互动、参与思考、举例。②期待互动、参与思考。

【设计意图】①通过动画演示、PPT播放,激发学生学习热情。②通过任务布置,督促学生学习和思考。

任务一:螺栓连接的画法。

参与式学习:

【教师】①讲解螺栓、螺母、螺钉、螺柱的国家标准,确定尺寸及参数。②PPT讲解螺栓连接规定画法及注意事项。③介绍螺栓连接简化画法,提问:螺栓连接简化画法与规定画法有何不同?

【学生】①聆听、记录,总结螺栓连接的特点。②分析、思考、回答教师提问。

后测、总结和思政学习:

【教师】①随机点名,让学生答题,并指导点评。②对学生总结作出补充,并将注意事项编成五线口诀;让学生知识内化,巩固吸收。③事故案例导入,告诉学生在作图中不规范行为带来的严重后果。

【学生】①作答、反思。②分组讨论前面答题出现的问题,总结螺栓连接画法的注意事项。③应答、互动。

【设计意图】①通过点名提问,检查学生对学习知识的掌握及应用情况。这既能培养学生的学习思考总结能力,又能锻炼学生的语言组织表达能力,还活跃了课堂氛围。②通过案例教学法,引出设计规范和标准,培养学生严谨细致的工作作风、认真负责的工作态度,强化学生的责任担当意识,培养大国工匠精神。

任务二:螺柱、螺钉连接的画法。

参与式学习、思政升华:

【教师】①通过PPT讲解螺柱、螺钉连接简化画法,向学生提问:螺柱连接画法与螺栓画法有何不同？②课堂讨论:你听说过日本的"永不松动螺母"吗？它扼住了中国高铁命脉吗？通过 PPT 展示日本"永不松动螺母",讲述中国高铁故事,引出中国"偏心式自锁"螺母。③布置课后作业:查找网上资料,了解日本永不松动螺母的工作原理及设计精妙之处。

【学生】①聆听、记录,分析、思考、回答问题。②观看视频,参与讨论。

【设计意图】①通过提问、答题,引导学生善于思考,提高学生的分析比较、归纳总结能力。②发挥教师的教学主导作用,讲述日本"永不松动螺母"故事,让学生了解大国重器的重要性,激发学生爱国情怀,培养学生"敬业、精益、专注、创新"的大国工匠精神,同时提高学生对专业的自信心。

课程总结:

【教师】总结提炼,引出思考和下节课内容。

【学生】归类总结,聆听、记录。

【设计意图】教师的课堂总结提炼,帮助学生理顺知识,突出重点、突破难点,提高学生的知识运用力,提升学生的思维能力。

3)课后:知识内化提升。

【教师】①课后辅导答疑。②引导学生拓展知识:上网查找日本"永不松动螺母"的工作原理及设计精妙之处等相关资料。③批改作业。

【学生】①根据教师指导、同学意见,完成和提交作业。②预习下节课内容。

【设计意图】①通过作业布置、批改和答疑,进一步巩固加深学生对课堂知识的理解与掌握。②通过指导学生上网查找资料,开阔学生视野,培养学生主动学习能力。

四、课程思政反思

1.教学创新

(1)牢记教书育人使命,以立德树人为根本,将课程思政目标与课程教学目标有机融合,让课程思政担子"挑起来"。

(2)精选课程思政案例,找准思政切入点,思政元素全方位融入课堂教学,使课程思政内容"亮起来"。

（3）采用问题式、启发式、研讨式、案例式和翻转式等多种教学手段，让课程思政味道"浓起来"。

（4）依据 OBE 理念，采用学生为主体，教师为主导的"三堂三能"教学模式，使课程思政氛围"活起来"。

（5）采用线上与线下、课内与课外、理论与实践、竞赛与科研四结合，使课程思政效果"强起来"。

2. 思政元素挖掘与思政素材选取

本次课选用正反两个工程案例进行教学，将价值引领与专业知识传授相融合，在培养学生绘图能力的同时，唤起学生内心深处的社会责任感、民族自豪感。

（1）把英国 5390 飞机事故案例引入课堂，用专业知识来分析、讲述质量不合格的工程将给人民生命和财产带来的严重损害，培养学生"敬业、精益、专注、创新"的大国工匠精神，增强学生的责任意识和职业道德感。

（2）通过课堂讨论日本"永不松动螺母"事例，讲述中国高铁故事，引出我国特种紧固件生产设计能力不足的问题，激发学生对我国高精尖技术发展的兴趣。从"中国制造"到"中国精造"再到"中国创造"，使学生认识到责任担当和使命，激发学生的爱国热情，增强学生的民族自豪感和文化自信心，促进学生对本专业的认同和热爱。

"泵与泵站"课程思政教学案例

戴红玲

一、课程介绍

"泵与泵站"是给排水科学与工程专业的一门专业核心基础课程,主要介绍给排水科学与工程领域常见泵的基本构造、工作原理、主要性能以及泵站工艺设计的基本知识。本课程是给排水科学与工程专业知识体系的重要组成部分,是学生学习"水质工程学""管网工程""建筑给水排水工程"等专业课程的基础,为学生从事工程设计、工程施工和运行管理等工作奠定必要的理论基础。

二、课程目标

1. 知识目标

(1)掌握泵与泵站在专业中的核心地位及在长距离输配水系统和节能降耗中的重要作用。

(2)掌握泵的分类及各类泵的使用范围。

(3)了解泵及泵站的发展趋势。

2. 能力目标

(1)学会运用知识,解析泵站在"空间均衡"中的作用。

(2)具备分析和解读泵站运行与节能的相关关系的能力。

(3)具备不同流量、扬程范围下水泵的初步选型的能力。

3. 价值目标

(1)通过对泵与泵站的发展及重要作用的了解和学习,提升学生对专业的热爱(专业认同)。

（2）通过南水北调工程建设、竣工所展现出的中国特色社会主义制度的巨大优越性，激发学生的爱国热情，使其坚定道路自信。

（3）南水北调工程从科学研究、反复论证到决策，直至一期工程竣工的全过程，充分展现了精益求精的工匠精神。

三、课程思政教学举例

1. 学情分析

（1）学生知识经验分析：本课程是给排水科学与工程专业的核心基础课程，是从基础知识向专业知识教育的过渡，该堂课是本课程的第一次课，尽管学生们已经参加了认识实习，但泵的相关知识储备仍显不足，尤其是对泵站在专业领域内的核心地位，以及在水资源调配与节能降耗方面发挥的重要作用，学生们的理解还较为浅显。

（2）学生学习能力分析：欠缺对泵、泵站对本专业的重要支撑作用的认知。对泵站在"空间均衡"——长距离输配水及其运行与管理中对节能降耗的重要作用缺乏认识。

（3）学生思想状况分析：部分学生不知道专业学什么，对给排水专业不热爱、对课程不重视。对"空间均衡"的理解有误。

2. 教学知识点

（1）了解泵与泵站在给排水领域中的地位和作用。

（2）掌握泵的定义和分类。

（3）了解泵的发展趋势。

教学重点：

（1）泵的分类。

（2）长距离输配水系统——南水北调工程。

教学难点：

无。

3. 课程思政素材

（1）南水北调工程。

（2）龙骨水车。

（3）干河泵站。

4.课程教学与实施

（1）课程导入。

提问:生活中接触到的抽水装置。

学生互动:描述生活中用过或看过的抽水装置。

导入:提问互动,引入泵的作用及课程主要内容。

（2）新课讲授。

1）泵与泵站的作用和定位【掌握】。

提出问题:给排水科学与工程专业学的是什么？ 整个城市给水排水系统工艺流程是怎样的？

从三个方面讲述泵与泵站的作用和定位。

①在专业中的重要作用（给水、排水工程中）。

是给水排水工程必要的组成部分;是给水排水系统正常运转的枢纽。

②我国长距离引水设施（大家熟知的南水北调工程）。

通过水资源短缺尤其是人均水资源少引出南水北调的目的和意义——实现我国水资源优化配置。

"南水北调"工程,分东、中、西三条线路。由早期的宏伟构想"南方水多,北方水少,如有可能,借点水来也是可以的",历经半个多世纪的科学研究、论证和决策到一期工程的竣工,见证了中华民族从站起来、富起来到强起来的伟大历程。

观看南水北调水利工程视频。

南水北调工程是继三峡工程之后,我国又一个重大的国土建设工程。

（通过设问、讨论的方式,引导同学们了解中国北方地区的水资源严重匮乏,但是南水北调工程让我们看到了"水从南来"的希望。通过修建工程,将长江、汉江、黄河、海河等水系连通起来。南水北调等长距离输配水工程不仅仅解决了北方地区的饮水问题、有效缓解了水资源短缺对北方地区城市化发展的制约,更是实现我国水资源优化配置、促进经济社会可持续发展、保障和改善民生的重大战略性举措。使学生对"空间均衡"治水方针有正确认知,激发学生的爱国热情,并坚定中国特色社会主义道路自信。)

南水北调工程规划区涉及人口4.38亿人,调水规模448亿立方米,泵站相当于南水北调东线工程的"心脏",全程34座泵站,水泵总装机有160台,形成南水北调东线泵站群工程,南水北调工程是世界上规模最大、技术最复杂、难度最大的水利工程。

南水北调工程自2014年全面建成通水以来,南水已成为京津等40多座大中城市和280多个县市区超过1.4亿人的主力水源。截至2023年5月14日,南水北调东线和中线工程累计调水量达到620亿立方米。其中,为沿线50多条河流实施生态补水近100亿立方米,为受水区压减地下水超采量50多亿立方米。

(南水北调工程超过620亿立方米的调水,其中实施生态补水近100亿。南水北调工程助力中国经济、社会、生态发展。)

③泵站的运行维护——电耗。

从节能降耗的方面凸显泵站的重要作用。

泵站是供水行业的主要生产组成部分,在整个给水工程的用电量中,95%~98%的电量是维持泵的运转,其消耗的电费占制水成本的40%~70%左右,甚至更多。

为什么是跨度40%~70%(甚至更多)?对合理降低泵站电耗的重要途径进行思考:科学调度,提高机泵的运行效率;调速电动机,扩大泵机组的高效工作范围;更新改造陈旧机泵等。

[通过对电费为制水成本的40%~70%(甚至更多)提问,启发学生进行思考,提出合理降低泵站电耗的举措,引导学生肩负起建设资源节约、环境友好型社会所应承担的社会责任,并加深学生对课程的认同与对专业的认同。]

总结归纳:突出泵与泵站的作用与地位。

2)泵的定义和分类【掌握】。

泵:输送和提升液体的机器。也称抽水机。

它把原动机的机械能转化为被输送液体的能量,使液体获得动能或势能。

水泵广泛用于采矿、冶金、电力、石油、化工、市政以及农林等部门。在本专业中主要用于给水和排水(主要用途是抽水,故称水泵)。

结合日常生活中见过的常用泵,讲解泵的定义与分类。

举例:高层楼房用水,水压不稳。

按作用原理分为:①叶片泵;②容积泵;③其他泵。

表1　不同类型泵的作用原理和代表泵

类别	作用原理	代表泵
叶片式泵	装有叶片的叶轮高速旋转	离心泵、轴流泵、混流泵
容积式泵	泵体缸内容积的改变	往复泵(往复运动改变容积) 转子泵(旋转运动改变容积)
其他类型泵	以上2种以外的	螺旋泵(螺旋推进原理) 射流泵(高速液流或气流) 气升泵

图1　古代的龙骨水车

(以生活中常用的设备为例激发同学们思考:叶片泵——电风扇;容积泵——打气筒;其他泵——龙骨水车。)

[结合动画及南昌市青山湖污水处理厂螺旋泵站介绍螺旋泵的工作原理、特点及适用场所,并引入我国古代东汉时期的龙骨水车(靠风力、水力等转动的多种水车),体现了中国劳动人民的智慧。]

3)介绍泵的发展趋势【了解】。

结合社会发展,介绍泵的发展趋势。

①大型化、大容量化。

特别是取水水泵和排水水泵,直径有7米的,我省最大水泵的单泵流量已经达到50米³/秒。

50年前,5万千瓦的发电机组是个重要的技术成就。现今,我国在大型泵站技术上取得巨大的进步,逐步成为世界上泵站数量最多、规模最大的国家,其中牛栏江—滇池补水工程的干河泵站是我国大型引水泵的典型代表,其单机功率达到 22500 千瓦,扬程 233.3 米。

引导同学们查阅干河泵站的相关知识,如泵站的流量、扬程等相关参数。

(设计提水流量 7.67 米³/秒,设计扬程 221.2 米,最大扬程 233.3 米,即取水高差最大达 233.3 米,将水从海拔 1790 米的牛栏江引到海拔 1886 米的滇池的干河泵站,被誉为"亚洲第一泵"。)

(干河泵站工程 2018 年竣工验收,自工程投运至 2021 年 6 月底累计向滇池补充生态水量约 36.68 亿立方米,全面实现了生态补水、城市应急供水和防洪等功能。)

②高扬程化、高速化。

单级扬程已经达到 1000 米,新的油田注水泵最高扬程已达到 5000 米以上。

③高效率、低噪声。

计算流体力学 CFD(学科交叉)的优化设计,不仅提升了水利效率,在降低泵的振动噪声方面也具有良好的效果。

新材料、新工艺和新需求将进一步促成泵结构的创新,把振动噪声指标有机融入泵的设计过程。

(3)课后作业。

1)谈谈你对南水北调工程的看法。

2)请查阅泵厂商提供的型谱图。

3)课程结束后请浅析泵站设计的节能措施。

四、课程反思

本节通过南水北调工程从最初的宏伟设想到半个多世纪的科学研究论证和决策,再到一期工程的竣工,规模之大、技术之复杂、难度之高,世界罕见,让学生切实感受到了中国力量。龙骨水车等构思精巧的古老的水利设施和都江堰等水利工程一样无不凝结着古人的心血,体现了中国智慧。

学生们也在课后反馈通过对这堂课的学习,消除了对一些重大民生工程如南水北调的偏见和误解,理解和支持国家的这一重要的惠民工程,也对给排水专业能干这么大的事业而自豪。

在本节教学中应注意以下几点：

（1）控制好学生的讨论时间，并把控好节奏，比如让学生去描述身边的抽水装置，提到抽水机、泵就行；可以考虑出个动手实践操作题，比如让学生们自制一个抽水装置。

（2）在节能减排的相关讨论中可以多结合专业知识去深度拓展，可引导学生思考：除了泵站的运行管理与节能息息相关外，其他所学专业课程中还有哪些内容与节能减排相关，节能减排的具体举措有哪些。

"商务英语I(B)"课程思政教学案例

邓姝琍

一、课程介绍

"商务英语I(B)"是国际经济与贸易专业的一门专业必修课。通过本课程的学习,学生要了解商务场景,在听、说、读、写各方面有扎实的基础,切实提高语言水平和使用能力,以便毕业后在生活和对外商贸活动中进行正确的英语表达。随着我国加入WTO以来,在经济发展的新环境下越来越多地需要高素质的从事商务及商务管理的人才,商务英语是为了适应国际贸易、物流公司及各种与国际相接轨的职业而培养的具有一定英语交流水平的商务人才。同时,在课程内容中加入中国梦、爱国情怀、文化自信等主题思政内容,不仅系统地讲授商务知识和语言知识,而且还在思想上积极引导学生树立正确的世界观、人生观和价值观,并对中华优秀传统文化有深入的了解和感悟。

学生应掌握一般商务活动中基本的书面和口头交际技能。能听懂一般商务活动中的电话、产品展示、谈判、会议发言等,能基本把握言语者的态度和意图。能用基本正确的英语进行一般商务活动,如社交活动、展示产品和业务谈判,筹备商务会议,或作会议发言。能为读懂主要英语报纸、杂志有关商务活动的一般性报道和评论文章打好基础。能草拟或翻译一般性商务材料,包括公函、公务报告、简历和填写表格等。要求学生至少达到剑桥商务英语考试(中级)的水平。

二、课程目标

(1)知识目标:学生能掌握商务英语的专业基础知识、专业术语、专业沟通技巧和商务职业道德等内容。

（2）能力目标：学生能熟练地运用商务英语进行有效的口头表达和书面商务交流写作。通过小组讨论、案例分析等形式,培养学生的团队协作意识和能力。

（3）课程思政目标：实现专业培养和思政教育的有机融合,在社会主义核心价值观的指导下,引导学生了解国内外的商务环境,培养学生理解和遵守职业道德和行为规范,以及培养学生具备更开阔的国际商务视野和充满中国商务情怀。

三、课程思政教学设计举例

1.思政案例主题：Money（货币）

2.授课章节：Unit 5　Money

教学内容分析：从课前案例导学小组讨论+课中小组 PPT 演讲+课后线上拓展等方面立体打造商务英语沉浸式学习环境,有效地引导学生分析和解决商务问题。同时,在教学案例、教学活动、课后拓展活动中巧妙地融入思政内容,有效地引导学生树立社会主义核心价值观等。

学情分析：学生课前认真预习、团队合作准备 PPT 演讲;课中积极讨论和小组演讲;课后有效完成专题分析报告。

3.课程思政元素融入

（1）通过对金钱有关句子的学习,使学生了解不同的金钱观。

（2）通过对金钱重要与否的辩论,告诉学生凡事过犹不及。我们应该学会知足常乐。再通过"君子爱财,取之有道,用之有度"的观点帮助学生树立正确的金钱观和消费观。

（3）马达加斯加的新版纸币的故事不仅反映出两国的深厚友谊,而且反映出中国"为人民服务"的思想和中国外交的初心使命。

（4）以"人民币"命名本国货币,体现出中国共产党始终坚持"人民至上"。

（5）通过货币意义、货币价值等专业术语的解读,引导学生找到自己的社会价值,从而树立正确的金钱观和价值观。

（6）信用卡是常见的支付工具之一。学生兴趣浓厚,能从辩证唯物主义视角认识信用卡支付的利弊,形成正确的认知和独到的见解。

（7）增强学生的安全责任意识和自我防范意识。引导学生远离不良网络贷款,树立正确的消费观。

（8）引导学生正确认识企业利润、投资方式利弊及投资目的等专业术语,充分理解商业道德的重要性和中国特色社会主义经济体系的优越性,培养文化自信和全局意识,树立正确的金钱观、世界观和价值观。

4.教学实施过程

Step One：

Discussion：Money's proverbs in different cultures.

通过学习有关金钱的谚语来探究中西方金钱观的异同。向学生展示西方谚语(例如：Money is everything,等等)和中国谚语(例如:君子爱财,取之有道,等等)

设计问题一:你同意哪个观点以及原因? 引导学生讨论中西方对于金钱认知的不同,树立正确的金钱观。

设计问题二:如果你有了很多钱,会买什么? 引导学生讨论金钱的作用,探讨个人正确的消费观和家国情怀等。

Step Two：

（1）导入教学视频,展开讨论。教学视频是关于一张特殊的纸币的故事(来自马达加斯加的新版货币),上面印了中国的杂交水稻(Chinese hybrid rice)。引导学生了解其背后的故事和两国深厚的友谊。

（2）课前教师在"i 花椒"线上平台布置作业,学生在线上完成中国纸币的中英文简介。在学生介绍中国人民币、中国港元和中国澳元时,通过货币图案展示,发现中国民俗文化是重要参考元素,体现出中华民族文化的丰富多样。引导学生了解人民币的历史、各版人民币的不同以及如何分辨真假。

（3）全班分为四个小组,各选一张人民币,做 PPT 小组演讲。通过对不同人民币意义的解读,让学生认识到货币价值要在交换流通中实现以及货币价值量的重要性。

Step Three：

通过课本练习题巩固关于"money"词汇的理解。在讲解 credit card 时,让学生讨论信用卡的种类、优缺点,信用卡风险和防范等。引导学生正确认识和使用信用卡,更好地借助信用卡知识消费理财,以遵纪守法、勤劳致富的理念去创造美好生活。

引入 mobile payment 和 Internet Plus Strategy 的内容,从新型支付方式的话题讨论顺势引导学生对支付宝花呗、京东白条等大学生常用信用消费方式表达看法。引导学生树立正确的信用消费价值观,增强抵制校园贷的安全意识。引导学生认识到信用卡的双刃剑效应,既能给人带来幸福美好的生活,也可能让人陷入无助的困境。通过真实案例让学生意识到如恶意透支信用卡,不仅是犯罪行为,而且还要没收财产,个人前途尽毁。引导学生增强法治观念,加强道德修养。

Step Four:

在阅读理解教学前,教师通过线上"i 花椒"平台发布讨论题(a warm-hearted Chinese corporation),引导学生发散思维,思考金钱和成功之间的关系,思考怎样才是一个有爱心的中国企业,使学生初步树立正确的金钱观。在阅读中,采用泛读、精读等阅读技巧,培养学生从阅读材料中捕捉关键信息、推导和预测的能力,通过自主学习、合作学习等方式培养学生解决问题的能力。阅读后,在学完文章并知悉作者观点之后,让学生再次发散思维对作者所持观点进行批判性思考,对比中西方企业的不同的价值观和金钱观。

Step Five:

教师总结复习所学专业词汇等,学生须完成"i 花椒"教学平台上的课后作业(准备一段关于使用支付宝付款的对话上传)。布置拓展任务,鼓励以小组形式针对讨论的问题做分析报告(课程思政融入课后作业,通过团队合作完成拓展任务)。

四、课程反思

在课程教学过程中,教师将商务英语课程教学与思政教育进行有机融合,真正实现"润物无声"的效果。学生可以正确看待中西文化,了解世间百态,反思自身素质,提高思想认识。学生通过一系列的课堂讨论,逐渐理清思路,思考金钱的本质和作用,从而树立起正确的金钱观、消费观和人生观。而教师也有意识地把社会主义金钱观融入课文讲授中,强调个人正确的金钱观对国家现代化发展所起的重要作用,传递正确的价值取向。

　　本课程思政教学设计还需要进一步研究和改进。在商务英语思政育人的教学效果评价方面,评价标准和体系还需探索,评价指标还有待完善。在创新课程思政教学方面,教师要注重采用多种教学手段和教学方法,为学生提供更多的学习资源和机会。

"离散数学"课程思政教学案例

邓毅雄

一、课程介绍

"离散数学"是计算机、软件类专业的学科基础课程,是相关专业学生在专业领域使用计算机进行应用研究、技术开发等工作的重要理论基础,对于学生知识、能力和综合素质的培养具有承前启后的作用,在培养方案中占有重要地位。挖掘课程蕴含的思政素材,将课程思政与课程教学有机融合,提升学生综合素养,是落实立德树人根本任务的具体举措。根据学校培养高素质复合型应用型人才目标和专业工程教育认证要求,课程思政建设方向为:以社会主义核心价值观为引领,发挥课程在树立学生正确的世界观、人生观、价值观等方面的教育作用,实现知识传授和价值引领的高度融合,提高学生认识问题、分析问题和解决问题的能力。课程注重科学思维方法的训练和科学伦理的教育,培养学生探索未知、追求真理、勇攀科学高峰的责任感和使命感;注重强化学生工程伦理教育,培养学生精益求精的工匠精神,激发学生科技报国的家国情怀和使命担当。

本课程在教学实践中以"一核心双主线五维度"的设计思路,将思政元素全面贯穿到教育教学全过程。其中"一核心":践行社会主义核心价值观;"双主线":以弘扬爱国主义精神,培养家国情怀和使命担当为思政主线,以"严谨、完整、规范"的软件工程思想为导向,培养科学思维方法为专业主线;"五维度":爱国主义、人文素养、科学家精神、专业素养及知识拓展五个维度思政元素相结合。

二、课程目标

1. 知识目标(三基一备)

熟练掌握离散数学的基础概念、基本理论和基本方法,具备将知识运用到后续专业课程的能力。

2. 能力目标(三能一用)

培养逻辑思维能力、逻辑推理能力和数学建模能力,能运用离散数学描述专业相关工程问题,为解决计算机类复杂工程问题打下基础。

3. 思政目标(三素二怀)

培育学生"严谨、完整、规范"的工程素养;利用课程中的爱国主义、科学家精神和数学美等,丰富学生的人文素养,培育学生的家国情怀与追求科学的精神。

三、课程思政教学设计举例

1. 教学设计

(1)知识复习与问题提出:复习无向图的基本概念和图的连通性,检查学生预习情况,巩固知识和知识准备。①提问+抢答:什么是连通图? ②分组讨论+抢答:请学生口述"哥尼斯堡七桥问题"。

课程思政:欧拉解决哥尼斯堡七桥问题,体现了科学家的探索精神,"机遇给有准备的人"。

(2)深入浅出与内容讲解:循序渐进,让学生思考和探索问题,努力让学生自主学习并思考问题。①教师主导:欧拉解决哥尼斯堡七桥问题的思路。②分组讨论+抢答:哥尼斯堡七桥问题是否有解? ③教师主导讲解概念:欧拉通路(回路),欧拉图。④分组讨论+抢答:(益智游戏)哪些图可一笔画? 为什么? ⑤引导学生归纳总结,教师下结论:"一笔画"问题和欧拉图的条件。

课程思政:求解问题的思路与方法,充分体现科学性与严谨性,培养"严谨、完整、规范"的工程素养、团队合作精神。

(3)问题提出与讨论探索:探讨中国邮路问题与欧拉图的联系与区别,寻求中国邮路问题的求解思路,培养学生分析问题与解决问题的能力。①提问:什么是中国邮路问题？教师主导讲解中国邮路问题及其图论表述。②分组讨论+抢答：中国邮路问题与欧拉图的联系与区别是什么？③教师：中国邮路问题的两种情形。非欧拉图的处理方法，问题一：如何处理重数大于等于3的平行边？问题二：如果在某条基本回路中，平行边的总权值大于该回路的权值的一半，是否需要改进？如何改进？④总结：求解中国邮路问题的基本思路。

课程思政：以中国邮递员投递为实际背景，并以"中国"命名的图论问题，激发学生的爱国主义热情。

(4)归纳总结与教学思考：课程总结，突破重点难点内容。①归纳总结；②重点内容；③超星"学习通"：作业布置。

2.教学实施流程说明

(1)复习知识。

前面已经学习了图的基本概念、图的连通性和图的矩阵表示。根据图的握手定理，每个图中，度数为奇数的点的个数是偶数。

课前在超星"学习通"上发布了预习要求。检查一下同学们的准备情况：

【"学习通"选人】请问：什么是连通图？同学："……"【教师】其他同学有没有补充？连通图是任意两个点都存在通路的图。

下一个问题小组抢答：请口述哥尼斯堡七桥问题！【小组同学补充】如果回答不准确，让其他小组抢答！

【PPT】哥尼斯堡七桥问题。

【教师】能不能用与庐山有关的诗句来形容哥尼斯堡人为什么解决不了这个问题？【苏轼：不识庐山真面目，只缘身在此山中】

(2)欧拉图。

【教师】哥尼斯堡七桥问题是图论中的第一个问题。有人将这个问题告诉欧拉，欧拉实地考察，也一时没有解决问题，到底经过每座桥又回到出发地的线路有没有？欧拉反复思考、探究后，花了一年时间终于解决了这个问题，并且建立了相关的理论与方法，发表了论文《哥尼斯堡的七座桥》。这篇论文的发表，标志着图论和拓扑学的诞生，他也成了这两个数学学科的创始人。

【教师】下面看看，欧拉是如何做的。

【PPT】思路：抽象。

【教师】欧拉将哥尼斯堡七桥问题抽象为图形,问题就转化为:从某个点出发,经过每条边恰好一次的回路是否存在?

【发图片卡1】小组讨论,听教师指令抢答。

【师生互动】答案:不存在。

【教师】介绍欧拉通路、欧拉回路、欧拉图概念。

【发图片卡2】益智游戏:哪些图可一笔画? 小组讨论,随时抢答。

益智游戏:哪些图可一笔画? （抢答）

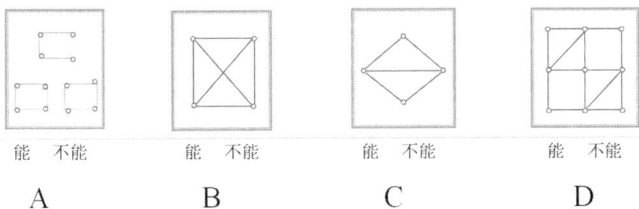

能　不能	能　不能	能　不能	能　不能
A	B	C	D

【师生互动】为什么图A不能? （不连通）所以一笔画首先要是连通图。

【师生互动】为什么图B不能? 为什么图C、D可以? C、D都可以一笔画,但它们有什么区别? （点的度数,教师引导,但暂不下结论）

【分组讨论】一笔画的条件是什么? 欧拉图的条件是什么?

【师生互动】在教师提示下小组抢答,其他小组补充。

【PPT】一笔画的条件,欧拉图的条件。

【板书】哥尼斯堡七桥问题⇒欧拉图。

(3)中国邮路问题。

【PPT】中国邮路问题。

【师生互动】看到这个由我们中国人提出,并以"中国"命名的数学问题,同学们有什么想法?【在"学习通"上讨论发言】

【教师】这是我们中国人的骄傲与自豪。最近我国科学家有个口号:"把论文写在祖国大地上!"中国邮路问题是"把论文写在祖国大地上"的一个最典型的示例。爱国不是空洞的口号,要有实际行动。比如我们年轻人,要"把青春华章写在祖国大地上"。

【PPT】某区街道示意图。每条街道的长度称为对应边的权重。

【发图片卡3】

【PPT】中国邮路问题的数学描述。

【分组讨论】中国邮路问题与欧拉图的联系与区别是什么？

【师生互动】小组讨论，随时抢答，启发与引导。

【板书】欧拉图⇒中国邮路问题。

【PPT】中国邮路问题的两种情形。

【PPT】例题。

【PPT】奇点的配对与添加通路，变成欧拉图，新增了路径。

【分组讨论】问题一：如何处理重数大于等于3的平行边？

【师生互动】教师提示，小组抢答，得出结论。

【分组讨论】问题二：如果在某条基本回路中，平行边的总权值大于该回路的权值的一半，是否需要改进？如何改进？

【师生互动】教师提示，小组抢答，得出结论。

【PPT】总结：求解中国邮路问题的基本思路。

【PPT】例题。

【分组讨论】教师提示，小组抢答。

【板书】中国邮路问题⇒最优解的条件。

【师生互动】教师：同学们还有什么问题？

【教师】公布各小组得分排名。

【教师】总结：今天介绍了欧拉图及其判断条件，即连通图的所有点的度数都是偶数，也了解了中国邮路问题，这个令我们自豪的数学问题。中国邮路问题的求解思路是，先将奇点配对，每对之间增加一条通路，然后看看是否有重边数大于等于3的，是否基本回路中有迂回的。如果有，就调整方案，直到最优。

课后请各小组自主学习中国邮路问题的 fleury 算法，并编程完成超星"学习通"上的作业，以小论文的形式提交。

四、课程反思

1. 创新点

(1)多媒体智慧教室的应用，增加了师生互动的手段，调动了学生课堂参与的积极性,增强了教学效果。通过问题的导入,启发式教学,利用"学习通"上的签到、抢答、选人、讨论等功能,较好地组织各个教学环节,以及师生、生生的互动,有效调动了学生的积极性。通过分组式的讨论和抢答,以及小组得分排名,增强了学生的团队协作和集体荣誉感。

(2)根据课程内容的内在关联,将欧拉图与中国邮路问题整合为一节课,是教学与教法的有益尝试。通过讲述欧拉利用抽象思维解决哥尼斯堡七桥问题的过程,让学生明白科学家精神和思维能力的至关重要性;挖掘中国邮路问题与欧拉图的联系,合理组织教学内容,让内容的衔接和递进合理、自然。

(3)课程思政元素的挖掘与有机融合,表现较为突出,比较丰富。

①设计思路清晰。通过介绍伟大数学家欧拉解决哥尼斯堡七桥问题,让学生感受科学家执着探索的精神。通过中国邮路问题的引入与探讨,激发学生的爱国热情。通过分组讨论与竞赛式抢答,培养学生的团队合作精神。通过分析与讨论式教学,培养学生分析问题、抽象思维和概括思维的能力。

②育人目标明确。培育学生积极追求与探索科学的精神,提高学生的爱国主义热情,鼓励学生"把青春华章写在祖国大地上"。

③育人主题多维。科学家精神,科学探索与创新精神,爱国主义,团队合作精神。

2. 改进措施

(1)课程思政的素材还需要进一步挖掘。进一步尝试从离散数学课程中挖掘科学家精神、科学探索精神、爱国主义精神、数学美等素材。

(2)多媒体智慧教室,如何减少"低头族",还需要进一步努力。

(3)课程思政是课程教学的一个综合问题,除了课程内在的思政素材,教师的素养与言行,就是学生的标杆。

(4)要进一步探索如何创设课程思政的教学情景,努力做到科学性与思想性相统一、相融合。

"运筹学"课程思政教学案例

韩胜娟

一、课程介绍

"运筹学"是现代管理学中的一门重要专业基础课,针对经济管理中的现实问题进行分析、建模、求解,在创建、探索、优化之中,为决策者选择最优或较优决策提供科学依据,进而实现正确决策和有效管理。这既是一个创新创造、探索改进的科学研究过程,又是一个持续突破和完善、优中寻优的自我提升过程,融知识性、实践性、挑战性、趣味性、获得感于一体。通过科学设计课前、课中、课后教学过程和实践任务,引导学生参与这一过程,培养学生寻优创优、主动探索、追求创新的科学精神,实现"思维养成、能力培养、素质提升"三位一体的课程育人目标。

课程教学内容总体上分为六大部分:(1)介绍有关线性规划模型的建立方法与技巧,了解线性规划的基本概念,掌握线性规划模型求解的图解法和单纯形法。(2)了解线性规划问题的对偶模型,掌握线性规划的对偶理论及影子价格的含义,学习对偶单纯形法的求解思路。(3)了解整数规划模型的特征和类型,掌握求解整数规划模型的分支定界法、割平面法和隐枚举法。(4)了解目标规划数学模型的特征,学习建立目标规划数学模型,掌握求解目标规划的图解法及单纯形法。(5)熟悉网络图在管理中的应用,掌握求最小树、最短路、最大流、最小费用最大流的各种算法,了解中国邮路与旅行售货员问题的求解。(6)了解动态规划数学模型的构成要素与原理,掌握资源分配、生产与储存、背包问题等几种应用模型的建立与求解方法,运用动态规划方法对规划问题进行求解。

二、课程目标

通过本课程学习,使学生能够正确理解运筹学方法论,掌握运筹学整体优化思想,具备初步运用运筹学思想和方法分析、解决实际问题的能力和创新思维与应用能力,培养具有家国情怀、工匠精神、勇于创新、敢于担当的现代管理人才。具体设计为:

(1)知识目标:了解运筹学萌芽、发展的历史和前沿并理解运筹学在生产实践和社会经济管理领域中的应用;掌握运筹学模型的设计思路,常见规划模型的基本概念、基本运算方法,明确各种运算方法所解决的问题。

(2)能力目标:初步形成根据实际问题建立运筹学相关模型并求解的能力,学会使用工具软件进行模型求解;形成优化意识,能理论联系实际,对一些实际问题进行定性、定量分析并做出评价决策,培养学生从系统论角度分析、解决现实管理问题的能力。

(3)素质目标:培养学生主动探索、追求创新、严谨求实的科学思维能力;增强民族自信和文化自信,增强民族使命感与责任感,引导学生感知时代特征,意识到当前青年为实现中华民族伟大复兴肩负的使命和责任;引导学生树立正确的人生观、价值观,坚定为中华民族伟大复兴不懈努力的决心。

三、课程思政教学设计举例

1.案例主题

运筹学的概念、决策过程与应用。

2.授课章节

第1章　导论:1.1 什么是运筹学;1.2 运筹学的决策过程;1.3 运筹学的应用。

3.教学内容分析

知识——了解运筹学的产生和发展;掌握运筹学的概念和特点;掌握运筹学的决策过程;了解运筹学的应用。

能力——针对现实生活中的问题,根据运筹学的决策过程开展问题分析。

价值——通过了解我国古代人民利用运筹学解决问题的智慧,培养学生的民族自豪感,坚定学生的文化自信;通过了解钱学森、许国志、华罗庚等老一辈科学家在中国进行运筹学应用与推广的杰出事迹,增强民族使命感与责任感;了解运筹学在中国的蓬勃发展,充分认识到运筹学在新中国建设以及科教兴国与科技强军战略实施中的重要作用,引导学生意识到其作为祖国高素质人才在科技兴国中的重要责任,为我们取得的成就感到自豪的同时,进一步坚定为中华民族伟大复兴不懈努力的决心。

4. 学情分析

本次课程内容是"运筹学"课程的第一讲,学生已经在前面的学期完成了"高等数学""线性规划""统计学"等基础课程的学习,学生习惯性认为"运筹学"课程对数学计算能力要求高,理论性强,缺乏实践性,所学内容无法转化为实践能力,存在普遍的畏难情绪。引导学生正确认识本课程,激起学生对本课程的学习兴趣,理解本课程学习在日常生活、现代管理中的重要性是本次课程教学的首要任务。

5. 课程思政元素融入

中华优秀传统文化、责任担当、科学精神、国际视野。

6. 教学实施过程

(1)教学导入。

在公元前3世纪的楚汉相争中,汉高祖刘邦的著名谋士张良为推翻秦朝,打败项羽,统一全国立下盖世奇功,刘邦赞誉他"运筹策帷帐之中,决胜于千里之外"。这一千古名句是对张良运筹思想的赞颂和褒奖,《史记》在《留侯世家》及其他多处也曾提及。这里的"运筹",指张良在帷幄中制定作战谋略与决策的过程。

运筹学于二战期间在欧美产生,钱学森、许国志、华罗庚等顶尖科学家为了新中国的建设排除万难回到祖国怀抱,将运筹学引入我国,并结合我国特点进行推广应用。

资料搜集与讨论:请凭自己对运筹一词的了解,举出中国古代利用运筹学思想解决实际问题的典故以及老一辈科学家在中国进行运筹学应用与推广的杰出事迹。

（2）教学内容。

第一，运筹学名称的由来。

Operational Research，在美国被称为 Operations Research。当时在美国的钱学森和许国志就敏锐地意识到了它的重要意义和广泛的应用前景。1955 年二人在离开美国奔赴新中国的归国客轮"克利夫兰号"上，便商定要将这一新学科引入新中国。

最初许国志将其翻译为"运用学"。1956 年，在清华大学电机系运筹学专业成立前，许国志与当时清华大学主持运筹学专业的周华章先生反复讨论认为，"运用"二字不能包括 Operations Research 的全部内涵。作为引入中国后的一个新学科，其思想在中国自古有之，比如田忌赛马、丁谓建宫等。他们联想到《史记·留侯世家》中刘邦对张良军事谋划的称赞，"运筹策帷帐之中，决胜于千里之外"，因此感觉用"运筹学"更贴切，于是便决定正式更名为"运筹学"，运筹学这个名称从此诞生。

第二，运筹学简史——中国古代的运筹学思想。

1）学生报告展示：田忌赛马。

点评：要善于用局部的牺牲去换取全局的胜利，从而达到以弱胜强的目的。他的基本思想是不强求一局的得失，而争取全盘的胜利。这是一个典型的博弈问题。

2）学生报告展示：围魏救赵。

点评：①充分体现了如何筹划兵力，选择最佳时间、地点，趋利避害，集中优势兵力以弱克强的运筹思想。②为了达到某个预定目的，如果直接去做，可能会得不偿失，甚至适得其反。但如果从另一个角度去做，可能就会取得事半功倍的效果。

3）学生报告展示：丁谓建宫。

点评：这是我国古代大规模工程施工组织中运用运筹学思想的典型例子，加深对运筹学应用的理解。

4）学生报告展示：沈括运军粮。

点评：这是我国古代军事领域物资运输与人员配置方面运用运筹学思想的典型例子，加深对运筹学应用的理解。

育人元素:通过这些案例的讲解,引导学生认识中国古人利用运筹学思想解决实际问题的大智慧,感知中华文化的博大精深,增强学生的民族自豪感,坚定学生的文化自信。

第三,运筹学的产生和发展,从具体事例中总结提炼运筹学的概念和特点。

作为一门新兴学科,运筹学产生于第二次世界大战,二战以后,运筹学得到了快速发展。

总结归纳:运筹学的概念和特点。

第四,运筹学的决策过程。

1)认清问题。

2)找出一些可供选择的方案。

3)确定目标或评估方案的标准。

4)评估各个方案:解的检验、灵敏性分析等。

5)选出一个最优的方案:决策。

6)执行此方案:回到实践中。

7)进行后评估:考察问题是否得到圆满解决。

讨论:以身边的事件进行讲解分析,如寻找最佳配偶、大学期间的最优规划等,与学生共同讨论,帮助学生理解并掌握运筹学的决策过程,初步构建日常生活中的运筹学思想。

第五,运筹学的应用。

1)中国运筹学的代表人物。

科普视频:

钱学森——《中华人物故事汇》20190828 中华先锋人物系列钱学森,http://tv. cctv. com/2019/08/28/VIDEvmQp2KUsn5bZxM27IIdn190828. shtml? srcfrom = toutiao。

华罗庚——《中华人物故事汇》20190827 中华先锋人物系列华罗庚,ht-tps:∥tv. cctv. com/2019/08/27/VIDEk9CNzGKZxhaMcijZuYPs190827. shtml? spm =C53164524413. Pr0hOC6QWKfh. 0. 0。

百度百科资料——许国志。

育人元素:新中国成立后,钱学森等运筹学领域的顶级科学家毅然放弃国外的优厚待遇,排除千难万险回到祖国怀抱,将祖国的发展和兴旺作为毕生目标与使命,在国内建立运筹学研究室,培养运筹学人才,对运筹学不遗余力地探索和推广。这些先进事迹可以让同学们感受到老一辈科学家对祖国的浓厚感情和对新中国建设的责任感,从而引导同学们将科技兴国作为己任,培养学生的家国情怀,增强民族使命感与责任感。

2)以弗兰兹·厄德曼奖了解我国运筹学的成功应用实例。

扩展阅读与讨论:由国际运筹学与管理科学学会(INFORMS)及其下属的管理科学实践学会(College for the Practice of the Management Sciences)主持评定的弗兰兹·厄德曼(Franz Edelman)奖久负盛名,该奖项重点奖励全球在运筹和管理学领域做出突出贡献,并带来重大应用价值的研究项目和成果。我国多次入围该奖项,包括:

中石油——中石油天然气管网优化项目;

华为——华为云;

京东——智能供应链 Y 事业部的数智化供应链管理技术、无人仓调度算法;

美团——智能决策分析平台。

育人元素:运筹学如今在中国已经根深叶茂、开花结果,各产业在"互联网+""数字经济"等浪潮下大量使用运筹学算法进行转型,华为等一批中国引领世界的企业大力开展运筹学的应用研究,国防部门更是把军事运筹放在十分重要的位置。了解运筹学在中国的蓬勃发展,充分认识到运筹学在新中国建设以及科教兴国与科技强军战略实施中的重要作用,引导学生意识到其作为祖国高素质人才在科技兴国中的重要责任,在为我们取得的成就感到自豪的同时,坚定为中华民族伟大复兴不懈努力的决心。

(3)作业布置。

思考:自行查阅弗兰兹·厄德曼奖获奖作品的相关信息,深入理解运筹学在管理中应用的价值,进一步用运筹学思想思考大学剩余时间的人生规划。

四、课程反思

学生积极性很高,能够描述并分析中国古代运筹学典故(至少两个),增强民族自豪感与文化自信;能够了解中国运筹学代表人物(至少三个)及其杰出事迹,树立家国情怀,在一定程度上克服了对本课程的畏难情绪。特别是对当代运筹学的发展,与人工智能结合所解决的问题,学生兴趣浓厚,但缺乏对前沿概念的理解,应鼓励学生利用课余时间拓展对前沿概念的了解和讨论。

"水质工程学"课程思政教学案例

胡锋平　戴红玲

一、课程介绍

给排水科学与工程专业承担着解决水危机和建设生态文明的历史责任和使命。"水质工程学"是给排水科学与工程专业的核心课程之一,研究对象是水的社会循环过程中水质的运动变化规律和相关的工程技术问题,旨在通过科学的方法来控制和改善水质,以实现水的良性循环和可持续利用水资源。

"水质工程学"是新时代给排水高层次人才培养的主战场,对其知识体系、教学组织和教学方法的持续革新,是给排水专业建设的重要内容。

二、课程目标

1. 知识目标

(1)掌握污水的水质特征与水质指标、水体污染及危害与自净、反应器理论,能够应用数学、自然科学和工程科学的基本原理,分析水处理工程问题及水处理工艺问题。

(2)掌握活性污泥法、生物膜法、厌氧生物处理、自然生物处理、污泥的处理与处置理论与技术,能够将数学、自然科学、工程基础和专业知识用于解决水处理工程的问题。

2. 能力目标

(1)培养学生具有设计、计算水质工程中的各构筑物、工艺系统的能力,使学生能够根据所给的原始资料,确定水处理方法与相关处理构筑物的形式、数目与尺寸,进行各处理构筑物的总体布置和处理流程的高程设计,为将来从事本专业的工程设计、科研及运行管理工作等奠定必要的理论和应用基础。

（2）能够基于科学原理，针对复杂给排水工程问题，进行比较和选择合理的处理方法、实验方法，能够独立设计给水排水工程设计方案及实验方案，能够正确操作实验装置，安全开展工程相关的实验，能够正确采集、整理实验数据，对数据进行分析和模拟，并通过信息综合得到合理有效的结论。

（3）使学生具有明确的相关环境保护与可持续发展的方针政策和法规意识，培养学生具有理解和评估给排水工程实践对环境质量和可持续发展影响的能力。

3. 价值目标

（1）培养学生的工匠精神，具有勤勉不懈、精益求精与突破革新的优秀品质；

（2）培养学生的创新精神，具有敢为人先、慎思笃行与团队合作的良好素养；

（3）培养学生的职业素养，即培养学生的生态文明、专业认同、工程伦理意识。

三、课程思政教学设计举例

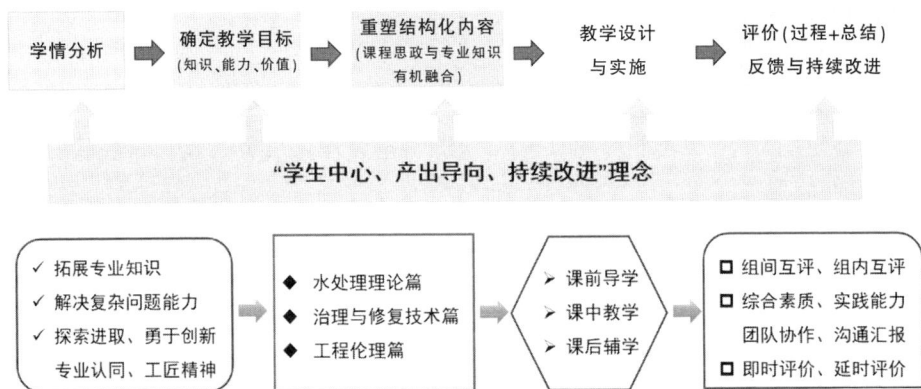

图 1 课程设计流程图

1. 课前导学

课前发布任务：

（1）任务一　阅读材料：课前材料的阅读与思考。

【视频】带你了解日本福岛核污染水排海事件。

（2）任务二　动手实操：取水样。

请同学们取一瓶受污染的浑水。

2. 课中教学

（1）与学生相关的水污染危机：一滴污水的危害有多大？

①有 12 亿人因饮用被污染的水而患上各种疾病，患病率高达 20%。

②80% 的疾病是由于饮用水被污染造成的。

③50% 的癌症与饮用水不洁有关。

④50% 的儿童死亡是由于饮用水被污染造成的。

⑤因水污染而患上霍乱、痢疾和疟疾的人数超过 5000 万。

（思政元素：我国水资源危机和水污染现状）

（2）请同学们取一瓶受污染的浑水，分析其污染可能。

了解《生活饮用水卫生标准》（GB 5749-2022）中的微生物指标、毒理指标、感官性状和一般化学指标等。分析新旧标准中的指标差异，包括增加了高氯酸盐、乙草胺、2-甲基异莰醇、土臭素四项指标，更改了八项指标的限值，包括硝酸盐（以 N 计）、浑浊度、高锰酸盐指数（以 O_2 计）、游离氯、硼、氯乙烯、三氯乙烯、乐果。

《生活饮用水卫生标准》（GB 5749-2022）不再区分农村和城市供水水质，按统一标准执行。

了解《城镇污水处理厂污染物排放标准》（GB 18918-2002）中的标准分级以及一级 A 标准中基本控制项目最高允许排放浓度，如化学需氧量（COD）、生化需氧量（BOD_5）、总氮和总磷等指标。

【思政元素与专业知识相融】针对严峻的水资源危机和水污染现状，国家严守千家万户水质安全的准绳，严控生活饮用水卫生标准，保障饮水安全，如更为关注饮用水消毒副产物，新版标准对不同含氯消毒剂所对应的指标进行了细化，同时降低了出厂水和末梢水中游离氯的限值。也更加关注水质的感官性状指标，一直困扰着居民的自来水中的季节性腥味也在新标准里得到了体现，增加了 2-甲基异莰醇（2-MIB）和土臭素指标等。

(3)行业事件:核污染水排海事件,处理过的核污染水堪比核电厂正常运行排水?

①来源不同:日本福岛核污染水来自事故后注入熔融损毁堆芯的冷却水以及渗入反应堆的地下水和雨水。核电厂正常运行液态流出物主要来源于工艺排水、化学排水、地面排水、淋浴洗衣排水等。

②放射性核素种类不同:福岛核污染水包含熔融堆芯中存在的各种放射性核素,包括一些长半衰期裂变核素。核电厂正常运行液态流出物不与核燃料芯块直接接触,含有少量裂变核素,几乎不含超铀核素。

③处理难度不同:日本福岛核污染水是否达到排放标准还需验证。核电厂严格遵守国际通行标准,采用最佳可行技术对废水进行处理,经严格监测达标后有组织排放,排放核素远低于规定的控制值。

【思政元素与专业知识相融】福岛核污染水排海引发思考,按照处理效果的优先级排序,分别是固化填埋、电解释放、蒸汽排放、注入地层和排入海洋,而日本政府最终选择了最廉价的排入海洋方案。据清华大学研究团队用模型模拟的结果显示(课前导学视频):日本排放的核污染水,在排放的第57天就扩散到了太平洋的大部分区域;排放的第8个月,放射性物质首先出现在台湾地区东侧,之后迅速覆盖我国东南沿海;排放的第1200天,基本上整个北太平洋都被放射性物质覆盖;排放的第2800天,北美西侧海域也将受到核污染;而将近10年后,放射性物质几乎会遍布全球海域。

3. 课后辅学

请查阅并补充完善我国关于水污染防治方面的相关政策、标准发布时间以及相关内容(如表1所示),并思考本专业能学什么,应该做些什么?

表1　我国关于水污染防治方面的相关政策、标准发布时间以及相关内容一览表

序号	产业政策名称	发布时间	发布单位	相关内容
1	《农村人居环境整治提升五年行动方案(2021—2025年)》【厅字〔2021〕44号】	2021年12月	中共中央办公厅、国务院办公厅	到2025年,农村人居环境显著改善,生态宜居美丽乡村建设取得新进步。农村卫生厕所普及率稳步提高,厕所粪污基本得到有效处理;农村生活污水治理率不断提升,乱倒乱排得到管控……农村人居环境治理水平显著提升,长效管护机制基本建立
2	《"十四五"城镇污水处理及资源化利用发展规划》【发改环资〔2021〕827号】	2021年6月	国家发展改革委、住房和城乡建设部	以提升城镇污水收集处理效能为导向,以设施补短板强弱项为抓手,统筹谋划、聚焦重点、问题导向、分类施策,加快形成布局合理、系统协调、安全高效、节能低碳的城镇污水收集处理及资源化利用新格局
3	《城镇生活污水处理设施补短板强弱项实施方案》【发改环资〔2020〕1234号】	2020年7月	国家发展改革委、住房和城乡建设部	2023年县级及以上城市设施能力要基本满足生活污水处理需求,并提出四项主要任务,即强化城镇污水处理厂弱项,补齐城镇污水收集管网短板,加快推进污泥无害化处理和资源化利用以及推动信息系统建设
4	《全国重要生态系统保护和修复重大工程总体规划(2021—2035年)》【发改农经〔2020〕837号】	2020年6月	国家发展改革委、自然资源部	围绕全面提升国家生态安全屏障质量、促进生态系统良性循环和永续利用的总目标,以统筹山水林田湖草一体化保护和修复为主线,提出了"坚持保护优先、自然恢复为主,坚持统筹兼顾、突出重点难点,坚持科学治理、推进综合施策,坚持改革创新、完善建管机制"等基本原则,明确了到2035年全国生态保护和修复的主要目标,并细化了2020年底前、2021—2025年、2026—2035年3个时间段的重点任务

（续表）

序号	产业政策名称	发布时间	发布单位	相关内容
5	《农村黑臭水体治理工作指南（试行）》【环办土壤函〔2019〕826号】	2019年11月	生态环境部	农村黑臭水体治理技术措施的选择应遵循"系统综合、标本兼治、经济适用、利用优先、绿色安全"的原则。运用农村生活污水治理、农村厕所粪污治理、畜禽粪污治理、水产养殖污染防控、种植业面源污染治理、工业废水污染治理及垃圾清理等技术措施进行综合治理
6	……	……	……	……

十六字治水方针：节水优先、空间均衡、系统治理、两手发力，走在前沿的中国治水法则。

通过理解"绿水青山就是金山银山"的发展理念的科学内涵，激发学生的爱国热情，坚定其道路自信。

四、课程反思

本章节通过对一滴污水的危害思考拓展到水污染的危害，紧密联系近期的日本核污染废水排海事件，加上视频教学带给学生一场洗礼与头脑风暴。中国在水处理方面出台的一系列政策、法规和治水方针，也体现了中国胸怀与中国力量。学生们也反馈，通过本章节的学习，感受到了自己所肩负的责任与使命，增加了对专业的认同感与自豪感。

在本章节的教学中应注意以下两点：

（1）把控好讨论节奏，尤其是日本核污染废水排海事件。

（2）鼓励学生多质疑，并通过学生互辩去自己解答问题，比如水污染的危害以及我们专业的法规、标准等。

"电力电子技术"课程思政教学案例

胡文华

一、课程介绍

"电力电子技术"是电气工程及其自动化专业的一门核心专业基础课程。本课程主要讲授电力电子技术概述,电力电子器件,四类基本变流电路的基本知识,要求掌握各类变流装置的基本工作原理、控制方法、设计计算、实验技能。本课程的主要任务是使学生(1)获得在工业、科研等领域中常用电力电子器件的工作原理、特性参数等方面的知识;(2)掌握四类基本变流电路的基本概念,分析变流电路的工作原理,设计计算变流电路中相关电气量的应用等,具备将所学到的电力电子技术灵活地应用于生产实践的能力。在本课程的讲授过程中,通过对电力电子技术的发展历史与电力电子技术在我国高速铁路和电气工程等领域中的应用情况的讲解,来加深学生对辩证唯物主义科学发展观的理解,培养学生精益求精的大国工匠精神,激发学生科技报国的家国情怀和使命担当;通过电力电子技术中的"中国标准"与"中国创造"来坚定学生的"四个自信"。

本课程以高等数学、大学物理、模拟电子技术、电路原理、电机学等课程为基础,着重让学生掌握电力电子技术的基本理论、基本方法。本课程是一门实践性很强的课程,在理论学习的同时,要求学生通过实验和实践熟练掌握各类变流电路的基本原理和适应场合。

二、课程目标

通过本课程的理论教学、案例分析和实验,使学生具备下列知识和能力:

目标1:知识与能力方面,能运用电力电子器件的基础理论知识,识别、分析、判断电气系统工程中的电力电子器件的类型、特性、额定值等,在具体电路的应用中会选择和使用电力电子器件。思政方面,帮助学生加深对辩证唯物主义科学发展观的理解,以及培养求真务实、自我反省的意识,提升学生的科学素养。

目标2:知识与能力方面,能运用电力电子四类变流电路的基础理论知识,建立合适的数学模型并求解,同时理解其局限性。对于一个具体的变流需求,能够利用理论分析等手段,选择相应的变流电路。思政方面,提高学生分析问题、解决问题的能力,培养学生精益求精的大国工匠精神、激发学生科技报国的家国情怀和使命担当的科学精神。

目标3:知识与技能方面,在电力电子技术实验中,能熟练使用常用仪器仪表;能根据需求,利用电力电子技术知识进行实验方案的设计,并给出实验方案;能独立或协作完成实验,并对数据进行有效处理,最终编写规范的实验报告。思政方面,培养学生的工程观念和职业素养。

三、课程思政教学设计举例

1. 教学方法和手段

以多媒体教学为主,辅以板书推演。采用启发、提问、案例分析、互动交流等形式调动课堂气氛激发学生的学习兴趣。

(1)课堂讨论:电力电子变换类型有哪些? 它们可能的应用领域在哪里?

(2)案例分析。

①以高压直流输电为例,说明电力电子技术在电力系统中的应用;

②以高速动车组为例,说明电力电子技术在轨道交通中的应用;

③以电脑电源为例,说明电力电子技术在 IT 中的应用。

(3)师生互动。

①电力电子变换类型有哪些? 各起什么作用?

②电力电子变换电路应用的发展趋势是什么? 同学们对哪些应用感兴趣?

2. 教学内容及过程

新课导入:

结合电力电子技术的发展情况、电力电子变换类型及作用,引出电力电子技术的应用情况,引导学生归纳电力电子技术在电气工程中的应用。

教学内容与教学设计:

(1)回顾电力电子技术发展情况,引出电力电子技术应用概况。(5分钟)

(2)设问:电力电子变换电路的类型及其应用领域有哪些? 和学生一起总结。(10分钟)

(3)案例:电力电子技术在电力系统中的应用,包括高压直流输电技术和柔性交流输电技术,比较电力电子技术在这两种输电系统中的作用;结合高压输电领域中的"中国标准"和"中国创造",坚定同学们的"四个自信"。(20分钟)

(4)讲授:电力电子技术在交直流电机控制中的应用,分析电力电子技术在一般工业中的应用。(10分钟)

(5)讲授:通过讲解电力电子技术在电动汽车中的应用(特斯拉汽车),从而引出电力电子技术的节能效果。在此过程中将节能减排、社会责任意识、环保意识、安全意识、职业素养融入教学内容中,培养学生正确的科学观和价值观。(10分钟)

(6)案例:以高速动车组为例,分析电力电子技术在轨道交通中的应用;结合近现代电力电子技术领域中的国内外著名企业的发展历史,尤其是国内中车企业的发展历史及未来趋势,助力培养学生精益求精的大国工匠精神。(10分钟)

(7)案例:以电脑电源为例,分析电力电子技术在IT中的应用。(10分钟)

(8)互动:电力电子变换电路应用的发展趋势是什么? 同学们对哪些应用感兴趣? (10分钟)

(9)总结本次课的主要知识点,并引出下次课的内容。(5分钟)

四、课程反思

(1)学生对电力电子技术在电气工程中的应用范围之广没有认识,兴趣较高。今后可以加强这方面的介绍。从直流输电发展到交流输电再发展到高压直流输电的发展历程入手,学生能较好地理解事物是螺旋式上升、波浪式前进的唯物辩证思想。

（2）在教学过程中融入我国电力工业发展取得的巨大成就以及电力科学家的先进事迹,用事实和数据说话,使学生坚定道路自信、理论自信、制度自信、文化自信。

（3）高精尖技术的突破、人民生活品质的提高都离不开电力电子技术的进步,结合高速铁路的发展强调电力电子技术的重要性,激发学生努力学习、科技报国的热情。

"材料成型工艺及设备"课程思政教学案例

胡 勇

一、课程介绍

"材料成型工艺及设备"为国家一流专业(通过工程教育认证)材料成型及控制工程的专业核心课程。本课程旨在弄懂成形理论、学会成形设计的基础上,培养学生发现问题、分析问题和解决问题的能力,并帮助学生树立正确的价值观。课程已获批为江西省一流本科课程。

本课程以立德树人为根本遵循,坚持以产出为导向、以学生为中心,结合课程特点自建了 MOOC,根据新时代大学生多元化学习特性,开展了"线上+线下"联动教学。通过重构教学内容、重塑课堂教学、重建考核评价,培养学生理论联系实际能力和创新实践能力,激发学生学习的积极性与主动性,帮助学生树立正确的价值观。教学中灵活运用教学方法和手段、科学制定评价机制,变"讲授为主"为"启发为主",改"被动学"为"主动学",化"齐步走"为"异步走",帮助学生内化吸收知识、提升综合能力、升华价值观。

课程内容分为液态成形、塑性成形、焊接三大模块,每个模块都围绕成形理论、成形工艺、成形方法三大主线展开,同时将思政元素、科研成果、交通案例融入其中,拓展了课程的深度与广度,增加了时代性与前沿性。

二、课程目标

根据学校"交通为特色、轨道为核心"的定位,紧扣专业培养具有扎实理论基础、创新精神和实践能力的高素质应用型人才,本课程须达成以下目标。

(1)懂成形理论。掌握液态成形、塑性成形和焊接的基本知识、原理,能分析零件现有设计方案的优点与不足,进而为分析轨道交通行业用零件的成形打下坚实的理论基础。

（2）能成形设计。能对零件成形制定多种方案，并通过自主学习了解成形新方法，了解轨道交通行业对成形技术的新需求，进而为轨道交通行业用零件的成形合理制定设计方案。

（3）成有德人才。拥有正确的社会主义核心价值观，明确工程师的伦理素养和社会责任，具备科技报国的爱国情怀，传承精益求精的大国工匠精神，具有创新思维能力和团队协作精神。

三、课程思政教学设计举例

1. 科学家的故事

引入焊接创始人潘际銮院士的事迹，他开创的焊接技术让中国高铁轨道"天衣无缝"，让中国的核电站"密不透风"。焊接时工人非常辛苦，同时电焊的烟尘会对人的心肺造成危害。用先进的自动化焊接技术把辛苦工作的焊接工人从恶劣的工作环境中解放出来，是潘际銮院士矢志不渝的目标。从1997年焊接机器人雏形设计诞生，到十年之后"无轨导全位置爬行焊接机器人"的成功研制，再到如今行业内无法"焊"动的"全球首创"，潘际銮院士以及他的团队二十年如一日，步履不停。通过真实的故事，阐释习近平总书记"以人民为中心的发展思想"，培养学生的创新精神，增强民族自豪感。

2. 焊接在国之重器中的运用

列车转向架。结合我校"以交通为特色、轨道为核心"的办学定位，引入高铁制造核心技术之一——列车转向架焊接。2007年，作为全国铁路第六次大提速的主力车型，从法国阿尔斯通引进的时速250公里的动车组在长客试制生产。转向架是决定列车能否实现速度等级提升的核心部件，对焊缝精密度的要求十分高。据此，引入工人院士李万君的事迹。面对外国专家的话："对于这种高精尖技术，你们中国就只能依赖进口"，李万君仅用半个月的时间就发明了"环口焊接七步操作法"，打破了国外的技术壁垒。

港珠澳大桥。世界最大钢结构桥梁，仅主梁用钢板就42.5万吨，相当于10座鸟巢或60座埃菲尔铁塔。钢索塔的制造是港珠澳大桥钢结构制造工程的重点和难点,采用了无"马"装焊,引出港珠澳大桥建设背后的故事。

港珠澳大桥建造过程面临重重困难。2007 年,林鸣带着团队开始为隧道的建设做考察,当时世界上只有两座桥梁有超过三公里的隧道,一座是欧洲的厄勒海峡隧道,一座是韩国的巨加跨海大桥。韩国当时正在进行相同的项目,但是他们的安装是由荷兰专家来完成的,林鸣带领自己的团队来到韩国,希望可以参观一下他们的施工和装备,但是遭到了韩国人的拒绝。他们只能乘船经过大桥然后拍摄了一些照片。韩国人的冷漠,让林鸣下定决心要找欧洲最先进的、最有经验的公司来合作完成,于是他们来到了荷兰,希望荷兰方面可以在技术上为我们提供帮助,但是荷兰竟然开出了 15 亿元人民币的天价。最终只剩下了唯一一条路,那就是自主攻关、自主研发、自主修建。港珠澳大桥开通仪式上,习近平总书记说,港珠澳大桥的建设创下多项世界之最,非常了不起,体现了一个国家逢山开路、遇水架桥的奋斗精神,体现了我国综合国力、自主创新能力,体现了勇创世界一流的民族志气。这是一座圆梦桥、同心桥、自信桥、复兴桥。大桥建成通车,进一步坚定了我们对中国特色社会主义的道路自信、理论自信、制度自信、文化自信,充分说明社会主义是干出来的,新时代也是干出来的!

主战坦克。ZTZ-99 式主战坦克,车长 7.3 米,宽 3.5 米,高 2.4 米。这个虎虎生威的"陆战之王",其实是由数百块装甲钢板焊接而成的。采用焊接结构,可根据需要在不同位置选择不同性质、不同厚度的材料。主装甲采用 220 毫米倾角 68 度的复合装甲;车体和炮塔采用 800 毫米和 1000 毫米装甲。引入"独臂焊侠"卢仁峰的事迹。

一次,厂里一条水管爆裂,要抢修又不能停水,这让大家束手无策。而卢仁峰用 10 多分钟就焊接成功了。从此,带水焊接成了卢仁峰的招牌绝活,也让他成了厂里有名的能人。然而,此时的卢仁峰却遭遇了人生中最沉重的打击,一场突发灾难,让他的左手丧失劳动能力。单位安排他做库管员,但卢仁峰没有接受,他作出了一个大家都没想到的决定——继续做焊工。那段日子,卢仁峰常常一连几个月吃住在车间,他给自己定下每天练习 50 根焊条的目标,常常一蹲就是几个小时。在一次次的练习中,卢仁峰不断寻找替代左手的办法——特制手套、牙咬焊帽等。凭着这股倔劲,他不但恢复了焊接技术,仅靠右手练就一身电焊绝活,还攻克了一个个焊接难题,他的手工电弧焊单面焊双面成型技术堪称一绝,压力容器焊接缺陷返修合格率达百分之百,赢得"独手焊侠"的美誉。

航空母舰。习近平总书记说,强国梦就是强军梦。航空母舰大部分为焊接结构。舱壁段、甲板段、船舷段等提前施工,然后分段焊接构成整体结构。甲板无法直接锤出,其焊接是重中之重,整个焊接工作占整个施工过程的30%以上,采用窄间隙埋弧焊接,可重复焊接5~10道工序后完成。

火箭工程。引入火箭焊接第一人高凤林事迹。面对国外高薪诱惑,高凤林说:"为国家做事我感到骄傲,这不是金钱买得到的。"

三峡大坝水轮机转轮。世界最大的水轮机转轮,功率70万千瓦,转轮叶片焊缝坡口最大厚度320毫米,单道焊缝最大长度5米,截面变化30—320毫米。这是一个罕见的巨大焊接工程。

鸟巢焊接。鸟巢焊缝总长度超过31万米,消耗焊材超过2100吨。大部分组合柱板厚超过60毫米,最厚达110毫米。日本焊接同种材料Q460板厚最厚为80毫米。整个焊缝经过100%超声波探伤,一次合格率为99.7%。

3.焊接文化

公元前5世纪用锡铅钎料镶嵌皇冠上的珠宝首饰等,1637年明代宋应星所著《天工开物》中有"中华小焊用白铜末,大焊则竭力挥锤而强合之"的记载(小钎即钎焊,大钎为锻焊),坚定文化自信。

四、课程反思

通过讲述焊接领域开拓者潘际銮为把辛苦工作的焊接工人从恶劣的工作环境中解放出来而研发焊接机器人的事迹,让学生真正明白习近平总书记"以人民为中心的发展思想"。结合焊接技术在我国重大工程领域取得的成就,使学生热血澎湃,潜移默化地增强了学生的民族自豪感。

案例全取自焊接技术在重大工程领域取得的成就,让学生快速感受到了祖国的繁荣富强,感受到了科学家及大国工匠为祖国建设的默默付出,进而厚植学生的爱国情怀,增强其民族自豪感,真正实现春风化雨、润物无声。

"人力资源培训与开发"课程思政教学案例

蒋翠珍　陈　璐

一、课程介绍

"人力资源培训与开发"课程以培训理论为基础,多层次、多维度地阐述了培训体系设计和培训体系管理、培训效果评估与运用等内容,并提供了培训模式与模型、培训制度与方案范本等实践工具。

学习这门课程,学生能够理解现代培训与开发的理论和知识体系,掌握现代培训与开发的基本实施流程,提高理论分析与培训设计能力。课程要求学生能够结合企业培训案例学习和掌握培训与开发的基本理论、培训需求分析、培训内容设计、培训效果评估,以及区分和理解不同层次的培训活动特征和规律,探讨如何在组织内部提升员工能力,构建组织学习文化,有效开展培训活动等。

二、课程目标

本课程旨在深化学生对"员工培训与开发"基础理论与实践应用的理解,具体目标如下:

(1)理论知识掌握:深入学习员工培训与开发的核心理论,建立坚实的理论基础,为学生进一步的实践探索打下基础。

(2)实践技能提升:课程注重培养学生掌握人力资源培训与开发的方法和技能,使其能够适应人力资源管理相关工作岗位。

(3)综合职业能力发展:通过案例分析、角色扮演等教学方法,激发学生的主动学习精神,提高其发现问题、分析问题及解决问题的能力。

通过本课程的学习,学生将能够获得全面的知识和技能,既能理解人力资源培训与开发的理论框架,又懂得如何在实践中有效应用,为其未来的职业发展和终身学习奠定坚实基础。

三、课程思政教学设计举例

1.学情分析

员工培训与开发需求分析是课程的重要内容之一。该部分旨在让学生理解培训与开发需求分析的含义和类型;了解影响培训与开发需求分析的因素;熟悉组织培训与开发需求分析的流程;掌握在组织、任务和人员层面进行培训需求分析的步骤,并能够编写培训需求分析报告。

在教学过程中,一方面定位于"解决问题的专家思维"的高阶目标,这对"教师的教"和"学生的学"都提出了更高的要求;另一方面采取混合式教学,为学生和教师的"学与教"提供了更加多元的空间和环境。

具体而言,员工培训与开发需求分析的学习设计是将学生的线上课前学习、教师的线下课堂讲授、学生课后学习有机融合、优势互补。在教学过程中体现深层次的学习内容、互动式的教学形式与项目教学方法,培养学生自主学习、协作学习、发现和解决问题的能力,提升教与学的效果。

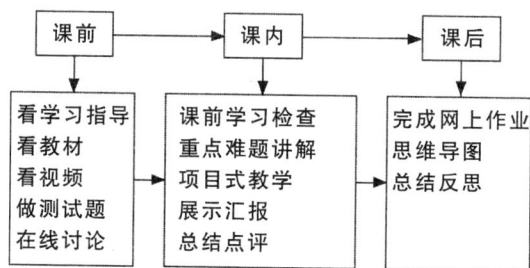

图 1　教学设计示意图

2.课程教学方案设计

为提高教学效果,课程融合了信息化教学手段,整合了教学内容,并以互动式教学和项目教学为主。教师有效整合了案例分析、项目小组讨论、习题测试等多元教学方式与方法,调动学生在课前的自主学习能力,增加课堂学习的趣味性,激发学生的学习热情。课程教学设计从学生的课前自主学习,课堂上的重点难点讲解与小组合作探究,以及课后的深化拓展三个方面展开。

（1）课前预习。

1）发布学习指导。

课前发布任务通知。组织学生用手机登录教学平台，要求学生提前预习课程内容，掌握学习重点，并会有标识提醒学生预习中的难点，提高学生在课堂上的学习效率。

2）看教材及在线视频学习。

利用网络教学平台推送课程电子课件、视频资源以及课前案例，教师列出所要用到的已学知识和新授知识，组织学生进行课前预习。

对于课前学习的设计，需要细致考虑学生自学过程中可能遇到的问题，并辅以相应的解决方案。从"动眼、动手、动脑、动嘴"等方面，全面调动学生主动学习的积极性和行动力，设计组合式课前学习方案。

动眼，即仔细观看学习视频和教材；

动手，即回答在线测试题目和记录学习笔记；

动脑，即对学习视频、教材以及项目式学习案例进行思考；

动嘴，即与小组同学进行案例讨论和交流，在课前通过口头交流表达自己的观点。

3）完成课前在线测试。

学生在课前需要完成以下学习过程：

①观看约 10~15 分钟的 MOOC 视频，并完成课前测试；

②学生可以利用平台提问、讨论功能，通过在线讨论、合作学习等方式，聚焦学习中所遇到的问题。

③教师在课前查阅平台上的课程数据和反馈信息，分析学生存在的共性问题，有针对性地备课，并发布课前导入案例，督促学生以小组形式提前准备。

4）完成课前案例讨论。

教师备课以问题为导向，选用恰当的案例，优先选择优秀的思政案例，启发学生思考，引导学生建构知识、解决问题。

各小组自由安排时间，在课前完成组内讨论活动：

①记录预习中发现的不懂之处或知识原理；

②根据教师提供的课程案例展开小组讨论，有前期预习作为基础，小组讨论

能初步得出分析结果,并准备在课堂上交流。

(2)课上讲解。

1)课前检查。

这部分是本章的难点和重点,在正式讲授前设计一个提问环节,要求学生根据预习的情况先回答问题。随后,教师再进行讲解和分析。

提问采用教学平台的"选人"功能,随机选人。

2)重点、难点讲解。

培训需求分析的实施主要是按照事先制订好的工作计划依次展开,但在分析培训需求的时候,也要根据实际工作情况或遇到的突发情况,随时对计划进行调整。具体包括:征求培训需求、审核汇总培训需求、对申报的培训需求进行分析,最后是确认培训需求。

此外,培训需求分析结果的确认要分部门进行,以便分清部门之间需求上的差异,最后才是由人力资源部组织召开会议对最终的培训需求分析结果进行确认。培训管理者参考有关部门的意见,根据重要程度和迫切程度排列培训需求,为制定培训计划奠定基础。

3)教学匹配项目式活动。

【课程思政案例导入】

A 研究所创新型设计师队伍的建设

A 研究所,创建于 1970 年,隶属于中国航空工业集团公司,主要从事飞行器设计和航空航天多学科综合性研究,致力于中国最先进战斗机、无人机研制与空天高技术发展。随着科技水平的提高和国家综合国力的增强,建设一支具有超级创造活力、专业度高、忠诚度高的设计师队伍是 A 研究所的使命。近几年,A 研究所从管理体系转型升级、人力资源规划和配置、培训价值链的延伸、人才成长通道和环境营造、激励系统设计优化等方面,在新一代战斗机研制的创新型设计师队伍的建设中取得了宝贵经验。

1.确定人力资源战略与规划

A 研究所以"引领我国航空和空天飞行器综合技术发展,构建具有重大国际影响力的创新型和谐研究所"为战略目标和愿景,以支撑新一代战斗机研制任务为目标,进行创新型设计师队伍建设。

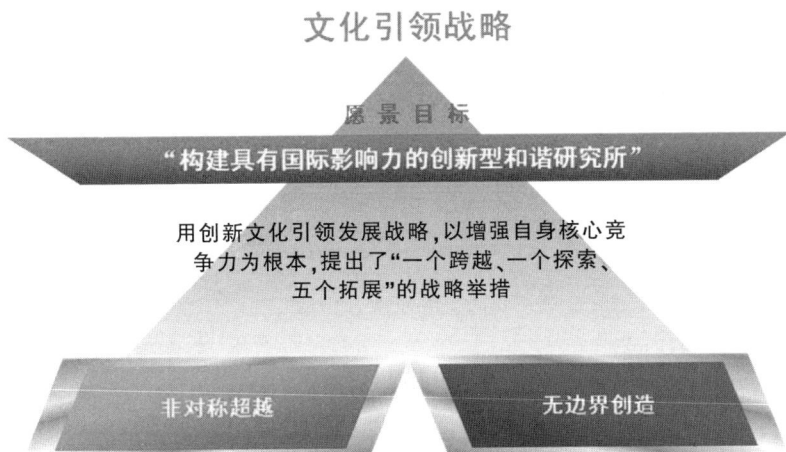

图 2   A 研究所创新文化引领战略实现

A 研究所深化"非对称超越、无边界创造"文化理念对目标和战略的支撑和引领(如图 2 所示),并明确了报国为先、创新为魂、以人为本的"三'为'一体"价值导向。同时,不断通过改进业绩导向、用人导向和奖励导向,结合组织调整优化、设计师体系完善、精益研发推进等,进一步营造"才尽其用"的机制环境,从而形成价值创造中文化、管理、技术的三轮驱动。

2. 做好现状分析和需求分析,确定顶层目标和改进方向

通过分析,找出存在的问题和短板,梳理了四大任务:一是特色文化塑造、人才理念贯彻、价值观引领必须加强;二是人才队伍建设和专业能力建设必须有机结合,夯实基础,强化支撑;三是基于价值创造的人力资源开发体系要持续改进,使选、育、用、留更加科学合理;四是多头并举,进一步完善配套机制。目标是借助新机平台,逐步迭代,形成一套行之有效的航空主机所设计师队伍创造力激发模型或方法,建立开放共赢、成就大家,以文化塑造人、以机制激励人、以机会锻炼人的人才培养新模式。

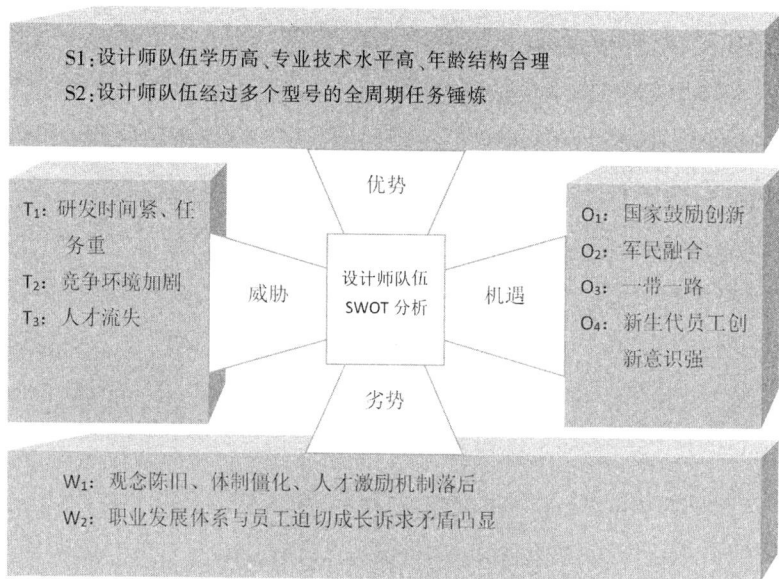

图3   A研究所设计师队伍SWOT分析图

3. 创新人才引进机制,树立高品质的雇主品牌

A研究所提出和修正人才招聘的核心素质模型(见图4所示),将价值观、创造力放到了核心位置。根据工作性质和特点,A研究所差异化地确定了对智商和情商的要求。IQ包括快速学习能力、扎实的专业知识和解决问题的实践能力;EQ包含良好的人际关系和主动沟通协调的能力。要成为优秀设计师,四个要素缺一不可。

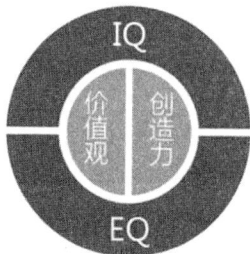

图4   人才招聘的核心素质模型

A研究所多年来一直非常重视雇主品牌营销和建设,通过设立高校奖学金、赞助设计大赛、举行学术活动,形成"优秀人才的蓄水池"。

4. 多维度创新设计师队伍培训体系，提升创造活力

A研究所将培训视为知识管理的重要组成部分，根据设计师不同成长阶段的需求特点，开展有针对性、差异化、个性化定制的培养模式。

第一，建设内训师团队。将各级专家作为内训师，将技术讲授、分享交流和工程经验的传承以及师带徒作为考核的要素和指标，将内部专家讲坛作为单位培训品牌来打造。

第二，尝试和推广对新生代员工实行双导师（专业导师+生活导师）培养，引导新人尽快融入工作，完成角色转变，成为一名合格的设计师，直至成为优秀的A研究所人。

第三，多路径培养领军人才。从设计师队伍中多批次选派人员参加国际系统工程师认证（SEP）培训，让新方法、新工具助力研发能力提升和研发模式的创新。试点开展面向设计师的全职业生涯导师制，在覆盖全所的120余个专业近400个专业方向中，选取少量重点专业的重点人员，实施本专业、跨专业、跨部门的多导师培养。

第四，高度重视人才的国际化培养和新技术培训。一方面，利用多方资源和渠道走出去，培养一批具备国际视野，把握前沿方向，能够与国际接轨的飞行器设计人才。另一方面，积极开展智力引进，在新技术方面邀请国际专家学者来所交流，效果突出。

此外，A研究所积极推进培训价值链的延伸。利用产业牵引、技术优势及品牌效应，将培训工作向产业链两端延伸，对客户、制造厂、成品厂、修理厂人员开展培训，旨在传递和统一型号研制理念、思想、方法、流程和标准，达到有效配套、同步研制、同步使用、同步维护保障，促进新产品研制、生产、使用、维护的一体化和全产业链技术升级。

5. 打造设计师职位体系，构建职业发展通道

A研究所搭建了完整的职位体系和设计师成长通道，通过对专业能力建设的全面梳理和人才盘点，及时发现运行中的问题和不足，并逐步加以完善。

一方面，积极建立新员工和核心骨干能力素质模型，借助专业化分析工具扩大个人对自身性格特质和成就因子的认知，找准个人发展方向，尽可能做到知人

善任,实现人岗匹配。另一方面,坚决贯彻"能上能下"的动态管理思想,鼓励竞争、鼓励"长家分离",使年轻的设计师们不再去挤管理通道的独木桥。

【案例教学目标】

在项目式教学设计环节,以企业实际案例为素材进行讲解,配合分组讨论、各小组展示汇报以及教师总结点评等多种形式,提升学生对该部分知识灵活运用的能力,培养学生思考并解决实际问题的能力。

【案例教学实施过程】

第一步,问题引入+讨论。教师提问:我们案例中的 A 研究所在进行人力资源培训需求分析前,首先要明确哪些问题? 要做好人力资源培训需求分析,重点要把握哪几个核心点? 结合案例谈一谈 A 研究所的培训需求主要集中在哪几个方面。

第二步,案例分析+启发。以"A 研究所创新型设计师队伍的建设"为例,启发同学们思考:为了实现报国为先、创新为魂、以人为本的"三'为'一体"价值导向,A 研究所应当如何驱动? 人力资源培训与开发在其中又扮演着怎样的重要角色? 人力资源培训需求分析应当如何与 A 研究所战略发展相匹配? 我们从案例中能够汲取哪些思路和经验措施?

第三步,案例分析+学习反思。以"中国制造""航天精神"为例,在课程中,结合更多生动案例,启发同学们学习与反思,同时也有助于培养学生勇于攀登、敢于超越的进取意识。对企业而言,要培养员工知难而进、锲而不舍,勤于探索、勇于创新精神,在培训需求分析与设计这一环节应当如何具体开展和实施?

这一部分是承上启下的作用,将衔接到下一章节"培训计划与课程体系开发"。

讲解过程中,提问采用教学平台的"抢答"功能。采用小组竞赛形式,每组代表上讲台讲解小组讨论结果,本组成员补充,教师或其他组成员点评提问。

最后,教师进行总结和分析,点评各小组的精彩发言;纠正学生讲解过程中可能存在的错误;结合课程知识点,再次强调和突出重点。

【课后总结复习】

1. 网上作业

课后,教师通过网络学习平台发布拓展教学资源(含案例、视频),并在教学平台上推送本章节课后测试(含思考题)。每位学生独立完成教师布置的作业。

学生通过线上平台查看并完成作业,教师会跟踪学生的作业完成情况,并录入作业测试成绩。同时,利用平台智能分析与评估系统评估学生的知识掌握情况,以便进一步优化教学设计。

教师整理班级课后测试情况,并在下次上课时反馈作业完成情况。

2. 章节思维导图整理

思维导图是一种可视化思维工具,可以将散乱的知识点按照逻辑关系有序地串联起来,帮助学生理清知识脉络并构建整体的知识框架。

课程建议:预习阶段,学生通过绘制思维导图,提炼关键知识点,初步建立本节课内容的知识框架。课堂上,通过案例小组讨论和教师的逐层讲解,以思维导图为辅助工具,能够快速理清思路,掌握重点内容,并理解各知识点之间的内在联系,提高他们的思维能力。课后,学生完善思维导图,回顾课堂教学的重点,再次凝练和整理分散的知识点,以实现知识的内化吸收。

四、课程反思

1. 优点

一是通过混合式教学模式,课程整合了线上自学与线下互动教学,充分调动了学生的学习积极性,提升了其自主学习的能力。

二是实施案例教学和小组讨论有效地促进了学生将理论知识与实际情境相结合,加深了学生对课程内容的理解,提高了学生的应用能力。

三是引入思维导图作为学习工具,帮助学生构建知识体系的同时,锻炼了学生的逻辑思维和创新思维能力。

2. 不足

一是尽管混合式教学模式取得了一定成效,但发现部分学生在课前预习阶段的参与度不足,这在一定程度上影响了课堂讨论的质量和深度。

二是课堂时间管理方面亦有待提升。在教学实施过程中,某些重要知识点由于时间限制没有得到足够的探讨和实践,导致学生可能对这些内容的理解不够深入。

三是课后作业内容和反馈机制仍需进一步改进。

3. 思政教学反思

一是课程注重专业知识教学,但在思政元素的融入上有待加强。未来教学中会更加有意识地发掘更多培训与开发在促进社会和谐、企业责任等方面的价值的案例进行分析和讨论,以培养学生的职业道德和社会责任感。

二是在课程中更多地融入思政元素,并尝试设计实践专题。准备邀请交通运输行业专家、资深人力资源从业者分享他们的经验以及在实际工作中如何将个人价值观与工作相结合的案例。

"数字营销（市场营销学）"课程思政教学案例

李南鸿

一、教学内容与目标

1. 教学内容

结合"市场营销学"课程中的"促销策略"章节的"广告与公共关系"知识点，回顾"品牌建设"的知识点；结合"数字营销"课程，适用于"内容营销"章节、"社交媒体营销"章节和"视频营销"章节等。

2. 教学目标

结合案例讨论，熟悉广告传播媒体类型与特征，掌握数字新媒体传播的特征，并理解在传播中文化对塑造品牌的意义，理解民族品牌的创建路径，以及"内容营销""社交媒体营销"和"视频营销"的内涵；学习新媒体素材的制作，结合第二课堂的实践活动，鼓励学生积极参与和推动乡村经济振兴的数字化创新实践。

3. 思政目标

了解科技在整合营销传播中的应用，理解数字媒体中的文化传播对宣传与广告推流的促进作用；通过案例故事的学习，探索如何运用传统文化促进国货品牌建设和树立文化自信；通过案例人物的学习，促进学生树立正确的人生观，自强不息，勇于拼搏。

二、教学案例导入

1. 案例人物

李子柒（本名李佳佳，1990年出生于四川绵阳）家境贫寒，幼年时父母离异，她随父亲和继母生活。6 岁时父亲早逝,她后随爷爷奶奶生活。爷爷去世后,李佳佳早早辍学,14 岁进城务工谋生。

2. 案例事件

2012 年,李佳佳返乡创业,以便照顾与陪伴年迈的奶奶。受互联网直播的启发,擅长做饭的李佳佳,在 2015 年开始拍摄短视频,为了制作这一段短视频,李佳佳专程前往兰州拜师学艺。同年 11 月,发布短视频《兰州牛肉面》,全网播放量超过 5000 万,点赞超过 60 万。

2016 年 9 月的一天,李佳佳收到一封来自"刘先生"的微博私信。刘先生表达了他对视频内容的喜爱,认为视频展现了自己的桃源梦,并希望能和她见上一面。在此后很长一段时间,李佳佳都有收到刘先生的私信。刘先生在私信里说:"这么好的视频如果就让这么点人看到实在太可惜了,这是令我们中国骄傲的传统文化,应该让中国乃至全世界的人都看到。"

李佳佳在刚看到这些私信时并没有太在意,甚至一度担心遇到了骗子。直到刘先生来到李佳佳所在的绵阳市,约她吃饭见面聊。媒体传说的这位"刘先生"就是李子柒现在归属的 MCN(网红经济)公司微念科技的创始人刘同明。刘同明的杭州微念科技有限责任公司是一家通过短视频孵化 KOL,并延伸到消费品牌的 MCN 机构,涉及美食生活、时尚美妆等领域。

这顿饭结束没多久,在刘同明的帮助下,李佳佳也得到了新浪微博等资源的加持,加速了李佳佳职业生涯的发展。2017 年 7 月 20 日成立四川子柒文化传播有限公司:微念是股东,持股 51%,刘同明任监事,李佳佳持股 49%。"李子柒"是微念的品牌商标,李子柒为 IP,是李佳佳的网络呈现形象。对比早期创作,李佳佳后期的短视频制作更加精良了。

3. 李佳佳获得的个人荣誉

2017 年获得新浪微博超级红人节十大美食红人奖;2018 年原创短视频在海外运营 3 个月获得 YouTube 银牌奖;2019 年获得超级红人节最具人气博主奖、年度最具商业价值红人奖;2019 年获得中国新闻周刊"年度文化传播人物";2019 年担任"中国农村青年致富带头人推广大使";2020 年入选中国妇女报"2019 十大女性人物";2020 年获聘成为首批"中国农民丰收节推广大使";2020 成为成都非物质文化遗产推广大使;等等。

李子柒(李佳佳)获得的社会好评(举例):连央视新闻都忍不住点评夸奖李子柒短视频,没有一个字夸中国好,但她讲好了中国文化,讲好了中国故事。

附相关事件:四川子柒文化传播有限公司的"李子柒"知识产权之争,对于李佳佳与刘同明之间关于"李子柒"品牌与资产的争议,地方政府从法律层面对李佳佳个人努力的付出给予了公正的评判。

三、授课设计

1. 知识点——"促销与广告"(课前布置预习)

表1　促销与广告知识内容一览表

传统的传播媒体包括报纸杂志、广播电视。随着新媒体平台抢占大量流量和广告资源,电视广播等传统媒介的影响力逐渐式微,但许多老年人和山村居民仍以电视、广播等传统媒介为接收信息的渠道。

新媒体时代下,媒体的盈利模式更加多元,直播带货和基于社交平台的社群营销就是聚焦推流给具有一定经济实力和购买意愿的目标用户。

李子柒的视频内容主要在抖音、微博、YouTube、小红书等各大新媒体平台传播,在"李子柒"品牌的内容营销中,短视频是内容的载体,也是传播的手段。

整合营销传播是一个对现有顾客和潜在顾客制订、实施各种形式的说服性沟通计划的长期过程,所有与顾客的接触点都必须具有引人注目的沟通影响力,而且由顾客决定沟通方式,是对多种传播手段的战略作用进行比较分析的战略过程。整合营销传播的要点:在整合营销传播中,居于核心的是消费者的心理和认知;整合传播的目的不是一次性交易,而是希望与消费者维系长期的关系。

2.知识点——新媒体 MCN(Multi-Channel Networ)(课堂讲授)

MCN 起源于 YouTube 平台,最初相当于内容创作者和 YouTube 平台之间的一个中介,后来逐步发展成为一种网红经济运作模式。比较与评析:传播平台、视频平台、社交平台、电商平台、资讯平台、音频平台。

国内 MCN 在经纪模式基础上,为网红们提供更多协助,通常包含包装、营销、推广和变现等。MCN 在确定品牌商需求后,对已有资源进行分配,并将任务发放至签约网红,之后再通过自身流量、渠道分发作品,并从与网红、平台的合作分成、广告商提供的广告费以及粉丝的相关消费中获得收入。国内的 MCN 整体规模、业态及呈现形式等都早已远超海外。

MCN 的变现模式:广告变现、平台补贴、内容电商、用户付费、IP 授权等。

3.知识点——品牌的含义(知识点回顾)

图 1　品牌整体含义的六个层次示意图

4.课堂互动

针对消费群体的差异性,分析传统媒体与数字媒体相互对抗与包容。

5.课堂小组讨论(线下)与成果汇报(线上)——网红个人特质与内容传播

课堂讨论案例:(1)以李子柒微博视频资料为案例素材,以"中国美丽乡村:人与自然的和谐"为思政主题;(2)以李子柒微博视频资料"中国四大发明之一:活字印刷"为案例素材,思政主题为民族文化传播中的民族自信;(3)以 2020 年企业家进直播间直播带货为案例素材,思政主题是企业家的社会责任感与正能量的传播;(4)评析李佳琦等网红直播带货中的沟通、和谐、责任等营销与伦理问题。

6.问题与讨论

(1)主播或者博主个人特质与产品特质的关联性;(2)视频内容与传播效率的关联性;(3)主播或者博主的社会责任感对消费者的社会责任感的影响力;(4)民族品牌的内涵;(5)短视频制作常用的工具。

7.课程作业

短视频制作,主题内容涵盖公关、广告、促销。

8.课程思政效果总结

(1)在案例学习中感受民族自信与文化自信。

2023 年 2 月,中共中央、国务院印发《质量强国建设纲要》,设定了主要目标:到 2025 年质量整体水平进一步全面提高,中国品牌影响力稳步提升,人民群众质量获得感、满意度明显增强,质量推动经济社会发展的作用更加突出,质量强国建设取得阶段性成果。展望未来,质量强国建设基础更加牢固,先进质量文化蔚然成风,质量和品牌综合实力达到更高水平。

2017 年,由中央电视台率先发起"企业家为实业代言",邀请了 50 位中国实业领袖,邀请他们走访全国实业发源地、探寻中国实业基因,追本溯源、展现情怀,为中国实业贡献智慧与思考。此项活动进一步丰富了民族品牌的文化内涵,也是新时代数字媒体营销实践运用的典范。

美食博主李子柒(IP)在平凡的商业运营中创新新媒体传播方式,以丰富多彩的形式展示了中国乡村时令食物和传统节日美食,视频在创作上极具中国传统文化元素。视频中,李子柒通过食材的种植、采摘与加工等环节,展示了中国的美丽乡村和中国农村青年的勤劳与智慧。这些视频在 YouTube 上的传播也引发了全球的中国文化热潮;造纸术、印刷术等短视频中所展现出来的中国传统文明,增强了国人对中华优秀传统文化的认同;独特的品牌个性也吸引了消费者的目光。

李佳佳通过自己的辛勤劳作诠释原生态作物的真实性,用真实性提升了视频的说服力和可观度,也让更多的外国人了解了中国文化,为其带来了巨大的流量。李佳佳通过富有文化内涵的正能量内容的短视频成功创业,也为当代青年树立了坚强与坚定的榜样,"李子柒"成了家喻户晓的励志一姐,"李子柒"也成功成为一个具有个性化的 IP 品牌,成功树立了一个文化自信的典范。

(2)通过案例学习,建立自信,树立正确的人生观。

通过短视频题材的学习,让学生学习李佳佳艰苦奋斗和顽强拼搏的精神,树立正确的人生观,建立当代青年的个人自信!

在中国企业家代言和直播带货的行动中,感受正能量传播,树立精忠报国的理想!

(3)鼓励学生参与,提高兴趣与能力。

通过案例学习和短视频实操,提高动脑和动手能力,提高理论与实践结合运用的能力,提高学习兴趣和学习能力!

(4)通过实践开展第二课堂。

经管学院市场营销专业发挥学科优势,对接关山村和长水村的数字赋能乡村振兴、校企融合项目,带领学生走出教室,深入农村,协助策划农产品电商营销方案。通过学习农村创业事迹,感受新时代新农人自强不息的奋斗精神。

"物流信息系统"课程思政教学案例

李卓群

一、课程介绍

"物流信息系统"是物流管理专业的专业核心课程。针对专业人才培养目标,本门课程旨在培养既掌握专业知识又具有信息素养的复合型创新人才。经过本门课程学习,让学生具备正确的信息决策能力、有效的信息系统项目配合能力和持续的自主学习能力,并具有良好的信息伦理道德和社会责任意识。

二、课程目标

目标1:掌握管理信息系统的概念、作用、技术基础和基本方法,了解信息安全、隐私保护等信息伦理规范。

目标2:理解物流企业如何利用现代信息系统及其潜能解决企业问题,注重信息系统对企业可持续运营的支持,使学生具备可持续发展观念。

目标3:学习信息开发技术,培养信息意识,树立系统观念,从而具备对信息系统支持自身业务实现进行基本分析、判断和掌控的能力。

三、课程思政教学设计举例

（一）案例概况

案例的知识点为:信息系统采纳的观念。围绕"信息系统采纳的观念"这一知识点,坚持以教师为主导,以学生为主体的教学方针,基于建构性教学观,以课前准备、课程导入、知识点设计为主线,全程有机融入课程思政元素。综合运用案例法、启发法、提问法、互动法引导学生理解重要知识点,激发学生学习兴趣,提高教学效果。

启发式传授知识,运用案例向学生传授:能用是金、坚持的意义、失败启示和责任感等有价值的课程思政元素;全程贯穿 12306 网站建设案例,增强学生的民族自豪感。校友单杏花的优秀事迹,不但让学生理解了系统规划的重要价值,而且发挥榜样的力量,激励学生树立为我国物流发展奋斗的远大目标。

(二)案例教学目标

1. 思政目标

(1)通过 12306 网站发展历史的介绍,让学生领略中国速度和中国力量,增强民族自豪感;

(2)通过 12306 网站总设计师、华东交通大学校友单杏花的事迹介绍,为学生树立榜样,鼓励学生树立远大目标;

(3)通过知识讲解中反映出的我国物流信息系统还有很多薄弱环节,增强学生为铁路、物流等信息系统发展作出贡献的责任感和使命感;

(4)通过案例,鼓励学生培养坚持的品质。

2. 知识目标

(1)通过引导案例,让学生理解信息系统采纳观念的重要性;

(2)通过知识点讲解,让学生深刻理解信息系统采纳的观念。

3. 能力目标

(1)通过引导式、启发式问题,让学生养成主动思考的习惯;

(2)通过案例分析,培养学生分析问题的能力;

(3)通过师生互动,培养学生的语言组织和交流能力。

(三)教学实施过程

1. 课前任务

阅读教材案例:火车票与 12306。

【设计意图】通过案例中的文字描述,了解我国火车售票模式的变革,感受 12306 系统的建设过程,体会信息系统建设的难度和相关工作人员为此付出的艰苦努力,为本次课案例分析和知识点的讲解奠定基础。

2. 课程导入

【课程导入设计思路】用生动的 PPT 和有趣的语言讲解案例,通过此案例引出本节知识点,无声地传达课程思政。

【案例设计意图】此案例是信息系统采纳的经典案例,通过此案例,学生能够理解信息系统采纳不能简单粗暴,也不是越贵越好,而是要选择合适的产品。通过此案例,可以让学生理解本节课学习的目的:信息系统采纳要有正确的观念和策略,激发学生继续学习这些观念和策略的兴趣。

课程导入的具体步骤如下:

步骤1　聚焦——本次课的问题:信息系统采纳的观念与策略;

步骤2　讲述——引导案例:三露ERP,炼狱后的升华。

此案例讲述三露集团信息化建设的过程,第一阶段该企业选择了瑞典品牌的ERP产品,但在实施过程中出现了很多问题:

(1)产品汉化不彻底,且部分表单和操作界面是英文,不便于员工使用;

(2)系统后台报表和数据采集及展现方式不符合国内财务制度和使用习惯;

(3)联想集成实施经验不足,又未按瑞典公司的标准流程和实施方法实施,导致项目停滞不前;

(4)联想集成对软件不熟悉,参数设置上出现指导失误,造成使用不便,重复工作。

上述问题导致项目失败,但三露集团坚持把"ERP进行到底",开始了谨小慎微的选型,选型标准为:

(1)能够根据用户需求做二次开发;

(2)财务报表和数据采集符合国内标准;

(3)软件企业发展良好,能够提供后续服务;

(4)能与原有硬件设备配套使用;

(5)鉴于实施和维护的便利,软件提供商须在北京设有办事机构。

步骤3　互动——案例思考问题:(1)第一次实施失败的主要原因是什么?(2)企业在开发系统时应考虑哪些问题?

步骤4　引导——本节知识点:信息系统采纳的观念与策略。

正确的观念和策略是企业信息系统开发和实施取得成功的根本保证。

物流信息系统的开发与实施是企业摆脱落后的管理方式,实现管理现代化的有效途径。随着社会的发展、科技的进步和竞争的加剧,信息系统的采纳日益成为现代企业追求的目标。但是,总体而言,目前已实施完成的信息化项目在较大程度上未能发挥预期的作用。在新的信息技术不断涌现、开发工具日趋成熟的现代社会,仍有众多的信息化项目效果不理想,甚至有相当数量的项目最终归于失败的行列。造成这种情况的主要原因是有关物流信息系统采纳的观念与策略的正确性。

【案例课程思政】通过步骤 3 中的互动环节,教师将引导学生明白以下道理:

(1)正确的价值观:"能用是金",在进行选择时,并不是越贵越好,国际知名品牌不一定适用于中国的国情,我们不能"崇洋"。

(2)失败的启示:这个案例告诉我们,失败是成功之母,前提是在失败中总结经验。

(3)坚持的重要意义:在我们完成一件困难的事情时,肯定会遇到挫折。遇到挫折后,努力想办法解决,坚持下去,就会看到希望。

(4)责任感:物流信息系统建设需要既懂信息技术又懂物流管理的复合型人才。物流专业的学生走上工作岗位后,很多人要担负起物流信息系统建设的任务。

3. 知识点讲解

【教学设计思路】通过给学生看几代火车票的图片,回顾教师购买火车票的亲身经历,吸引学生的注意力。在每个知识点的讲解中,都结合 12306 建设的案例,以学生为中心,通过提问和互动等方式,引导学生理解相关知识点。

步骤 1:展示几代火车票图片。

图 1　几代火车票的图片

分享:教师购买火车票的经历。

互动:分享一下你与火车票的故事。

【设计意图】通过这些问题,结合教师购买火车票的亲身经历,激发学生的兴趣,拉近与学生之间的距离,也让学生感受到中国铁路的飞速发展。

课程思政1:火车票,这张小纸片,承载着众多人的期待与温暖。从硬卡票到计算机联网售票,再到多种方式售票,小小的火车票见证了铁路购票的新变化,演绎了中国铁路发展的历程,也深刻影响了铁路部门的组织、人员和管理。比较之前和现在的售票方式,感受我国铁路售票系统的快速发展,增强民族自豪感。

课程思政2:12306的建设凝聚着几代铁路人的努力和心血,是铁路人的骄傲,你未来也可能成为他们中的一员,为中国铁路、物流事业的发展贡献自己的力量,你也将成为那个能给人民生活带来幸福的人。

步骤2:概述信息系统采纳的8个观点。

步骤3:对各个观点分别展开讲解。

(1)信息化不是局部设计,而是总体规划。

单杏花:12306系统的"最强大脑";我校杰出校友事迹介绍。

提问:为什么单杏花能够得到这么多荣誉?

引导:说明系统规划的重要性。

【课程思政】学习校友的工作态度,以校友为榜样,以后在工作岗位上做出自己的贡献。

(2)信息化不是一蹴而就的,而是循序渐进的。

举例:

12306刚开通时:2011年1月19日,12306网站开通,从此,大部分人买票再也不用排队了,而是改为网上抢票。但12306技术部的噩梦也开始了,平台上线后,因为访问数据量过大,造成大量用户无法购买,从普通的网民到程序员都责备12306的系统不好用。

举例:微信的出现和发展也经历了此过程。

(3)信息化不是手工翻版,而是管理变革。

举例:随着12306的不断完善,铁路检票流程、售票组织和管理都在发生改变。

互动:有哪些改变是由信息技术发展而推动的?

（4）信息化不是自动实现，而是辅助管理。

前沿速递：在讲解此点重要性的同时，提出目前新趋势——大数据时代，企业的数字化改革也面临同样的问题。

（5）信息化不是完全委托，而是多方合作。

举例：12306网站的建设。

（6）信息化不是部门负责，而是高层关注。

（7）信息化不是小组单干，而是全员参与。

（8）信息化不是遇难而退，而是坚持不懈。

【课程思政】团队的力量；坚持是一种品质，在学习中应培养自己坚持的品质。

（四）教学效果

把课程思政元素巧妙地融入案例和知识点的讲解中，取得了良好的效果。学生的学习兴趣浓厚、专注力强，课后反馈好。

四、课程反思

课程思政教学设计在培养学生的社会主义核心价值观和职业素养方面发挥了重要作用。通过"12306"网站建设案例和校友单杏花的优秀事迹，学生不仅学到了信息系统的知识，还增强了民族自豪感和责任感。这种教学方法有效地激发了学生的学习兴趣和创新精神，同时也培养了他们的实践能力。应继续以学生为中心，在课程设计中开发更多的思政案例，并持续改进完善各类案例。

"综合英语"课程思政教学案例

刘　鸽

一、课程介绍

　　"综合英语"是英语与翻译专业的一门公共必修课,主要包括理解能力、赏析能力和应用能力三方面内容。其目的在于传授系统的基础语言知识(语音、语法、词汇、篇章结构、语言功能/意念等),训练基本语言技能(听说读写),培养学生运用英语进行交际的能力,同时指导学习方法,培养逻辑思维能力。通过课程学习,使学生能够:(1)借助工具书用英语释义,解决语言的难点;学会猜测,了解作者深意。(2)努力提高欣赏水平,学会细细品味文章的思想美、修辞美、结构美、逻辑美、音韵美;了解不同题材、作家、时代、观点、文体和风格,关切社会问题,倾听优秀人物的真知灼见。(3)通过"读"带动"听、说、写、译"的训练。(4)通过较全面地介绍西方文化,结合新世纪人类面临的各种挑战和当今社会的热点,学到语言知识和技能,同时激发心智,开阔视野,培养独立思考的精神、分析批判的能力、实事求是的态度和理性思维的习惯,正确地看待西方文化,继承、传播、弘扬中国传统文化,践行社会主义核心价值观。

二、课程目标

　　课程目标旨在:(1)掌握英语词汇、语法知识,扩大词汇量,熟悉英语常用句型,具备初步的口头与笔头表达能力。(2)了解英语各种文体的表达方式和特点,通过英语语言基础训练和篇章学习,提高学生的阅读和语篇分析能力。(3)养成良好的语言学习习惯,培养语言逻辑思维能力和团队合作精神。能够自主学习,善于探究问题、思考问题,寻求解决办法。具备良好的沟通与实践能力,注重团队合作。(4)理解中外文化在思维方式、生活方式、交往方式、价值体系、风俗习惯、历史背景、社会结构等方面的差异,从不同视角看待世界多元文化,反思中国文化传统,最终形成文化自觉与跨文化人格。通过文化差异对比,引导学生形成良好的品格,增强民族自豪感和爱国精神。

三、课程思政教学设计举例

(一)思政案例:《现代大学英语精读4》第十一单元课文《士兵心理症》(*Soldier's Heart*)

本单元的教学目的和要求为:(1)新词和短语(Learn new words and expressions, and be able to use them in actual situation);(2)文章大意(Grasp the main idea of the text, and be able to answer the related questions);(3)主题思考(How do we determine whether a war is just or unjust);(4)作者观点(What are the causes of international conflicts according to the author's opinion)。教学的重点难点是:(1)对待战争的看法(How do we determine whether a war is just or unjust);(2)作者观点(What are the causes of international conflicts according to the author)。

(二)课程思政元素融入

(1)课程思政:*Soldier's Heart* 是一部描写战争的小说,通过主人公查理的经历,展示了战争对士兵心理的影响。通过他的经历,学生能得以反思战争给人们带来的伤害,以及和平的可贵。

(2)中国抗日战争:抗日战争是中国人民抵抗日本侵略的一场伟大斗争,在抗日战争的过程中,中国人民付出了巨大的牺牲。抗日战争是中国人民不屈不挠、英勇抵抗的历史篇章,抗日战争的历史值得人们铭记和缅怀。

(三)教学实施过程

1.导入

(1)听力:反战的电影片段。通过一段听力填空材料,在完成单词听写的同时,引入反战的话题。

(2)听一首关于"和平"主题的歌曲:通过英文歌 *When the Children Cry*(《当孩子哭泣时》)的呈现,使学生进一步感受到战争的残酷,以及和平的可贵。

2. 背景介绍

（1）作者介绍。

路易斯·辛普森（1923—　　）出生于西印度群岛的牙买加。他 17 岁时移民到美国，并在纽约市的哥伦比亚大学学习。第二次世界大战期间，他曾在法国、荷兰、比利时和德国服役。战争结束后，他回到哥伦比亚大学完成学业。后来他在哥伦比亚大学任教，之后又在加州大学伯克利分校和纽约州立大学任教。他出版了 17 部诗集，是一位广受赞誉的文学评论家。

（2）橙剂。

用橙剂的介绍来反映战争对平民的影响。橙剂（Agent Orange）是美军在越南战争时期使用的一种除草剂。在 1962 年至 1971 年的越南战争中，大约有2000 万加仑的除草剂被用于清除不需要的植物和树叶以暴露在森林地区的越南游击队，并摧毁越南军队所需的粮食。

橙剂含有不同数量的二噁英，接触这种脱叶剂，可能诱发化学性痤疮、非霍奇金淋巴瘤、霍奇金病和软组织肉瘤。

（3）反战的声音。

2003 年 3 月 15 日，世界路德教联盟关于对伊拉克战争威胁的执行委员会在日内瓦发表了《呼吁和平》的声明："当前国际辩论中被大量引用的'正义战争'标准，旨在限制——而不是为——诉诸战争辩护。事实上，他们明确反对以'政权更迭'为目的的先发制人的战争。无论如何，作为路德教传统一部分的正义战争理论不能适用于国际恐怖主义和大规模毁灭性武器。在这个时代，关键的挑战是从'正义战争'理论转向制定'正义和平'的标准。"

（4）呼吁和平的同时也不能忘记历史，以此关联到中国的抗日战争。

中国抗日战争简介：

卢沟桥事变：1937 年 7 月 7 日晚，日军挑起卢沟桥事变，标志着日军全面侵华的开始。中国军队在枪林弹雨中冲向日本的防御工事。然而，由于没有准备好的阵地，只有倒塌的房屋、树林等作为躲避日军轰炸和机枪密集火力的避难所，重大伤亡是不可避免的。

南京大屠杀：虽然中国人战斗勇敢，但他们无法与日军的轰炸机、火炮和坦克抗衡。1937 年 12 月 12 日，南京被日军占领，之后侵略者在一个多月的时间里屠杀了 30 多万中国平民和战俘。

抗战胜利:武汉战役后,日军已经筋疲力尽,无法发动大规模进攻征服中国腹地。这就使中国共产党领导的游击队能够在占领区后方作战。中国将士的鲜血最终促成了 1945 年中国抗日战争的伟大胜利。

战争受害者:1995 年以来,数千名被侵华日军强迫的劳工、慰安妇和细菌战、化武受害者及其家属,通过法律诉讼向日本政府和有关方面要求赔偿和道歉。

日本至今没有道歉:到目前为止,大多数诉讼都被日本法院驳回。日本法院坚持认为,20 年的诉讼时效已过,日本政府对战时损害不承担任何责任。两名日本律师 Takahashi Tohru 和 Taizo Morita 敦促日本政府认真对待中国受害者所要求的战时赔偿,称日本政府拒绝他们的上诉。

抗日英雄:李林、杨靖宇。

李林(1915—1940),原名李秀若,女,福建龙溪县(今福建漳州市)人。李林幼年侨居爪哇国,1929 年回国就读集美中学,1933 年就读上海爱国女中,积极参加学生抗日救亡运动。1936 年她参加革命,参与创建雁北革命根据地,抗击日军。1940 年 4 月 26 日,李林牺牲于山西省朔州市平鲁区,平鲁区为纪念李林烈士,成立"李林中学"。2009 年,李林被选为 100 位为新中国成立作出突出贡献的英雄模范人物。

杨靖宇(1905—1940),著名抗日英雄。原名马尚德,字骥生,汉族,河南省确山县人,中国共产党优秀党员,无产阶级革命家、军事家、著名抗日民族英雄,鄂豫皖苏区及其红军的创始人之一,东北抗日联军的主要创建者和领导人之一。1932 年,杨靖宇受党中央委托到东北组织抗日联军,历任抗日联军总指挥等职。他率领东北军民与日寇血战于白山黑水之间,在冰天雪地、弹尽粮绝的紧急情况下,最后孤身一人与大量日寇周旋战斗几昼夜后壮烈牺牲。杨靖宇将军被评为100 位为新中国成立作出突出贡献的英雄模范人物。

3. 讨论

让学生就以下问题进行讨论:

(1)对待历史的正确态度应是怎样的?

参考答案:人们对待历史的态度是把历史当作一面镜子,帮助自己展望未来。只有尊重历史、对历史负责、取信于国际人民的国家,才能在国际社会中承担更大的责任,才能带来和平。

(2)我们如何判断一场战争是正义的还是非正义的?

(3)作者认为国际冲突的原因是什么?

4. 作业布置

(1)复习这一课的内容,为下一课做准备。

(2)课后多读一些关于战争的文章。

四、课程反思

本节课的课文以第一人称的形式叙述,通过查理的视角将读者带入战争的现场和他的内心世界,让读者深入体验战争的残酷和士兵的心理变化。查理在战争中目睹了战友的牺牲和无辜民众遭受的苦难,这让他对战争的价值和意义产生了质疑。通过本课的学习,可引发学生对战争的思考和反思,让他们更加珍惜和追求和平。

"普通化学"课程思政教学案例

刘建平

一、课程简介

本课程是高分子材料与工程专业的学科基础必修课,面向大一的学生开设。本课程是本专业工程技术人才整体知识结构及能力结构的重要组成部分;同时,也是后续专业课程的基础。课程从物质的化学结构、化学反应、溶液和电化学基本原理出发,介绍与本专业相关的化学基础理论,阐释现代化学化工及材料科学的知识和伦理。本课程兼具实践性和专业性,安排了40学时的理论授课和8学时的实验操作。本课程2021年入选江西省线上线下混合式一流课程。

二、课程目标

本课程围绕学校"交通特色,轨道核心"的办学定位,通过教学实现以下目标:

知识目标:掌握化学基本结构理论、化学反应基本原理、溶液化学和电化学基本知识。

能力目标:培养学生的科学思维,使学生具备用所学知识来辨识和判断本专业复杂工程问题的能力,提升他们的综合素质。

思政目标:通过化学知识的教学,引导学生树立正确的世界观、人生观和价值观,增强社会责任感和使命感,培养爱国主义精神。

三、课程思政教学设计举例

1. 案例主题

元素的秘密。

2. 授课章节

第一章第三节　化学元素周期律。

3. 教学内容分析

元素周期律的基本概念与原理:介绍元素周期律的基本概念、原理及其发展历程。通过深入分析元素的性质及其与原子结构之间的关系,让学生理解元素周期律的核心思想。

周期表的结构与元素分区:重点讲解周期表的结构、元素的分区及其特征。通过对比不同元素的性质变化规律,让学生深入理解元素周期律的实质。

元素周期律的应用:介绍元素周期律在材料科学、能源、环境等领域的应用实例,让学生了解化学知识在社会发展和国家建设中的重要作用。

元素周期律与可持续发展:结合元素周期律,讨论资源的合理利用与可持续发展之间的关系,引导学生认识到可持续发展的重要性。

4. 学情分析

通过前面几节的学习以及中学掌握的化学基础,学生已经具备了一定的化学原子结构相关的理论知识,对氢原子以及多电子原子核外电子排布及其规律有一定程度的掌握。然而,由于元素周期律发展到今天,已经形成了比较复杂的知识框架,学生可能对其深层次的理解和应用存在困难。此外,学生处于高中升大学的第一年,思维活跃,但也可能存在注意力不集中、对理论知识学习的兴趣不高等问题。因此,在教学中需要采用多种教学方法和手段,激发学生的学习兴趣,帮助他们建立完整的知识体系。

5. 思政元素融入

辩证唯物主义观:通过讲解元素周期律的发现和发展,引导学生认识事物的内在联系和发展规律,树立辩证唯物主义观。

科学精神:通过对元素周期律的探索和研究,培养学生的科学探究精神和创新思维,引导他们追求真理、勇于探索。

爱国情怀:介绍我国科学家在元素周期律研究方面的贡献和成就,增强学生的民族自豪感,激发其爱国情怀,鼓励他们为国家的科学事业贡献力量。

科学伦理道德:引导学生重视科学研究的严谨性和道德规范,培养他们的科学伦理道德。

社会责任感:通过讨论元素周期律在环境保护、新能源开发等领域的应用,引导学生关注社会问题,增强他们的社会责任感和使命感。

6.教学方法和手段

(1)讲授法:通过教师的讲解和示范,使学生掌握元素周期律的基本概念和原理,了解元素周期表的结构及其与元素性质之间的关系;

(2)探究法:通过引导学生阅读相关文献、资料,自主探究元素周期律的发现过程和科学精神,培养学生的科学素养和创新精神;

(3)案例分析法:通过具体案例的分析和讨论,提高学生的思想道德素质,增强其社会责任感。

7.教学实施过程

教学环节1:课程导入。

知识讲解:教师展示2019版化学元素周期表,通过讲述元素周期表的结构和作用,引出门捷列夫及其元素周期表的相关概念和意义。

思政元素:门捷列夫的伟大母亲(感恩之心常在);门捷列夫持之以恒研究并发现元素周期律;门捷列夫坚持科学真理,不盲目崇拜。

教学环节2:讲解元素周期律的概念和原理。

知识讲解:通过图示和形象生动的语言,引导学生了解元素周期律的基本概念和原理。例如,原子的序数与其原子量成正比,电子排布决定了元素的化学性质,等等。以门捷列夫留下5位预测位为例,学生对照现代元素周期表,讲解元素周期性的重要作用。

思政元素:通过问题式教学,引导学生思考元素周期律在日常生活和实际工作中的应用,培养学生的思维能力和创新能力。在此节插入"氦(He),你好吗"的故事,引入我国科学家在元素化学中的重大发现,引发学生共鸣。

教学环节3:问题探究。

知识讲解:介绍元素周期表的结构及其与元素性质之间的关系。例如,周期表的横行称为"族"、纵行称为"周期",每个位置上的元素都有不同的化学性质和物理性质。通过引导学生观察和分析周期表中的规律,培养学生的观察能力、分析能力和归纳能力。

思政元素:通过元素周期律的电负性,学生将会发现元素周期律在预测化学反应中的重要作用。通过以光气为例的雨课堂习题,讲解聚碳酸酯的合成过程,带领学生更进一步认识本专业,强化社会责任感。

教学环节4:课堂研讨。

引导学生课后阅读相关文献、资料,全面了解元素周期律的发现过程和科学精神。例如,门捷列夫在研究元素性质的过程中,采用"类比"的方法,将不同的元素进行比较和分析,最终发现了元素周期律。此外,学生在学习过程中也需要学习科学精神,如勇于探索、敢于创新、严谨求实、高度责任感等。通过对这些科学精神的解读和分析,让学生在学习中得到思想上的熏陶。

教学环节5:深入思考与讨论。

知识讲解:以原子半径的周期性为例,教师给出一份原子半径变化规律数据表,请学生们对照教材数据,分析比较同一个原子半径数据,不同教材之间的差异性以及这些差异性产生的原因。

思政元素:让学生了解化学的应用价值和社会意义,培养学生的社会责任感和创新能力。

教学环节6:总结评价与反馈。

通过雨课堂提问,对本课程进行总结评价,重点强调元素周期律的重要性和作用,树立辩证唯物主义观。

四、课程反思

元素周期律是本课程的重要知识点,它通过元素的原子序数与原子量、电子排布、原子半径、电负性等物理和化学性质之间的规律关系,揭示了元素之间的内在联系和规律性。本课程思政案例旨在将元素周期律与学生的思想政治教育相结合,通过引导学生了解元素周期律的发现过程和科学精神,培养学生的科学素养和创新精神,提高学生的思想道德素质和社会责任感。

"普通化学"作为学生的第一门专业学科基础课,对于培养学生良好的学习习惯、科学素养以及创新能力具有重要意义。同时,"普通化学"也是一门与生活、生产紧密相关的学科,对于培养学生的应用能力和解决问题能力同样具有重要作用。在课程教学中融入课程思政,有助于培养学生的创新精神,增强民族自豪感和社会责任感,提高学生的思想政治素质。教师应根据学生的实际情况,采用多种教学方法,激发学生的学习兴趣,培养学生的实践能力和创新能力,为培养德智体美劳全面发展的社会主义建设者和接班人作出贡献。

"计算机绘图"课程思政教学案例

刘志红

一、课程介绍

"计算机绘图"是计算机辅助工程设计的基础,计算机绘图技术是每个工程技术人员必须学习和掌握的一门技术,熟练掌握和运用计算机绘图软件是对每个工程设计人员的必然要求。

本课程以讲解在工程界应用范围宽广的 AutoCAD 中文版绘图软件为主,介绍了 AutoCAD 绘图的基本知识、基本绘图命令、基本编辑命令、尺寸标注、图块及绘图组织技术、图样的布局与打印、三维绘图与实体造型、用户接口设计技术、Visual LISP 语言与 AutoCAD 二次开发技术等。以讲解实例的方式介绍 Auto-CAD 绘图技术和图形设计技巧,并结合工程设计和毕业设计的需求,讲解工程设计中的科学计算和图形输出一体化技术,详细讲述如何将计算机绘图与计算机辅助设计结合起来的开发技巧和实例。

二、课程目标

知识目标:掌握 AutoCAD 绘图的基本知识、基本绘图命令、基本编辑命令、尺寸标注、图块及绘图组织技术、图样的布局与打印、三维绘图与实体造型命令的操作方法及各选项的功用,并能够了解用户接口设计技术、Visual LISP 语言与 AutoCAD 二次开发技术。

能力目标:通过本课程的学习,学生将学会各种实用的专业图样绘制,由此认识和了解计算机绘图系统中的一些基本知识和技术,为今后的课程设计、毕业设计及学习后续课程打下一个坚实的基础。

　　价值目标:通过本课程的学习提高自学能力、语言沟通能力、分析和解决问题能力以及团队协作能力。

　　思政目标:根据我校"交通特色,轨道核心"的办学定位,确定课程思政建设的目标为,培养学生具有"扎根铁路、建功交通,艰苦奋斗、追求卓越"的品德。

三、课程思政教学设计举例

(一)思政案例主题

　　围绕课程思政目标,设计了涵盖"知史爱党,知史爱国""弘扬精神,传承美德""工匠精神,爱岗敬业""遵章守纪,诚实守信""扎根铁路,创新强国"五个板块的模块化思政教学体系。在教学中以立德树人为根本任务,深挖课程中的思政元素,提取思政映射点,打造了线上线下类型丰富的思政载体,采用线上与线下、课内与课外、理论与实践、校内与校外相结合,多渠道将思政板块与知识板块相融合,为课程思政找到落脚点,使得课程思政有高度、有深度、有力度、有广度和有温度。

(二)授课章节

　　本案例以"第三章　AutoCAD 图形编辑命令"展开设计,课程思政教学实施路径如图 1 所示。

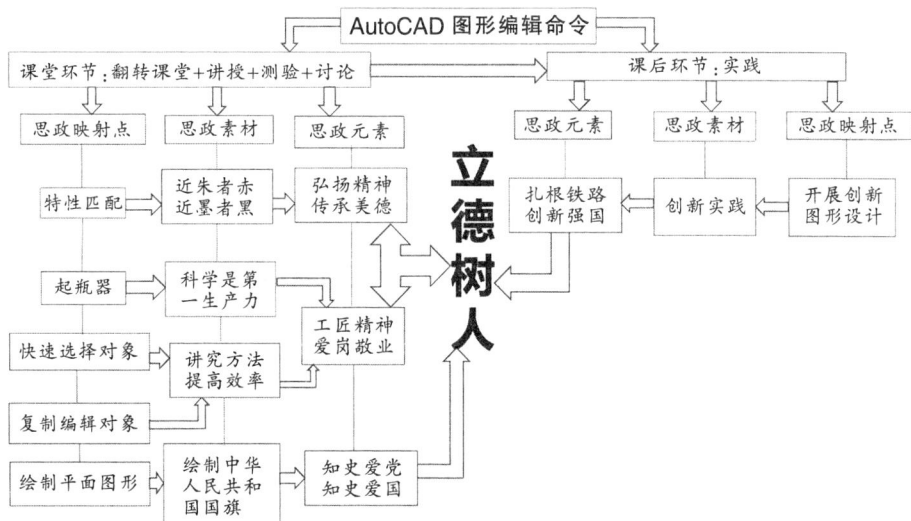

图 1　"计算机绘图"课程思政实施路径图

（三）学情分析

（1）学生在学习了 AutoCAD 基本绘图命令后，能够绘制简单的平面图形以及书写文字。学习本章知识可以帮助学生绘制更为复杂的图形。

（2）通过分析中国大学慕课上学生课前观看视频、课前测试成绩以及学生绘制中华人民共和国国旗的情况，决定线下采取翻转课堂教学，通过雨课堂测试、雨课堂弹幕、课堂讨论、播放小视频、课堂演示等教学环节，重点讲授编辑对象的选择方法、复制对象方法和对象特性的编辑。

（3）我校全力服务轨道交通大行业与地方大产业，这些有利于对学生进行思政教育。

（四）教学内容分析

1. 主要教学内容

选择编辑对象、二维图形基本编辑命令、AutoCAD 系统编辑命令和对象特性的编辑。

2. 教学重点难点

（1）选择编辑对象方法、复制命令、镜像命令、修剪命令、阵列命令、特性匹配命令。

（2）如何融入思政元素。

（五）教学实施过程

1. 教学第一阶段：课前学习基础知识

（1）到爱课程网站进行在线学习。

学习章节为：第三章　基本编辑命令。

（2）分小组绘制中华人民共和国国旗。

2. 教学第二阶段：突破重点难点，融入思政元素

【新课导入】展示图 2，要求学生构思如何绘出图形。

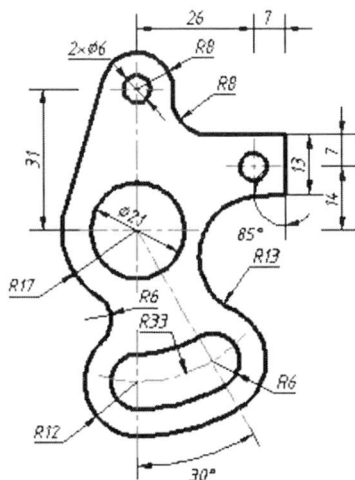

图 2   起瓶器二维平面图形

【提问】绘制起瓶器二维平面图形需要用到哪些绘图命令、哪些编辑命令?

学生相互交流讨论,通过雨课堂弹幕回答,检查学生课前学习情况。

课程思政融入点:以工程图形引入,培养学生工程意识。

【教学重点难点】

(1)选择编辑对象。

在 AutoCAD 中选择对象的方法有很多,如通过单击对象选择、利用矩形窗口或交叉窗口选择、使用选择栏选择等。选择对象时,在被选中的对象上会出现一些蓝色方块(夹点),表明该对象已被选中,如圆上及圆心出现夹点。

1)直接拾取法。将十字光标移动到某个图形对象上,然后单击拾取键(一般为鼠标左键),即可选择。

2)窗口选择法。

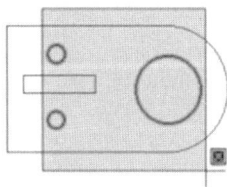

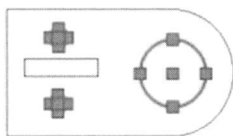

图 3   矩形窗口选择框   图 4   被矩形窗口选中的对象

3）窗交选择法。

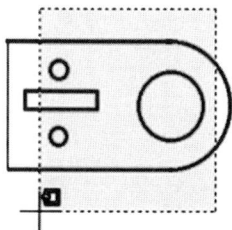

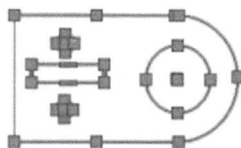

图 5　窗交口选择框　　　　图 6　被交叉窗口选中的对象

由学生对比得出结论：

矩形选择框呈实线显示，选择窗呈蓝色，被选择框完全包容的对象将被选中，而位于矩形窗口外及与窗口边界相交的对象则不被选中。

窗交选择框呈虚线显示，选择窗呈绿色。只要与交叉窗口相交或被选择框完全包容的对象都将被选中。

4）不规则窗口选择法。

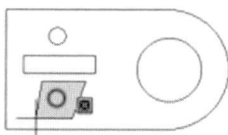

图 7　不规则多边形选择图中圆　　图 8　交叉不规则窗口选择对象

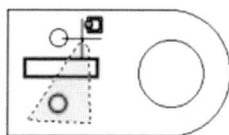

学生根据前面知识类推得出：不规则包含的多边形选择窗口，只选择其完全包含的对象。当使用交叉多边形选择窗口时，可以同时选中包含在内部的对象和与其相交的对象。

5）栏选方法。

图 9 中的下边线、上边线、矩形及上方的圆均与选择栏相交，即被选中，如图 10。

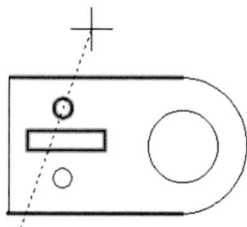

图 9　用选择栏选择对象　　　　图 10　被选中的对象

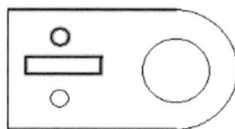

雨课堂测试：

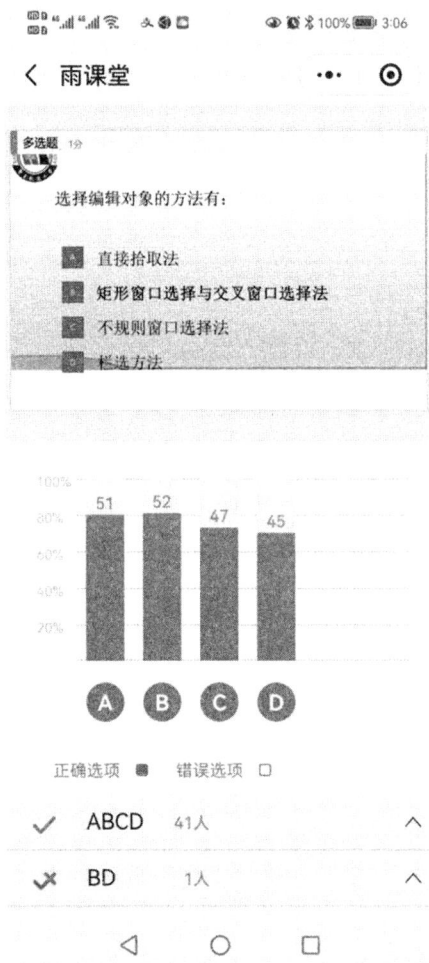

图 11   雨课堂测试和答题情况

（2）快速选择对象。

在 AutoCAD 中，当需要选择具有某些共同特性的对象时，可以利用【快速选择】对话框，根据对象的图层、线性、颜色及图案填充等特性和类型，创建选择集。

【课程思政融入点】快速选择对象。

培育能力的事必须继续不断地去做，又必须随时改善学习方法，提高学习效率，才会成功。

——叶圣陶

高效率是做好工作的灵魂。养成时时寻求效率进步、事事讲究方法技术的习惯。

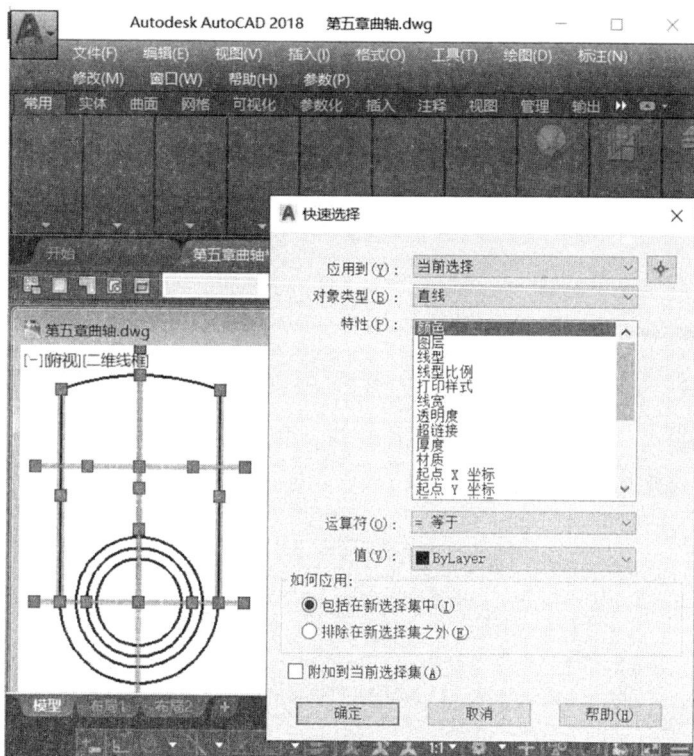

图 12　快速选择直线

（3）复制对象有关编辑命令。

1）复制命令。

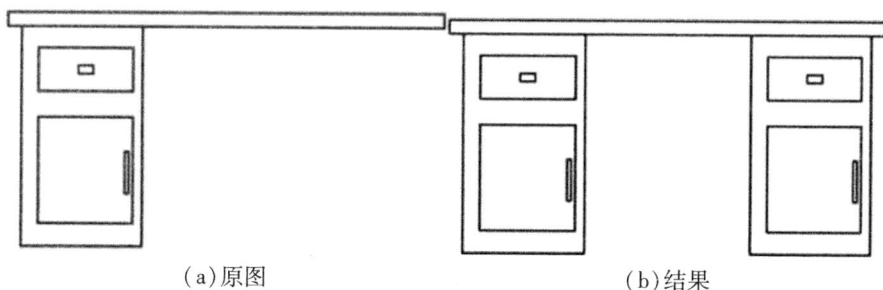

（a）原图　　　　　　　　　　　　（b）结果

图 13　复制图形

2）镜像命令。

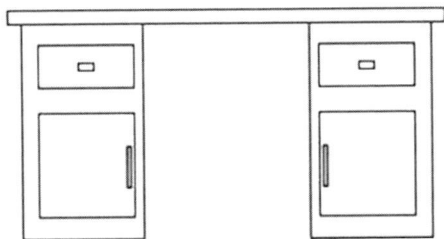

图 14　利用镜像命令绘制的办公桌

提问：对比这两组图，请回答复制与镜像的区别。

3）偏移命令。

偏移命令是将选中的对象按指定的方向偏移一定的距离，创建与选定对象平行的新对象。可以偏移的对象包括直线、圆弧、圆、椭圆、椭圆弧、二维多段线、构造线、射线和样条曲线等。

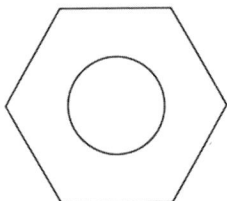

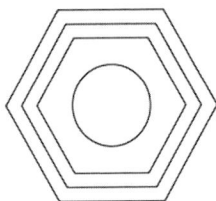

图 15　偏移图形　　　图 16　指定距离偏移　　　图 17　通过 A 点偏移

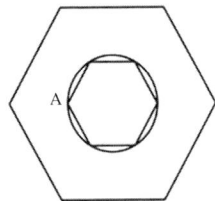

4）阵列命令。

每个阵列命令由一个学生演示：

矩形阵列：

图 18　矩形阵列

环形阵列：

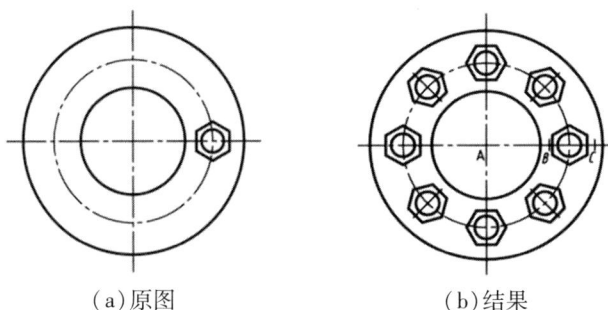

(a)原图　　　　　　　　(b)结果

图 19　环形阵列命令实例

路径阵列：

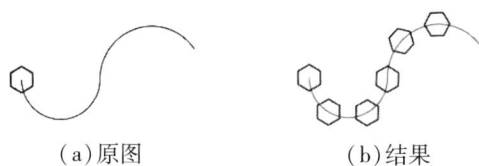

(a)原图　　　　　　　　(b)结果

图 20　路径阵列命令实例

雨课堂测试：

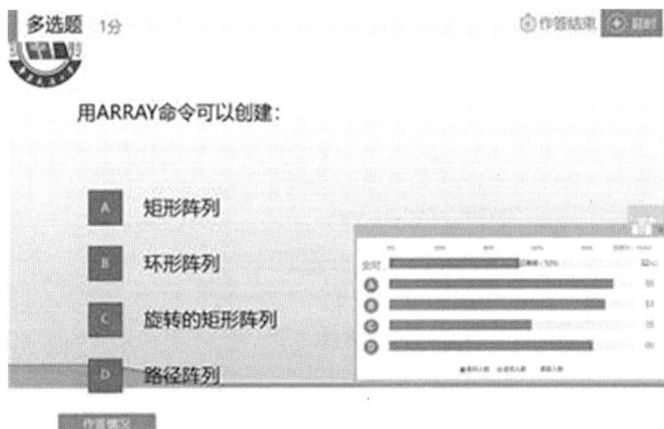

图 21　雨课堂测试情况

提问：复制对象的几个命令有何不同之处？

学生相互交流讨论，通过雨课堂弹幕回答，检查学生学习情况。

课程思政融入点：复制对象命令能提高绘图效率。

时间就是金钱，效率就是生命，要养成高效率的操作习惯。

（4）图形的二维变换。

1）拉长命令。

拉长命令可以更改对象的长度和圆弧的包含角。

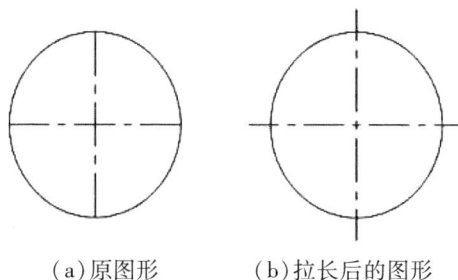

（a）原图形   （b）拉长后的图形

图 22   拉长命令实例

重点强调：这个命令在保证对称中心线超出轮廓线 3—5 毫米时应用最多。

2）修剪命令。

修剪命令以某一对象作为剪切边界，将被修剪对象超过此边界的那部分剪掉。

提问：用剪刀怎样剪纸？

教师演示剪刀剪纸，帮助学生理解剪切边和修剪对象的确定。

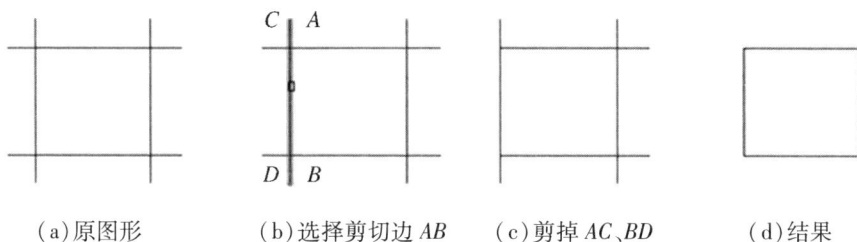

（a）原图形   （b）选择剪切边 AB   （c）剪掉 AC、BD   （d）结果

图 23   修剪命令实例

（5）编辑对象特性。

软件演示利用"图层"面板改变图层；利用"对象特性"面板改变对象的颜色、线型、线宽；利用"特性"选项板编辑对象；使用"特性匹配"命令。

1）特性匹配命令。

将一个源对象的特性匹配到其他目标对象上，如图层的特性等。

随机指定一个学生讲述在墙面上刷涂料的过程，从而类推该命令的使用。

先拿刷子（先发命令），再蘸涂料（再选择源对象），最后在墙面上刷（最后选择目标对象)。

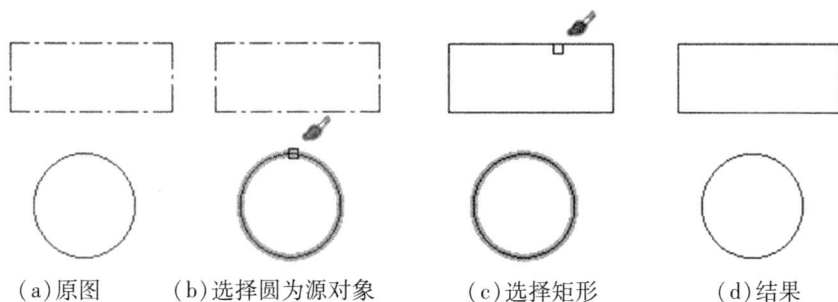

(a)原图　　　(b)选择圆为源对象　　　(c)选择矩形　　　(d)结果

图 24　特性匹配实例

【课程思政融入点】特性匹配。

引出:"近朱者赤,近墨者黑。"这句话是比喻接近好人可以使人变好,接近坏人可以使人变坏。如果人经常与优秀的人在一起交往,那么自己也会变得更加优秀;如果经常和坏的人交往,那么自己也会跟着变坏。

君子居必择乡,游必就士。

——《晏子春秋·杂上》

君子安家,必须选择好的环境;外出游历,必须选择结交贤士。

(5)翻转课堂。

学生分组派代表汇报绘制中华人民共和国国旗的成果。

【课程思政融入点】绘制国旗,培养学生的爱国主义精神。

3.教学第三阶段:知识内化提升

作业:创新图形设计。

创新图形设计比赛的作业,得到同学们的热烈响应,限于篇幅,只展示以下几幅作品:

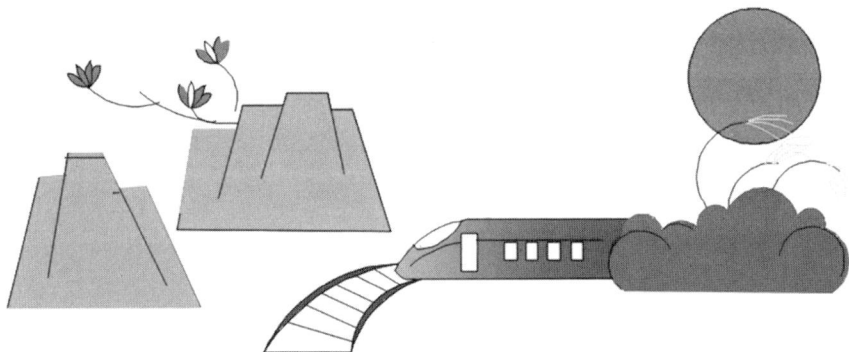

图 25   学生作品——《铁肩担使命,铁手创大业,共建铁路强国》

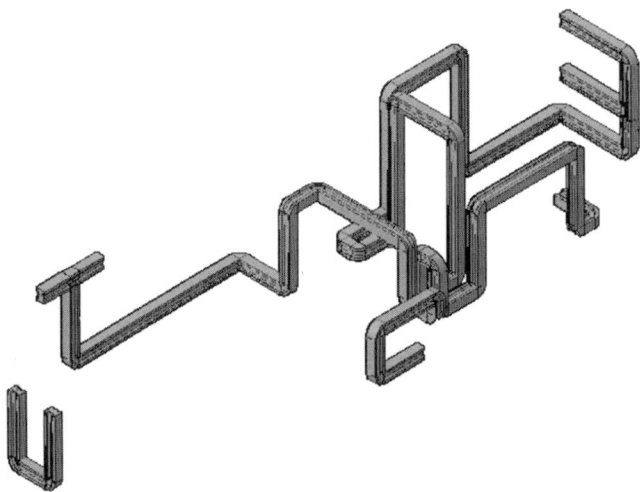

图 26   学生作品——《五度空间》

四、课程反思

(1)通过本课程的学习,学生掌握了 AutoCAD 的基本编辑命令,能对命令进行综合使用,绘制中华人民共和国国旗、创新设计图形等,达到了课程的知识目标和能力目标。

(2)教学中采用课前自学、团队配合绘制中华人民共和国国旗、翻转课堂教学、讨论等形式,培养了学生的自学能力、语言能力和团队协作能力,达到了课程的价值目标。

（3）由于课程思政案例生动,学生在学习的过程中感同身受,思政效果好,达到了课程思政目标。在课后的创新图形设计中,学生积极参与,每个人都提交了作品。教师请专家评审,评出了一等奖1个,二等奖2个,三等奖5个,并举行了颁奖仪式。软件轨道信号2022级2班的林佳明认为:"可以多布置一些类似于创新设计的作业,方便我们自己探索CAD不同的功能,也能自己设计一些有意思的物体,获得成就感。"

（4）一堂课最高的评价是得到学生的认可,蔡文浩同学写道:"非常开心能认识老师并了解CAD这一软件的使用。老师在上课时孜孜不倦地给我们介绍CAD软件的使用方法,并在课堂上加入了一些有趣的设计,让我丰富了自身的能力。老师把爱国元素和课堂教学完美地结合在一起,让我在学习中不仅不觉得枯燥无味,反而认为十分有趣和喜爱。把课堂学习当作小游戏一般愉快地加入其中,享受图案在自己手中一步步完成的乐趣,感谢老师的付出和指导。"

（5）本案例在专业知识与思想政治教育融合方面取得了一定的成效,但面对新时代大学生信息接收多元、多渠道的特点,如何在专业教育的基础上实现课程思政,提高育人效果,是本课程需要长期研究的内容。

"汉英翻译"课程思政教学案例

陆秀英

一、课程介绍

"汉英翻译"为英语与翻译专业的专业课程,是培养学生坚定文化自信,承担传播中华文化的责任使命,在对外交流与外宣中坚守社会主义核心价值观的重要载体。课程教学内容总体上分为四大部分:(1)介绍有关汉英翻译的基础知识,了解翻译的历史、性质、过程、译者素质等。(2)掌握翻译标准、译文质量评析以及汉英语言、文化、思维方式等差异,了解归化与异化翻译策略,能应用几种常用的翻译方法,如直译、意译、音译、直译加注、套译等。(3)以句子为翻译单位,分析实践各类常用的翻译技巧,如选词、加词、减词、转换、顺译、倒译、重组、拆译、合译等。(4)以语篇为翻译单位,分析信息类(新闻)、表情类(文学)、呼唤类(广告)等常用文体的功能和特点,进行篇章翻译实践。

二、课程目标

本课程旨在培养学生的跨学科思维和语言服务意识,训练学生掌握较强的翻译实践能力、团队合作能力和信息检索能力,锤炼学生习得翻译实践中的工匠精神和批判性思维,树立为"讲好中国故事,传播好中国声音"提供语言服务的职业理想,自觉践行翻译职业规范。按照"价值引领+关键能力+核心知识"一体的原则,确定"讲好中国故事,传播好中国声音"等思政教育目标,挖掘译者数字人文素养、工匠精神、外宣意识、传播国家和区域文化责任使命、鉴赏语言之美等价值引领要求;聚焦课程的关键能力,包括认知能力、合作能力、创新能力和职业能力培养;系统掌握汉英翻译的基础知识以及各类常用的翻译技巧,采用鲜活译家、译事、译作、译例等案例教学,设计课前、课中、课后教学活动或任务,实现全方位融入思政的教学目标。

三、课程思政教学设计举例

（一）思政案例:第一章"翻译的价值和译者的使命"

该章节教学内容主要包括:翻译在语言、交际、社会、文化、诗学等方面的价值;《共产党宣言》中文全译本的意义;"讲好中国故事,传播好中国声音"背景下译者学习好汉英翻译的使命。目的是通过理解翻译活动在语言、交际、社会、文化、诗学等方面的价值以及《共产党宣言》中文全译本的意义,让学生对译者使命有更深层次的认识,从而从第一堂课开始就立志高远,学好翻译,做好翻译,更加坚定文化自信,讲好中国故事,传播好中国声音,展示真实、立体、全面的中国,推动构建人类命运共同体。具体为:

（1）翻译具有语言、交际、社会、文化、诗学等方面的价值,其中社会和文化价值尤其重要。翻译的语言价值体现在其作为外语教学和测试的常用方法和手段,可以训练语言表达能力、积累特殊句型、发现两种语言之间的差异;翻译的交际作用体现在其为来自不同语言和文化的人传递思想和交流信息;翻译的社会价值在于其引进和传播新思想,推动社会变革和发展;翻译的文化价值在于其促进中外文化的交流、融合、互鉴,服务人类命运共同体,而文化交流、文明互鉴,是推动人类文明进步和世界和平发展的重要动力;翻译的诗学价值在于其带来新的表达和创作形式,丰富了目标语。翻译的价值丰富,值得译者为之守候和奋斗一生。

（2）译者的使命在于坚定马克思主义信仰和信念、对党和人民无限忠诚以及对所从事的工作无限热爱和执着,讲好中国故事,传播好中国声音。无数翻译家"不忘初心、牢记使命"地执着坚守着:陈望道翻译《共产党宣言》尝到"真理的味道非常甜";翻译家许渊冲先生100岁时仍然秉持着"好上加好,精益求精;不到绝顶,永远不停"的理念坚守中外文化翻译;《榜样》人物、执着翻译家宋书声一辈子翻译马列主义经典著作;元帅翻译家刘伯承为了党的军事斗争和革命胜利在革命艰苦年代翻译了大量的军事著作。

（二）学情分析

本课程为英语与翻译本科专业学生第五学期的专业课程。在修读了"英汉翻译"及"英汉语比较"等先修课程之后,学生对于翻译的属性、过程、方法、技巧以及英汉语言对比知识有了一定的了解,但是对于如何在翻译中更好地坚定文化自信,讲好中国故事,传播好中国声音,展示好中国形象还缺乏深入的理解和实践。因此,"汉英翻译"课程第一章应让学生充分认识到汉英翻译的价值和译者的使命,更好实现中国文化走出去,讲好中国故事,传播好中国声音,展示真实、立体、全面的中国,广泛宣介中国主张、中国智慧、中国方案,展现可信、可爱、可敬的中国形象,推动构建人类命运共同体。

（三）课程思政元素融入

（1）认识马克思主义著作的翻译在新中国思想史和党的理论探索史上留下了光辉的一页。陈望道是《共产党宣言》第一版中文全译本的译者。1920 年 8 月《共产党宣言》中文全译本的出版促进了马克思主义思想在中国的传播,为中国共产党提供了理论武装,为中国共产党的成立和发展起到很大的推动作用,是思想上的准备。延安时期(1935—1948 年),张闻天、吴亮平等一大批懂外文的共产党员投入马列、军事著作翻译和传播中,促进了马克思主义中国化。

（2）通过陈望道、刘伯承、许渊冲、宋书声等翻译家的故事,让学生认识到一定要坚定马克思主义信念,对党和人民无限忠诚,对从事翻译事业无限热爱和执着。

（3）学好翻译专业知识,要立志高远:为讲好中国故事,传播好中国声音,为人民谋幸福和为民族谋幸福而学翻译、做翻译。做一名合格译员,除了学好外语,还要对翻译热爱、执着和专注,并秉承精益求精的工匠精神。

（四）教学实施过程

1. 通过提问讨论导入

我们为什么需要翻译,翻译活动有哪些价值和作用?

2. 概括总结学生的回答,引入"翻译的价值"主题

（1）通过习题和举例让学生理解翻译的语言价值。

首先,让学生完成一组翻译习题,使学生领会翻译可以作为语言教学方法和手段,增强语言表达能力、发现两种语言之间的差异。

其次,举例说明 120 多个和中国有关的词汇被牛津词典收入,如武侠(武侠)、很久没见(long time no see)等,总结翻译还可以丰富目标语词汇。

(2)通过绘制图表让学生理解翻译的交际价值在于传达思想和信息。译者是连接两种文化和语言的信使和桥梁。

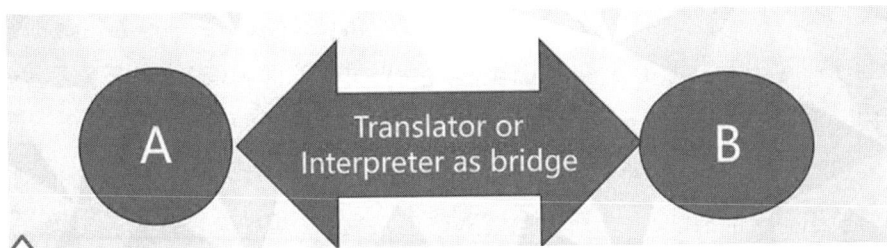

(3)播放习近平总书记 2012 年参观复兴之路展览时讲述关于陈望道"真理的味道非常甜"视频,导入翻译的社会价值。

《共产党宣言》的翻译促进了马克思主义思想在中国的传播,推动了社会的发展。通过"真理的味道非常甜"故事引出陈望道翻译《共产党宣言》。1920 年 8 月《共产党宣言》中译本出版,有力推动了马克思主义在中国的传播,培养了一大批马克思主义的信仰者和坚定的共产主义战士,为中国共产党提供了理论武装,为党的成立和发展起了很大的推动作用,是"思想上的准备"。

(4)播放采访伟大翻译家许渊冲的视频,导入许渊冲翻译传播中华文化的贡献,概括翻译的文化价值:促进文化的交流、融合、互鉴,服务人类命运共同体,而文化交流、文明互鉴,是推动人类文明进步和世界和平发展的重要动力。

倘若拿河流来作比,中华文化这一条长河,有水满的时候,也有水少的时候,但从未枯竭。原因就是有新水注入。注入的次数大大小小是颇多的。最大的有两次,一次是从印度来的水,一次是从西方来的水。而这两次的大注入依靠的都是翻译。中华文化之所以能长葆青春,万应灵药就是翻译。翻译之为用大矣哉!

——季羡林

(5)以文学作品翻译为例,说明翻译的诗学作用:为目标语带来新的文学创作形式和语言表达。

3.总结归纳

总结以上各种翻译价值分析,提问学生:"当今社会,学习翻译,我们应该牢记哪些使命?"一步步引导学生深刻认识翻译的丰富价值,值得译者为之一生守候和奋斗。

译者要坚定马克思主义信念、对党和人民无限忠诚以及对所从事的工作无限热爱和执着;讲好中国故事,传播好中国声音。牢记为人民谋幸福和为民族谋复兴而学好翻译、做好翻译。

(1)以陈望道、刘伯承、宋书声、许渊冲等人的翻译故事和翻译人生,说明译者的使命在于无限忠于党和人民,坚定马克思主义信仰和信念;在于立志高远,为国家富强、民族复兴、人民幸福努力学习。

1920年陈望道翻译《共产党宣言》,对党的成立和发展起了很大的推动作用,是"思想上的准备"。之所以邀请陈望道来翻译《共产党宣言》,主要基于以下考虑:一是陈望道对马克思主义学说有深入了解;二是他精通英文、日文;第三是他具有深厚的汉语言文学功底。他废寝忘食地翻译近两万字的《共产党宣言》,因太过专心,竟错把墨汁当红糖蘸。陈望道坚定马克思主义信仰,并为之奋斗了一生。

榜样人物宋书声从1949年起,一直从事马列主义经典著作的翻译。除了将国外的马列著作翻译至国内,源源不断地为党的政治建设提供理论支持和力量外,他还将马克思主义中国化的新成果翻译成外文,在国际上传播出去。是什么力量支撑着他一辈子做翻译? 一是对马克思主义的坚定信仰;二是对党对国家对人民的无限忠诚,三是对所从事的工作的无限热爱和执着。

延安时期,张闻天等一大批懂外文的共产党员投入马列、军事著作翻译和传播中,促进了马克思主义中国化。从20世纪20年代前期开始到40年代初,张闻天以播火者的姿态从事翻译工作,他的译作是五四新文化运动的史迹、中外文化交流的见证、马克思主义传播的记录。

刘伯承元帅在翻译方面,特别是军事学术翻译以及培养翻译人才方面作出了巨大贡献。早在20世纪30年代初,他就开始从事翻译工作。在紧张的战争环境里,他译校了许多国外军事著作,很多词条是刘伯承首译并沿用至今的,如"游击战"。1932年8月,刘伯承和左权等翻译了苏联红军的《军语解释》,这是我军第一部译自外国军队的军语专著。

(2)总结当今我们应该牢记翻译专业的使命:讲好中国故事,传播好中国声音。

四、课程反思

学生深刻理解了翻译的各种价值和那些翻译家无限忠于党和人民的初心，以及对翻译的执着，从而对如何去学好这门课以及未来的翻译职业有了更深的认识。通过小组拓展性探究活动，学生理解了《共产党宣言》中文译本的意义，理解了马克思主义在中国的翻译和传播，也更深刻地明白了"讲好中国故事，传播好中国声音"的职责和初心。

"英语视听说"课程思政教学案例

罗玲娟

一、课程介绍

"英语视听说"是英语与翻译专业培养学生英语语言运用能力的核心课程，旨在培养学生理解英语音、视频并对相关内容，比如日常对话、讲座、新闻报道等进行口头表达的能力，包括流利度、准确性和适应性。深化学生对英语国家文化、社会习俗和交际风格的理解，增强跨文化交际的能力。通过对视听材料的理解、分析，培养学生的批判性思维和解决问题的能力，将价值塑造、知识传授和能力培养融为一体，帮助学生坚定"四个自信"，同时为未来的职业发展奠定基础。

二、课程目标

（1）提高听力技巧。学生应能正确辨别标准英语及其常见变体的语音和语调；分辨要义与细节，推断隐含意义，概括主旨大意；用缩写形式快速记录要点并拟列提纲；利用笔记对视听内容进行转述、复述、概述和评价。

（2）获得语言文化知识。围绕多种主题的英语视听材料，直观地理解目标语言国家的文化特点和社会行为，提高学生的跨文化交际能力。

（3）提高思辨能力。引导学生针对所视听内容思考社会、文化、政治问题，比较中国的相关政策和立场，促使学生从国家利益和全球视角出发思考问题，开阔他们的国际视野，增强他们的责任感。

三、课程思政教学设计举例

1.教学章节

本节课程思政教学设计以《英语视听说2》第二单元为例,即 Unit 2 Changing Climate,Changing Minds。

2.教学目的和要求

(1)语言技能:提高学生理解和讨论气候变化相关英语材料的能力,包括听力理解、口头表达和批判性思维。

(2)文化理解:深化学生对全球气候变化影响的理解,以及不同文化背景下人们对此问题的看法和解决策略。

(3)课程思政:培养学生的环保意识,理解中国在应对全球气候变化中的努力和贡献,以及作为未来社会成员的责任和角色。

3.教学重点和难点

(1)理解和使用与气候变化相关的专业英语词汇:学生需要掌握一系列专业术语和表达方式,以便于准确理解视听材料中的信息,并有效地参与讨论和表达个人观点。

(2)提高听力理解和口语表达能力:通过分析和讨论英语视听材料,提升学生理解英语口语、新闻报道、演讲等不同口音和风格的能力;同时,增强学生用英语就复杂话题进行清晰、逻辑性强的口头表达的能力。

(3)培养批判性思维:鼓励学生从多角度审视问题,进行批判性分析和讨论,这需要学生具备较强的逻辑思维和分析能力。

(4)提高跨文化交流能力:在讨论全球性议题时,学生需要克服文化偏见,同时要有文化自信,以展现出良好的跨文化交流能力。

4.教学方法

(1)任务驱动法:通过设计与气候变化相关的具体任务(如小组讨论、角色扮演),激发学生的学习兴趣,为其提供实践应用语言的机会。

(2)合作学习:鼓励学生在小组内合作,共同完成听力理解、主题讨论、项目规划等任务,促进知识掌握和技能提升。

（3）批判性思维训练：通过引导学生分析、比较和讨论不同的观点和解决方案，培养学生的批判性思维能力。

（4）多媒体教学资源：利用多媒体资源（如：视频、音频、图表等）丰富教学内容，帮助学生更好地理解复杂的气候变化问题和专业词汇。

5. 教学内容

课前准备：围绕单元主题，课前布置气候问题资料查找和阅读任务，并提出相应思考问题，让学生在学习语言知识的同时训练批判性思维能力，营造思政学习语言环境。

①气候变化都带来了哪些不同影响和危害；发达国家和发展中国家的态度和立场是怎样的。

②我国在气候问题上的立场和态度，以及中国为解决气候问题发挥了哪些独特作用。

（1）导入阶段。

主题引入：除教材第二单元给出的气候问题图片以及思考问题外，补充了另外三幅图片和两个问题，以引起学生兴趣。

图片标题：

①Giant pieces of sea ice washed up on a beach in Iceland.

②Melting polar ice caps and glaciers.

③Deforestation；Burning forest.

④Industrial and fuel emissions.

思考题：

①Read the unit title and study the photo. How is the world's climate changing?

②What does "changing minds" mean in the content?

③Who or what do you think is affected by climate change?

设计分析：根据学生课前准备时查找的资料，引导学生找出并简要介绍全球气候变化的原因、影响及国际社会的应对措施，特别强调气候变化与人类观念改变的关系，以中国的行动和承诺为例来说明。

（2）背景资料学习。

学习课本教材 Unit 2 Part 1。

视听材料内容：

①Environmental concepts；

②The Maldives.

听以上两个音频材料获得以下信息和相关语言知识：

①Basic concepts of Climate Change：Greenhouse effect；Global warming；environmental movement；Facts of the Maldives.

②Climate related words and expressions.

greenhouse effect 温室效应   greenhouse gas 温室气体（尤指 CO_2）

fossil fuel 化石燃料   emission/emit 排放

carbon dioxide 二氧化碳   ecosystem / ecology 生态系统/生态学

③Have a clear understanding of Climate Change by learning the words and concepts of climate changes.

设计分析：

①通过讲解与熟悉气候变化相关的英语词汇和表达，帮助学生更好地理解气候问题的相关重要概念和事实，为进一步讨论提供了语言和知识上的帮助。

②了解气候、环境没有国界和边界，它是全人类共同的问题。比如美丽的马尔代夫曾被海啸打击。On 26 December 2004, following the 2004 Indian Ocean earthquake，the Maldives is devastated by a tsunami.

（3）案例分析。

以低洼国家马尔代夫为例（Unit2 Part 2 The Maldives），讲述马尔代夫因气候变化而面临的挑战，包括海平面上升的影响、政府的应对措施，以及对全球合作的呼吁。

Step1：介绍马尔代夫和气候变化；学习气候变化相关的英语词汇；进行听力技巧训练。

A. 听看英语音、视频材料 The Maldives。

B. 听力技巧：听细节（listen for details），掌握事情发生的地点、时间，涉及的人物，事实和数据。

C. 完成教材相关练习 E2.7 & F2.8。

D. 词汇（Key Terms and Concepts）：Climate Change，Sea-Level Rise，Global

Warming, Climate Refugees, Mitigation Strategies, Sustainable Practices, Environmental Policy, Global Cooperation.

Step 2:深度理解和分析材料,进行口语表达能力训练、批判性思维训练。

A. 根据听力材料,探讨海平面上升对马尔代夫及全球的潜在影响,要求学生陈述气候问题对马尔代夫的影响和其应对举措。提问:马尔代夫面临的主要挑战有哪些? 马尔代夫政府采取的三个措施是什么?

B. 分组讨论:学生分小组讨论气候变化对马尔代夫等低洼地区的影响,以及国际社会如何协作应对气候变化。每组分享:每个小组分享他们的讨论结果和对全球合作应对气候变化的看法。

Step 3:思政听力材料补充和思政讨论,引导学生思考个人和国家在应对气候变化中的责任。

A. 学生听音频材料:中美领导人宣布应对气候变化的承诺(from BBC News),完成相应填空练习。了解习近平主席代表中国在联合国大会上针对气候问题对世界做出的承诺:2030 年前碳达峰,2060 年前碳中和。

B. 材料内容:The leaders of the United States and China, Joe Biden and Xi Jinping, have announced new commitments to tackle climate change at the UN General Assembly. Mr. Xi said China, which up to now has been a major backer of coal-fired plants, would not fund any new coal power stations abroad and would increase support for green energy in developing countries. China will strive to peak carbon dioxide emissions before 2030 and achieve carbon neutrality before 2060. This requires tremendous hard work, and we will make every effort to meet these goals. Joe Biden said he would double the amount of climate-related aids to developing nations, pledging more than $11 billion annually by 2024.

President Biden and the British Prime Minister Boris Johnson have spoken of the need to use all the diplomatic and humanitarian tools at their disposal to prevent a further deterioration of conditions in Afghanistan. A spokesperson for Mr. Johnson said they'd agreed that any international recognition of the Taliban must be contingent on the group respecting human rights.

C. 进一步讨论中国不仅在国内促进了绿色低碳发展,还在全球气候治理中发挥了重要作用,为全球应对气候变化贡献了中国智慧和中国方案。如碳排放交易系统、绿色能源开发等。

D. 角色扮演:模拟国际气候变化会议,学生代表不同国家,用英语讨论并提出应对气候变化的建议,特别强调中国的角色和贡献。

(4)主题升华。

视听 Ted 演讲材料,思考单元主题:Changing Climate, Changing Minds(气候变迁,观念转变)。

Step 1:听音频材料 2.9 了解演讲者 Lewis Pugh,他用他的游泳挑战来引起人们对全球气候变化和海洋保护的关注。

Step 2:在学生熟悉单词和词组之后,视听 Ted 演讲"How I swim to the North Pole",分别完成大意了解,细节掌握,例如 Lewis Pugh 描述的极地环境变化,他的游泳经历和对气候变化的见解。用短语方式完成细节的笔记记录。对应课本练习的 D2.2、E2.2、F2.3,讲解重要词汇和表达:

A. Vocabulary

Polar regions:Areas surrounding the Earth's geographical poles, including the Arctic and Antarctic.

Arctic:The region around the North Pole, characterized by icy landscapes, cold temperatures, and unique ecosystems.

Glacier retreat:The process of glaciers shrinking and retreating due to melting ice, often used as an indicator of global warming.

Sea ice:Frozen seawater that floats on the ocean surface, significant for polar ecosystems and climate regulation.

Polar bears:Large carnivorous bears found in the Arctic, dependent on sea ice for hunting seals and other prey.

Hyperventilating:Breathing rapidly and deeply, often a response to shock, panic, or exposure to cold temperatures.

Symbolic action:An act performed mainly to convey a message or stand for a cause, rather than to achieve practical effects.

B. Expressions and Phrases

"*Dreamed of going to the polar regions*": Aspiring to explore or visit the Arctic or Antarctic areas.

"*Change beyond all description*": Transforming in ways that are difficult to fully articulate or comprehend.

"*Shake the lapels of world leaders*": To urgently alert or get the attention of global decision-makers regarding an important issue.

"*Symbolic swim at the top of the world*": Referring to a meaningful swim in the Arctic, aimed at raising awareness about climate change.

"*Climate change is for real*": Emphasizing the reality and seriousness of climate change.

"*Swimming across the North Pole*": Undertaking a swim in the icy waters at the geographic North Pole, often for a cause or challenge.

"*Gasping for air*": Struggling to breathe, typically due to extreme conditions or exertion.

"*Cells...had frozen and expanded*": Describing the physical reaction of body cells to extreme cold, leading to damage or injury.

"*Months of dreaming, years of training and planning*": Highlighting the extensive preparation and long-held aspirations behind a significant endeavor.

Step 3:分析总结:刘易斯为唤起大家对环境问题的重视,选择在寒冷的北极零下2度的海上游泳20分钟。这一举动的目的是提醒大家保护生态环境。

A. 难点解析。

In Lewis Pugh's narrative about his Arctic swimming experience and his observations on climate change, several concepts and descriptions might be challenging for listeners, especially those not familiar with environmental science or extreme sports. Here are some of the potentially difficult-to-understand contents from the speaker's talk:

Physical and Psychological Challenges of Arctic Swimming:

The extreme cold immediately impacts on the body, such as hyperventilation, numbness, and the unique sensation of being "on fire" despite being in freezing water. The paradoxical feeling of intense burning in frigid conditions can be difficult to comprehend without a background in human physiological responses to extreme cold.

The process of cells freezing and expanding, leading to them bursting, is a complex biological reaction that might require a basic understanding of human biology and the effects of extreme temperatures on cellular structures.

Climate Change and Its Impact on the Arctic:

The concept of "23 percent of the Arctic sea ice cover just melted away" occured within two years. Understanding the magnitude of this change and its implications for global climate and ecosystems might be challenging without prior knowledge of climate science and the importance of sea ice for the Earth's albedo effect and temperature regulation.

The symbolic action of swimming at the North Pole to "shake the lapels of world leaders" and the urgency to address climate change may need further explanation about the role of symbolic acts in raising awareness and influencing policy.

Technical Descriptions and Comparisons:

Comparing water temperatures in different contexts (normal indoor swimming pool, English Channel, water passengers of the Titanic fell into, and the North Pole) to convey the extremity of the North Pole water temperature. This comparison aims to highlight the danger and extremeness of the swim but might require listeners to have a sense of temperature scales and the physiological effects of cold water on the human body.

The detailed description of the preparation and logistical challenges of conducting a swim in Arctic conditions, including hitching a ride on an icebreaker and performing a test swim in minus 1.7 degrees Celsius water. Understanding the complexity and danger of such an endeavor might be difficult without knowledge of polar exploration and the functionality of icebreakers.

Environmental and Ecological Concepts:

The broader implications of melting sea ice and glacier retreat for global ecosystems, polar wildlife (e. g. , polar bears) , and human communities. While the speaker mentions these impacts briefly, comprehending the full scope of these changes requires a broader understanding of ecology, climate science, and the interconnectedness of Earth's systems.

To fully grasp the content of Pugh's talk, listeners may benefit from supplementary information or a discussion that elaborates on these complex issues, providing a deeper understanding of the physiological, environmental, and logistical challenges associated with Arctic swimming and the broader implications of climate change.

B. 主题思考:Lewis Pugh 在北极的游泳行为,生动体现了"气候变化,观念转变"这一更广泛主题的实质。他的行动及其背后的叙述不仅仅是关于个人追求或极限运动,而是象征着一个更大、更紧迫的全球性议题:气候变化。

Lewis Pugh's daring swim in the Arctic serves as a powerful, tangible manifestation of the broader theme "Changing Climate, Changing Minds. " His actions and the narrative surrounding them are not just about an individual's quest or an extremesport, but symbolize a much larger, urgent global issue: climate change. Here's how Pugh's actions connect with the theme:

Embodiment of the Climate Change Reality

Pugh's swim in the icy waters of the Arctic vividly illustrates the physical reality of climate change. By choosing a location that is rapidly unfreezing due to global warming, he brings to life the abstract statistics and models often associated with climate discussions. This real, undeniable demonstration of climate change's effects makes the concept more tangible and urgent to the public and policymakers alike.

Raising Awareness Through Extreme Action

Pugh's extraordinary action of swimming in such harsh conditions serves as a wake-up call to the world. It's a symbolic act meant to draw attention to the drastic changes occurring in the polar regions, changes that are a clear signal of the planet's distress. By linking his swim to the broader issue of climate change, Pugh aims to shift public perception and understanding, making it clear that climate change is not a distant threat but a current reality.

Inspiring Change in Minds

The theme "Changing Climate, Changing Minds" suggests a dual focus on the external environment and the internal shifts in perception and attitude needed to address it. Pugh's initiative embodies this by demonstrating that understanding and addressing climate change requires not just acknowledgment of the physical changes to our planet but also a transformation in how we think about and respond to these changes. His actions inspire individuals and leaders to shift from awareness to action, emphasizing the need for immediate and decisive responses to climate change.

Advocacy for Policy Change

By taking such a public and dramatic stand, Pugh goes beyond personal achievement to advocate for policy change. His swim is a message to the world leaders and policymakers that the time for debate and delay is over; the reality of climate change demands bold and immediate action. This aspect of his action connects deeply with the theme, as changing minds is a precursor to changing policies and practices at both the national and international levels.

Symbolizing the Potential for Human Impact

Finally, Pugh's actions symbolize the potential for individual and collective human impact. Just as human activities have driven climate change, so too can human efforts mitigate it and adapt to its effects. Through his swim, Pugh exemplifies how individual initiative and courage can illuminate global issues, galvanize public opinion, and motivate political action, thereby changing minds about what is possible in addressing climate change.

C. 思政融入:引导学生思考"气候变化,从我做起"。首先了解中国在应对气候变化方面的政策和成就,然后思考个人可以做些什么。环保行动倡议:鼓励学生设计一个环保行动计划,旨在校园或社区推广环保意识和实践,使用英语进行项目提案。

要求:The primary aim of the "Green Steps" project is to elevate environmental consciousness and integrate sustainable practices within our campus or community. By engaging students, faculty, and local residents, we strive to create a culture of responsibility towards the planet that fosters both knowledge and action in environmental protection.

6. 进一步学习和思考

课后进行更多主题相关的视听练习。要求学生按照课本要求完成 Part 4 的视听练习,获得更多和主题相关的视听材料,完成对主题的多维理解和思考。

四、课程反思

(1)口头报告:每个小组用英语汇报他们的讨论结果和环保行动计划,评价侧重于内容的创新性、英语表达的准确性和流畅性。

(2)自我反思:学生撰写一篇英文总结报告,阐述中国对气候变化的新理解,以及作为未来社会成员的责任。

(3)深度思考:如何看待美国退出《巴黎气候协定》? 引导学生观看习近平关于人类命运共同体和宣布碳达峰碳中和的讲话,并发表对比中美做法的感想。

(4)思政总结:中国在全球气候变化议题上展现了作为一个负责任大国的使命担当。通过设定应对气候问题的目标——2030 年碳达峰以及 2060 年实现碳中和,中国不仅为全球气候行动树立了标杆,还积极推动绿色低碳发展和能源结构转型。中国在国际气候协议中扮演着重要角色,通过参与多边气候谈判和加强各方合作,强调了全球合作对抗气候变化的重要性。此外,中国大力投资可再生能源和清洁技术,努力减少对化石燃料的依赖,同时在国内外推广绿色"一带一路"倡议,以实际行动减缓气候变化影响,并支持全球可持续发展。中国的这些举措不仅展现了全球视野,也体现了大国风范和责任担当。

"中外铁路文化之旅"课程思政教学案例

孟冬梅

一、课程介绍

"中外铁路文化之旅"是交通领域的通识文化课程,是翻译专业的必修课程和英语专业的选修课程。课程体系立足"思政+育人"目标,多角度深挖思政元素,以"讲中国铁路故事—发中国铁路声音—传命运共同体理念—育家国情怀、民族担当意识"为主线将思政元素节点化,通过实施"线上+线下+实践"多模态的"课—赛—践—研"培养路径,培养学生的家国情怀及运用英语进行专业和学术交流的能力,提升未来专业发展所需的学术和职业素养。本课程选择学生感兴趣的与铁路相关的话题,例如中外铁路发展历史、车站文化、铁路精神等,开展铁路文化通识教育,扩充铁路文化相关英语词汇及语用知识,增加学生的社会、文化、科学等基本常识;介绍"一带一路"共建国家的铁路文化风貌,拓宽国际视野,培养跨文化交际意识,为将来在国际交流中学以致用奠定基础。

二、课程目标

总体目标:落实立德树人根本任务,培养具有扎实铁路文化知识、深厚专业素养、实践创新能力的人才,为学生今后专业发展打下坚实的学科基础。

1. 知识目标

(1)系统掌握铁路文化相关英语词汇及语用知识;(2)深入了解铁路相关文化,熟悉中外铁路的发展历史与文化,熟悉"一带一路"共建国家的铁路文化风貌。

2. 能力目标

(1)初步掌握铁路文化听、说、读、写、译等英语技能;(2)能综合运用英语分析铁路文化案例和现象;(3)具备发现问题、分析问题和解决问题的能力;(4)运用良好的学习方法,提升社会实践能力。

3.价值目标

(1)树立正确的人生观和社会主义核心价值观,提升道德素养;(2)提升铁路文化素养,坚定文化自信;(3)培养坚持不懈、精益求精、创新进取的铁路精神,厚植家国情怀,增强民族复兴的责任感和使命感。

三、课程思政教学设计举例

思政案例主题:8.2 The Commitment of T. E. Maoyisheng。

授课章节:第八章第二节"茅以升的担当精神"。

1.教学内容分析

教学重点:

(1)茅以升建桥时遇到的主要困难和解决办法;

(2)抗日战争时期钱塘江大桥炸桥的始末;

(3)茅以升同志在重建大桥时的担当。

教学难点:

如何产生共情、移情,使学生具有强烈的爱国情怀和使命担当意识。

2.学情分析

学生知识基础:大部分学生有一定的交通专业基础知识,但对于铁路文化认识不足,学习中外铁路文化课程是为了了解中外铁路的发展历程、铁路文化,拓宽自己的国际视野,增强跨文化交流的能力。

学生学习方式:学生们更倾向于实践性与互动性强的教学方式,如实地考察、访谈和小组讨论等。他们认为这样的教学方式能够更好地让他们了解铁路文化的内涵,增加学习的趣味性。

学习态度与兴趣:学生对中外铁路文化课程持有积极的学习态度,对铁路沿线的风土人情和历史文化也表现出兴趣,希望通过学习,能够深入了解不同地区的文化特色。

3. 课程思政元素分析

（1）使命担当精神。

茅以升在钱塘江大桥建造中勇于担当，不负使命。他克服重重困难，解决经费、技术等难题，使钱塘江大桥铁路桥在国家危难关头提前通车，一列列满载战时物资的列车从大桥上飞驰而过，及时缓解了战时交通的燃眉之急。

（2）爱国主义情怀和民族复兴意识。

茅以升建桥是爱国，炸桥也是爱国，尤其是在炸桥当晚，忍痛告别大桥并写下《别钱塘》一首，其中的"不复原桥不丈夫"表达了茅以升"抗战必胜"的信心和大桥建造者火红的誓言。

（3）不畏艰险、临危不惧。

打桩、沉箱、围堰、钢梁、引桥、工伤事故……各种困难、技术难题，被一个个战胜、克服。正如茅以升的母亲曾比喻的那样，孙悟空用他那如意金箍棒帮助唐僧渡过了取经过程中的八十一难，唐臣（茅以升号唐臣）造桥也渡过了八十一难。

4. 教学实施过程

（1）提问与新课导入。

1）How came the story that the first modern bridge in China, which cost 5.4 million silver dollars and was completed after 2 years and 195 days and nights of intensive construction, experienced its construction, being blown up and reconstruction?（经过两年零195天夜以继日的修建，耗资540万银元的现代化大桥——钱塘江大桥，历经了建桥、炸桥、重建的血泪史，这是怎样一个历程？）

2）And what commitments did its designer, T. E. MaoYisheng make？（其设计者茅以升背后彰显的又是怎样的担当？）

（2）重点内容讲解。

1）钱塘江大桥简介。

The Qiantang River Bridge, is the first self-designed and self-built double-layer bridge in China, which had been built from April 1934 to September 1937. The bridge is comprised of its main body and the bridge approach, stretching a distance of 1,453 meters. The upper layer of the bridge is a highway and the layer below is a railway.

2）建桥的担当。

Discussion：What major difficulties were T. E. Mao Yisheng confronted with？

The Hardships：Pile casting, Caisson, How to sink the caisson smoothly into the bottom of the river after it was in place was also a problem. In addition, there were such difficulties as cofferdam, steel beam, bridge approach, injury, etc.

3）炸桥的担当。

Discussion：Why was the bridge blown up after only 89 days of opening to traffic？（讨论：为何通车 89 天就炸桥？）

实践活动：视频观看，发表观后感。

In 1937, the War of Resistance against Japanese Aggression had broken out, and the Battle of Shanghai raged on. In order to halt the Japanese attack, T. E. Mao Yisheng received the order and had to direct to blow up the bridge with hatred. At 5：00 p. m. on December 23, 1937, when the Japanese army were running towards the bridge, T. E. Mao Yisheng ordered the explosion.

T. E. Mao Yisheng undertook the responsibility of preparing to blow up the bridge after he built it.

He reserved a hole for explosives inside the pier of a main bridge. This was no easy task, because the explosives used to blow up the bridge needed to be put in beforehand.

It was necessary to place enough explosives on many explosion points of steel beam in advance, and then connect the "detonator" on the shore with the lead wire.

4）重建大桥的使命担当。

①T. E. Mao Yisheng's 14 boxes of engineering materials, including various charts, papers, films, photographs, journals, etc. , are the most important materials of the bridge.

②These 14 boxes of materials had been carried by T. E. Mao Yisheng from Hangzhou to Pingyue, weathered by wind and frost, and attacked by enemy planes many times.

③In September 1975, T. E. Mao Yisheng donated the engineering files of the Qiantang River Bridge, which had been kept for more than 40 years, to the local archives of the bridge.

（3）结论。

中华儿女在民族危急时刻表现出来的爱国情怀、使命担当以及迎难而上、坚韧不拔的精神是在艰难时刻战胜困难的坚强保障。

（4）提炼升华。

核心关键词：使命担当、爱国情怀。

在建桥—炸桥—复桥的历程中，茅以升为国建桥、为国炸桥、为国复桥，表现出强烈的爱国情怀、使命担当精神，值得我们当代青年学子学习、致敬。

四、课程反思

在建桥之前，中国工程师们没有任何建造现代桥梁的经验，茅以升凭借专业特长与创新担当精神，毅然接下重担，并胜利完工。以此让学生明白：不仅要有爱国之心，更要专攻科技，才能报效祖国。

"道路勘测设计"课程思政教学案例

莫振龙

一、课程介绍

"道路勘测设计"为交通工程专业的一门核心专业课程,由理论教学和实践教学两个环节组成,主要介绍道路线形设计的基本概念、设计原理和方法等,其内容包括绪论、平面设计、纵断面设计、横断面设计、总体设计、道路选线和定线等。

二、课程目标

(1)知识目标:熟悉道路勘测设计程序及相关的技术规范与标准,掌握道路线形设计的基本原理和方法。

(2)能力目标:具备设计、分析、比较和评价道路线形的能力,对复杂的工程问题能提出较为合理的解决方案。

(3)素质目标:以社会主义核心价值观为引领,培养学生勇于实践、精益求精的工匠精神和团队合作精神,使其树立"安全、舒适、环保、和谐、创新、经济"的设计理念。

三、课程教学设计举例

(一)思政案例主题

培养学生勇于创新、精益求精的工匠精神,使其树立"安全、环保、和谐、创新""不破坏就是最大的保护"的设计理念。

（二）授课章节

6.3 山岭区选线。

（三）教学内容分析

本节课主要解决以下三个问题:(1)山岭区公路线形有什么特点? (2)山岭区公路选线的要点是什么? (3)在总体设计中介绍了山区公路的设计指导思想,这里如何体现?

（四）学情分析

学生通过学习平面设计、纵断面设计、横断面设计和总体设计,已初步掌握了路线设计的基本原理和计算方法,了解了路线总体设计的指导思想、原则和内容。

（五）课程思政元素融入

以近几年人们关注度比较高的山区网红公路:太原天龙山公路、太行山郭亮村挂壁公路、贵州"二十四道拐"、张家界天门山盘山公路、重庆刀片公路和陕西蓝关古道等为工程案例,分析山岭区沿河线、越岭线和山脊线的选线要点和设计方法,挖掘案例中蕴涵的思政元素。

（六）教学实施过程

【新课导入】播放一段山西太原天龙山网红公路(也称天龙山防火旅游通道)视频,公路全长30公里,沿途有四座高架桥和一处隧道,起点与终点的高低落差达350米。播放结束后让学生畅所欲言讨论观后感,从而引入本节课要学习的内容。

【教学内容与教学设计】山岭区路线按行经地带的部位又可分为沿河(溪)线、越岭线和山脊线。

1.沿河(溪)线:沿着河(溪)岸布置的路线

(1)特点:同山区其他线型相比较,沿河(溪)线平,纵线形是最好的。沿河线布局的主要矛盾是解决路线与水的问题,以防止水毁。

(2)选线要点。

河岸选择:路线选择走河流的哪一岸;

路线高度:线位放在什么高度;

桥位选择:在什么地点跨河。

（3）案例：如图1有甲、乙两个方案。甲方案经过两处陡崖，线形顺直短捷。乙方案为避让河左岸的两处陡崖，跨河利用右岸的较好地形，但过夏村后，右岸出现更陡更长悬崖，路线又须跨回左岸，在3km内，两次跨河，须建中桥两座。

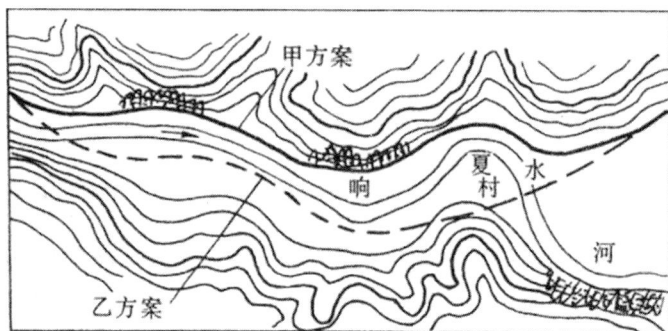

图1　跨河换案比选线

让学生从安全、环保、和谐、经济等方面进行比选。针对陡崖路段如何硬开石壁，修筑道路，以山西太行山郭亮村挂壁公路作为案例进行讲解。郭亮村挂壁公路曾被称为"世界最险要十条路"之一、"全球最奇特18条公路"之一。1972年，为了让乡亲们能走下山，郭亮村的村民们集资购买钢锤、钢钎、炸药，凭着坚忍、牺牲、执着、顽强的精神，仅靠人力，历时五年，在绝壁中一锤一锤凿出一条高5米、宽4米、全长1300米的石洞——郭亮挂壁公路。为开凿此洞，还有村民献出了自己的生命。

图2　山西太行山郭亮村挂壁公路

【思政融入点】通过跨河换岸比选,让学生重温山区道路"安全、环保、和谐、经济、创新"设计理念;郭亮村挂壁公路工程反映了我国劳动人民有着"愚公移山"锲而不舍、不屈不挠的精神。当年十三条汉子五年时间的坚持,天堑终于变成通途,从而改变了郭亮村落后闭塞的历史,如今成了热门的旅游景点。

2. 越岭线

(1)特点:克服很大的高差,路线的长度和平面位置主要取决于路线纵坡的安排。因此,在越岭线的选线中,须以路线纵断面设计为主导。

(2)选线要点:①垭口选择;②过岭标高选择;③垭口两侧路线展线的拟定。

(3)展线方式:主要有自然展线、回头展线、螺旋展线三种方式。

(4)案例。

①贵州"二十四道拐",始建于 1935 年,是"史迪威公路"中最著名的地段,古称"鸦关",雄、奇、险、峻,有一夫当关,万夫莫开之势。从山脚至山顶的直线距离约 350 米,垂直高度约 260 米;在倾角约 60 度的斜坡上以"S"形顺山势而建,蜿蜒盘旋至关口,全程约 4 公里。

②张家界天门山盘山公路,于 1998 年开始修建,因天门山独特的地质和气候所局限,至 2005 年才全面贯通。天门山盘山公路有"通天大道"之称,被誉为"天下第一公路奇观",盘山公路全长约 10 公里,海拔从 200 米急剧提升到 1300 米,大道两侧绝壁千仞,空谷幽深,共计 99 个弯道。

【思政融入点】"二十四道拐"盘山公路,堪称险峻公路建设史上的杰出典范。是中美两国人民英勇抗击日本侵略者历史的真实写照,是中国抗日战争大后方唯一的陆路运输线及国际援华物资的大动脉,为抗日战争取得全面胜利作出了不可磨灭的贡献,被誉为"中国抗战的生命线",又称"历史的弯道"。

张家界天门山盘山公路充分利用地形进行展线铺设,精心设计、勇于创新,做到了人与自然的和谐共处和环保。

这两个案例主要培养学生的创新精神、爱国主义情怀和精益求精的工匠精神。

3. 山脊线

(1)特点:路线大体上沿分水岭布设。

(2)选线要点:①选定控制垭口;②侧坡选择,决定路线走分水岭的哪一侧;

③试坡布线。

（3）案例。

①重庆网红公路（"刀片天路"，1分钟视频）：在海拔超过1800米的大风门山脊上修建了一条壮阔惊险的公路，两边都是悬崖，仿若"天路"。在公路上开车，从空中俯瞰就像行驶在刀片上，既壮观又惊险。在这段山路上行驶，既能欣赏到群山的雄伟壮阔，也能看到错落有致的风电群。

②蓝田网红公路（蓝关古道）：位于陕西省西安市蓝田县境内，是一道绵延起伏的20公里山岭脊梁道路。蓝关古道是古代从关中平原通往东南方向的一条道路。这条路最艰难的莫过于翻越秦岭主脊，也就是从蓝田到商洛，从海拔500多米的蓝田平原上，短短几十公里海拔上升1000多米。历史上蓝关古道既是防卫来自东南方的威胁的最后一道关隘，也是争夺天下，发兵东南必经的第一要塞，具有极其重要的军事战略意义。秦始皇统一中国后，五次出巡，有两次经过这里。唐代韩愈在这里写下了"云横秦岭家何在，雪拥蓝关马不前"，让蓝关古道成为秦岭知名度很高的关隘之一。

【思政融入点】通过古今两条山脊公路对比，可知两条公路之所以都能成为网红公路，是路域文化和创新设计的结果。蓝关古道蕴藏着丰富的历史文化，是人们了解古代历史的活教材；"刀片天路"是为建设风力发电而设计的，并利用防火通道建成的公路，人们可以近距离了解清洁能源的利用。

四、课程反思

以网红公路为例，增加了授课内容的时代性和趣味性，不仅拓展了学生的知识面，也使其领略了创新设计所带来的视觉冲击和良好的社会效益。课堂理论知识在实际工程中找到了具体的落脚点，学生参与度高，课堂教学效果良好。

如何结合课程内容和知识点，选择合适的案例对课堂教学效果影响很大。本节课精选了人们喜闻乐道的网红公路作为案例来分析和讨论，让学生充分意识到只有符合"安全、环保、协调、经济、创新"设计理念的道路工程，才是人民满意的工程。公路不仅能发挥自身的交通属性，同时也能创造更多的社会效益和价值。

"论语珠玑"课程思政教学案例

石初军

一、课程介绍

"论语珠玑"为通识类全校公选课程,是赓续中华文脉、提升学生人文素养(纠正科技文明造成的工具理性之偏)和增强学生文化自信(增强文化认同、国家认同、民族认同,提升历史自信、民族自信、文化自信)的重要载体。课程以"两个结合"为根本遵循,以中华优秀传统文化的"创造性转化和创新性发展"为根本方向,以四通(贯通马克思主义精髓与中华优秀传统文化精华、会通古色文化与红色文化、博通古今、融通中西)为重点要求,以三达德(智、仁、勇)、五常(仁、义、礼、智、信)八德(孝、悌、忠、信、礼、义、廉、耻)为核心内容,通过读、吟、讲、辨、写、游等方式,让学生亲近母语、深入经典,在开阔胸怀中立定人生志向,在启迪智慧中产生价值力量,在浸润传统中逐步掌握修身门径与实践方法。

二、课程目标

(1)使学生了解《论语》的成书历程、基本内容和思想体系。

(2)使学生理解并掌握孔子及其门人的主要思想观点和言论。

(3)使学生理解并掌握儒家学说的基本理念、修身门径和实践方法。

(4)使学生掌握国子监官韵诵念。

(5)提高学生对经典文化的认识和理解能力。

(6)培养学生的文化素养和整体思维、辩证思维等能力。

三、课程思政教学设计举例

1.教学内容

子曰:"学而时习之,不亦说乎? 有朋自远方来,不亦乐乎? 人不知而不愠,不亦君子乎?"

《论语》开篇大智慧:讲完《论语珠玑》概论之后,开讲《论语·学而第一》第一章。此为《论语》开篇,是《论语》之总纲,开宗明义,重点揭示了人生的三重境界,具有框架性的意义,为后面的教学标明本末、始终、先后。

2.课程思政目标与思路

情景1:手机入袋,课前要求学生将手机静音后放入教室门口手机袋中。

思政元素:规矩意识。

预期效果:学生专心听讲,无手机干扰。

情景2:上课教室采用传统陈设,配置古色古香的桌椅、书柜、屏风、牌匾,墨香四溢的传统典籍,高贵典雅的名人字画等。

思政元素:环境育人。

预期效果:学生用心听讲。用高雅厚重庄严的环境氛围,激发学生对传统的敬畏之心,并收摄心神。

情景3:行鞠躬礼。教师课前课后对学生行鞠躬礼。

思政元素:平等意识、尊重意识。

预期效果:学生尊师重道。通过教师对学生的尊重,从而获得学生对教师的尊重。

话题1:关于"学"。什么是学? 学什么? 为什么要学? 如何学?

思政元素:世界观、人生观、价值观。

预期效果:学生懂得做人的重要性。揭示"学"就是"觉",即觉悟人生,启迪智慧,明白人生的价值与意义。"天地之性,人为贵",人作为万物之灵,不同于禽兽,但是"人不学,不知道",通过"学"才能明白人的本质,才能明白人与禽兽的区别,才能自觉彰显人性,才能活出"人"的味道与精彩。"学"的方法有很多,读圣贤书是其中的基础与关键。五常(仁、义、礼、智、信)、八德(孝、悌、忠、信、礼、义、廉、耻)是儒家学习的主要内容。

话题2:关于"时习"。什么是"时"？什么是"习"？什么是"时习"？

思政元素:理论联系实际;新时代担当精神。

预期效果:学生明白建功新时代的重要性。理论必须与实际相结合,必须解决时代的问题,推动时代的进步。"时习"就是在当下的新时代开展火热的实践。用古人智慧启迪今人,用古人经验开创时代新路,用中国方案推动天下大同。

话题3:人生的第一重境界"悦"。"悦"的本质特征是什么？如何获得生命的愉悦？

思政元素:成长。

预期效果:学生明白人生的第一重境界"悦"。悦来自个人体验,一是领悟了人生的真谛而产生的愉悦;二是增长了人生的智慧而产生的愉悦;三是解决了人生的现实问题而产生的愉悦;一言以蔽之,人生因为成长而愉悦。此成长是建立在"人性本善"基础上的成长,是与"善性"相应的成长,所以这种愉悦如同打开了生命的源泉,不用费力就会汩汩而出。

话题4:人生的第二重境界"乐"。"乐"的本质特征是什么？如何获得生命之乐？

思政元素:与人为善;共产主义远大理想。

预期效果:学生明白人生的第二重境界"乐"。乐来自群体提升,即众乐乐,个人获得愉悦之后,能够帮助他人也获得同样的愉悦。"己欲立而立人,己欲达而达人",天下人都获得这种乐,即天下平,与共产主义社会理想高度契合。

话题5:人生的第三重境界"不愠"。"不愠"的本质特征是什么？如何达到"不愠"？

思政元素:文化自信;不怨天尤人;包容精神。

预期效果:学生明白人生的第三重境界"不愠"。内心没有任何怨天尤人的情绪,具有高度的文化自信,具有坚定的信念,同时对世界具有足够的包容与无限的耐心。"宠辱不惊,看庭前花开花落;去留无意,望天上云卷云舒"。

话题6:关于"君子"。"君子""小人"的差别是什么？"君子"的特征和气象是什么？如何做"君子"？

思政元素:胸怀天下;责任意识;自强不息,厚德载物;自我革命。

预期效果:学生明白君子人格的重要性。

3.教学方法

(1)贯通二精:以"两个结合"为根本遵循,把马克思主义思想精髓同中华优秀传统文化精华贯通起来。尤其是点出与马克思主义相契、相和、互补、互促的部分,其中互补、互促部分推进了马克思主义中国化。

(2)古法吟诵:古人读书多吟诵,有节奏、有腔调,易于记忆、易于入心。国子监官韵诵念是以"十三经"为主的读书法,音韵腔调高古,节奏平稳,声音铿锵。

(3)说文解字:对"学""时""习""悦""乐"等追根溯源,追其本义,然后依文解经,让学生体会中国文字的精髓,体会孔子本来的意思,体会至圣先师的情怀。同时感受到《论语》字字珠玑,充满了中国人做人做事的智慧。

(4)问答启发:一连串追问,启发学生对人生的思考。不是给答案,而是找答案,可以质疑,可以辩论,可以问难。

4.教学过程

(1)手机入袋:课前要求学生将手机静音后放入教室门口的手机袋中,学生无手机干扰,从而心无旁骛,专心听讲。

(2)诵念《论语》:用国子监官韵诵念法带领同学诵念《论语·学而第一》第一章。用古法吟诵古书,摇头晃脑,以艺入道,体会古人读书的情趣和其中的精气神韵。

(3)"学"之说文解字:用手揭开孩子头上的迷雾,从而启迪智慧、觉悟人生。思辨点:启迪不同于灌输,觉悟不同于思考。

(4)问题一:为什么要学习? 两个子问题:人与禽兽的差别是什么? 如何面对越来越复杂而多变的人生? 通过学生回答,最后归纳提炼:人不同于禽兽,人类有孝道和羞耻心,而禽兽皆不完全具备。孝道和羞耻心都是通过教化而成的,所以"人不学,不知道",通过"学"才能明白人的本质性,才能明白人区别于禽兽的差别性,才能自觉彰显人性,才能活出"人"的味道与"人"的精彩。面对越来越复杂的人生必须提升智慧、增强能力,非学无以增智,非学无以广才。

(5)问题二:如何学? 子问题:向谁学习? 通过学生回答,最后归纳提升:圣者,通也。圣贤是通达之人,向圣贤学做人最稳妥,读圣贤书是其中的基础与关键。

(6)问题三:学什么? 通过学生回答,最后归纳提升:三达德(智、仁、勇)、五常(仁、义、礼、智、信)八德(孝、悌、忠、信、礼、义、廉、耻)等是儒家学习的主要内容。

(7)"时""习"之说文解字:"时"的本义是"时间到了哪里",引申为"经常"之意。"时"中有势,"时"中有机,君子当识时、用势、知机。"习"的本义是小鹰学飞翔,有成长、实践、娴熟之意。"时""习"合起来,就是理论必须与实际相结合。

(8)问题四:"快乐"与"愉悦"有何不同? 从而揭示人生的第一重境界"悦"。通过学生回答,最后归纳提升:"快乐"来得未必快但去得一定快,"快乐"往往是外在物质的充盈而带来的欲望满足。"愉悦"则不同。

(9)问题五:如何"与人为善"? 从而揭示人生的第二重境界"乐"。子问题:如何"长乐"? 通过学生回答,最后归纳提升:"与人为善"不仅仅是对他人物质上的帮助,更重要的是帮助他人把自己的本然之善启发出来,达到生命的愉悦。

(10)问题六:"不愠"是不发脾气吗? 揭示人生的第三重境界"不愠":通过学生回答,最后归纳提升。

(11)"君""子"之说文解字:"君"的本义是拿着权杖、可以发号施令的有权威之人;"子"的本义是小孩子,代表未来和希望。23点至1点为"子时",一阳来复,预示第二天的光明和希望;农历十一月为"子月",预示第二年的温暖和希望。

(12)问题七:"君子""小人"的差别是什么? 子问题:君子气象为何? 如何做"君子"? 君子以天下为己任,胸怀宽广,"君子喻于义,小人喻于利……"君子的特征是"好学"与"力行",君子气象是"温、良、恭、俭、让"。"知耻、知畏、立志、好学、反省、改过、亲师、取友、磨炼"为君子修身九要。

(13)布置课后作业:其一,找出《论语》中有关君子、小人的章句,摘抄并背诵,向孔子的弟子学习,"子张书诸绅"。摘抄、背诵是古人学习的入心之方、不易之方。其二,观看"论语珠玑"慕课。其三,大学除了学专业还学什么?

5. 教学效果

本案例通过对《论语》开篇的学习,让学生了解和体悟了以孔子为代表的儒家文化精神,尤其是对人的本质的认识;传递了以中华优秀传统文化为源头的社会主义核心价值观;增强了学生的文化认同、国家认同、民族认同,坚定了文化自信;激发了学生对中华优秀传统文化的学习兴趣。

6. 课程相关视频

"论语珠玑"慕课:(1)中宣部"学习强国"平台;(2)中国大学慕课;(3)智慧树线上课堂。

四、课程反思

(1)上课不能完全依靠 PPT,PPT 有其优越性,但是不能代替传统的黑板,优美的板书会让学生收摄心神,灵光一闪时可以在黑板上灵活表达;

(2)超过 100 人的大课的互动性比较差,60 人以内的课堂效果比较好,尤其是互动性方面;

(3)哲学的思辨与追问很重要,但是就理论谈理论、就哲学谈哲学,很枯燥,要从身边的人、身边的事、当下的人、当下的事入手,要从学生感兴趣的话题入手,这是本课程要反思的重点;

(4)不能把课程思政讲成思政课程,关键之处画龙点睛即可,如果生搬硬套,那么结果可能适得其反。

"大学英语 I"课程思政教学案例

谭　涛

一、课程介绍

"大学英语"课程是高等学校人文教育的一部分,是以外语教学理论为指导,以英语语言知识与应用技能、跨文化交际和学习策略为主要内容,并集多种教学模式和教学手段于一体的教学体系。

"大学英语"课程不仅是大学生必修的一门语言基础课程,也是培养学生文化素养的教育课程,兼有工具性和人文性。它的工具性体现在听、说、读、写、译能力的培养以及未来在学术或职业领域进行交流的能力培养。人文性体现在跨文化教育和培养中国文化理解和阐释能力两个方面。"大学英语"课程遵循以教师为主导,学生为主体的教育理念,提高学生的语言能力、思辨能力、自主学习能力和合作能力,融价值塑造、知识传授、能力培养为一体,为国家改革开放和经济社会发展培养合格的人才。

二、课程目标

1."大学英语"课程的教学目标

培养学生的英语应用能力,增强跨文化交际意识和能力,同时发展自主学习能力,提高综合文化素养,培养人文精神和思辨能力,使学生在学习、生活和未来工作中能够恰当有效地使用英语,满足国家、社会、学校和个人发展的需要。

大学英语教学在高等学校落实立德树人根本任务中发挥着重要作用,在语言学习中提炼蕴含的文化基因和育人点,把专业内容与思想政治教育有机融合,增加学生在社会、文化、科学等领域的知识储备,拓宽国际视野,提升综合文化素养,树立正确的世界观、人生观、价值观,春风化雨,润物无声,培养具有民族情怀、家国情怀、时代责任和历史使命的人才。

2. 本案例的教学目标

本案例选用的教学单元来自高等教育出版社出版的《卓越英语综合教程》第一册第一单元:*Introducing People*(介绍人物),通过阅读文章 *Section A My Attachment to New Orleans*(情系新奥尔良)和 *Section B Father of China's Railroad*(中国铁路之父),了解自传体文本和人物传记的语言特点、内容区别、写作技巧。通过课文讲解,带领学生学习如何描写令人魂牵梦萦的成长之地,从而激发其乡土情结和爱国热情,培养家国情怀;同时,带领学生了解中国铁路之父的生平和成就,领略老一辈建设者们不畏艰险、自立自强的奋斗精神,从而进一步探讨、解读"天佑精神"的内涵,激励交大学子们努力争做"天佑传人"。具体来说,本单元教学目标有三个:

知识目标:学生掌握重点词汇和语法结构,理解文本主旨大意和篇章结构,知晓自我介绍的基本内容与要素,参与跟主题相关的读、写、说等系列活动。

能力目标:学生会根据不同的场合恰当地介绍自己,完成社会交际的初级任务;学生会应用所学,描写自己难忘的地方、介绍他人生平,并在写作中深入思考并探索人文精神的内涵。

素质目标:通过学习中外人物的介绍性文本,培养学生的中外文化对比能力,激发学生对家乡或家人的热爱之情,加深学生对工匠精神的理解,启发他们争做天佑精神的传人,从而培养其家国情怀,增强民族自豪感以及坚定文化自信。

三、课程思政教学设计举例

本教学案例的设计包括三个环节:主题导入、课文讲解、拓展外延。

(一)主题导入

首先,通过描述新生开学以来的各种经历(到校、注册、军训、上课、就餐等),展示独立生活过程中会遇到很多新朋友并需要进行多次自我介绍,从而导入"自我介绍"这一社会生活中常见的社交活动。其次,通过个人自愿展示(volunteer),分析、归纳自我介绍的基本元素:个人生活描述(Life)、兴趣爱好介绍(Hobby)、未来计划或梦想(Plan & Dream),并给出例子(Patterns),让学生进行操练,熟悉结构和内容的同时,也趁机相互认识、相互了解,帮助他们以积极、乐观的姿态迎接新的开端、结识新的朋友、开始新的旅程。再次,通过观看课文自带预习短视频,学习一个完整的自我介绍案例,并完成书上的有关练习(Activity 1-3 on page 2),加深对口头形式的自我介绍的印象。最后,说明自我介绍这一社交活动在形式、时长、语体色彩、文体等方面的特点,指出自我介绍在社交活动中的作用,即展示个人的自信和友善,顺利开启交际之旅。对于大篇幅介绍个人的文本,有自传和传记两种文体。这些知识便于学生更进一步了解这一话题的内涵和外延,由此自然地过渡到主课文的学习。(以下为本单元教学设计的英文原文)

Step 1　Warming up

1. Asking Ss to think about situations where self-introduction is needed, and describe their recent experience.

2. Asking Ss to introduce themselves in different situations and roles, and introduce friends or other family members.

Step 2　Initializing the project

3. Asking Ss to sum up normal patterns of self-introduction, comparing differences between formal and informal self-introduction, and then practice.

4. Asking Ss to watch a video clip of a self-introduction and answer the questions given in Activity 1-3 on page 2.

5. Working in groups and summarizing their findings of different purposes, basic features and elements while introducing people.

Assignments:

1. Surfing the Internet to know about something related to New Orleans, its location, climate, geography, traditions, food and music.

2. Previewing the text on page 3-4 and finish Activities 1-5.

(二)课文讲解

首先,引导学生通过时间顺序梳理作者人生的成长轨迹,由此掌握文章的段落大意以及篇章结构。其次,比较作者对出生地(第一段)和成长地的描写(第二至五段)的不同之处,对比作者对两个地方的情感差异,并引导学生分析产生差异的原因,从而归纳出一个地方影响人生成长的可能因素,探索城市精神的内涵。再次,通过聚焦作者对故土和新成长之地细致入微的生活细节的描写,借助作者细腻的文笔,赏析作者对曾经生活之地的深深眷恋之情,借鉴运用文中的词汇、短语、句型及说明文的结构("a general statement = specific details + the reasons")复述主人公对出生地的难忘和对成长地的深情,加强对文章写作手法的熟悉、理解和应用。最后,通过欣赏作家余光中先生的诗歌《乡愁》中英版,加深青年学生对于乡愁的理解和感触,激发他们的乡土情结;通过学习习近平总书记关于城市建设的有关论述,激发学生坚定文化自信,传承城市历史文脉、延续中华文化基因,从而培养他们的家国情怀。

Step 3 Exploring the Field

1. Check Ss' previewing work, especially Activity 2 on Page 7, asking them to skim the text and check the answers, thus have an outline of the text.

2. By following the chronological order of the text (Activity 2), analyze the passage and explain expressions in detail, thus point out the major feature of autobiography.

3. When analyzing, check the reading comprehension (Activity 1) and paraphrase some difficult sentences.

4. Compare the different descriptions on the writer's birthplace life and New Orleans life, and then analyze writer's different emotions of the two places. Thus find out the spirit of each city and try to imitate the writing.

5. Introduce two pieces of work for appreciation: one is describing one's being nostalgic to his hometown or motherland, the other is how we can build the city to remind of our hometowns. Thus deepen Ss' understanding on the writers' attachment and inspire them to love their hometown and country.

在学习完 Section A 这篇自传式的介绍文章后,教师通过介绍学校着力建设的天佑校园文化(天佑路、天佑桥、天佑楼、天佑学院、天佑林等)为切入点,带领学生进入他人传记 Section B《中国铁路之父》一文的学习,认识詹天佑,了解其生平、成就，探究其所表现出来的天佑精神、工匠精神的内涵，重点理解他统筹建设京张铁路时不畏困难、大胆创新的举措，结合 Section C 关于詹天佑纪念馆的文章，学习他自力更生、发奋图强、不怕困难、艰苦奋斗的精神。

6. Introduce the life of Zhan Tianyou with the help of Section B, focusing on his education, setback, transition of profession, breakthrough of technology and peak time of his career, and inspiring students to think about what are the elements and spirits that buttress Zhan's painstaking efforts.

7. Introduce the China Railway Museum. And ask students to sum up Tianyou Spirit by combing information in both section B and C.

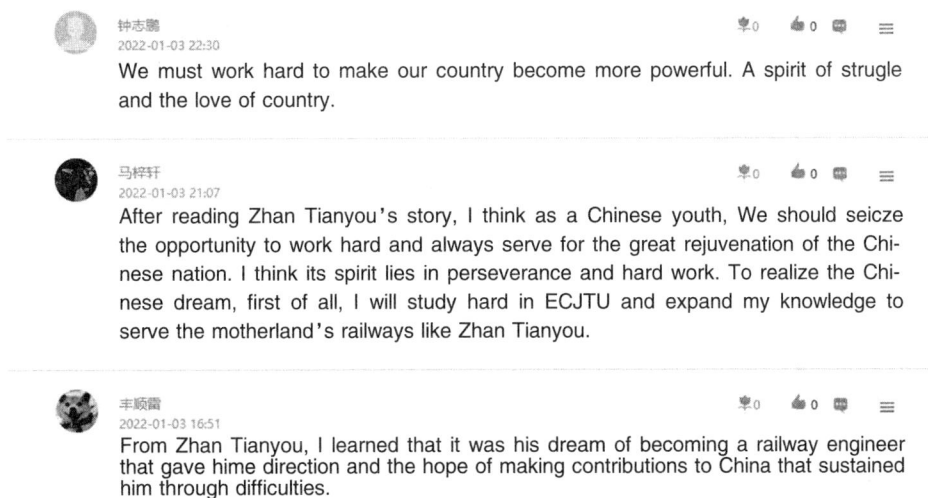

钟志鹏 2022-01-03 22:30

We must work hard to make our country become more powerful. A spirit of strugle and the love of country.

马梓轩 2022-01-03 21:07

After reading Zhan Tianyou's story, I think as a Chinese youth, We should seicze the opportunity to work hard and always serve for the great rejuvenation of the Chinese nation. I think its spirit lies in perseverance and hard work. To realize the Chinese dream, first of all, I will study hard in ECJTU and expand my knowledge to serve the motherland's railways like Zhan Tianyou.

丰顺蕾 2022-01-03 16:51

From Zhan Tianyou, I learned that it was his dream of becoming a railway engineer that gave hime direction and the hope of making contributions to China that sustained him through difficulties.

图 1　学生参与线上讨论，阐述自己对"天佑精神"的理解

（三）外延拓展

通过将课文学习与爱国主义教育结合起来，拓展课文内涵，达到课程思政的德育目标。（1）欣赏并学唱红色歌曲《我和我的祖国》英文版，探讨爱国爱家的深刻意义，探索民族复兴、乡村振兴的伟大意义。（2）对比旧的京张铁路和如今的京张高铁，感受中国铁路发展的速度，激发学生的爱国热情，培养其家国情怀。引导学生参加我省"天佑杯"交通外语系列大赛，用英语讲好交通故事，"传承铁路文化，逐梦交通强国"。

Step 4   Extending the Field

8. As it is the 70th anniversary of the founding of China, it's important to vaise the spirit of patriotism. Teacher may introduce the most touching song of this year： My Motherland and Me, singing or appreciating. (Script from the internet： https：// haokan. baidu. com/v？ pd＝wisenatural&vid＝5269481018672689218)

9. Watch video clip： High-speed train designed for Beijing Winter Olympics makes first journey(https：//v. qq. com/x/cover/mzc002006lwzwhz/j00410q1inl. ht-ml), and read news report (http：// ex. chinadaily. com. cn/ exchange/ partners/ 45/rss/   channel/www/columns/2n8e04/stories/WS5e2411b7a310128217272086. html), let students learn something about Beijing－Zhangjiakou high－speed rail, making a comparison with the old one.

Assignments：

1. Work in groups. Read the passage critically and discuss "In which aspect can we sense the author's love for New Orleans？" and then answer the question "What is the spirit of New Orleans？"

2. Write down your memories about an unforgettable place, offering some details or examples to explain why it means a lot to you.

Step 5   Constructing the Project

1. Working in groups to conduct a survey：

a) How would you describe yourself？

b) What was your first experience living independently？ How did you feel about it？

c) Write a report on your interview and make an oral presentation to the class.

d) Compare the old and new Jing－zhang Railway. Take part in Tianyou Cup English Contest series.

四、课程反思

通过学习,学生的学习动力得以激发,思辨能力和文化素养得以提升。学生深入了解和体会了各种人物介绍活动在形式、内容、文体等方面的差异,通过口头形式的自我介绍和文本形式的自传和传记体文章使学生有了更形象、深刻的认知。学生真切感受到国际视野与家国情怀相辅相成的关系,体会到古人建设铁路时伟大的工匠精神,感受到当代中国科技发展的"中国速度",坚定了学生对中国特色社会主义制度的自信、对传统中国文化的自信,对于激励他们争当"新时代铁人铁军"有很好的启发作用。通过单元结束时的调查问卷,我们发现学生对教学中结合的思政案例满意度比较高。

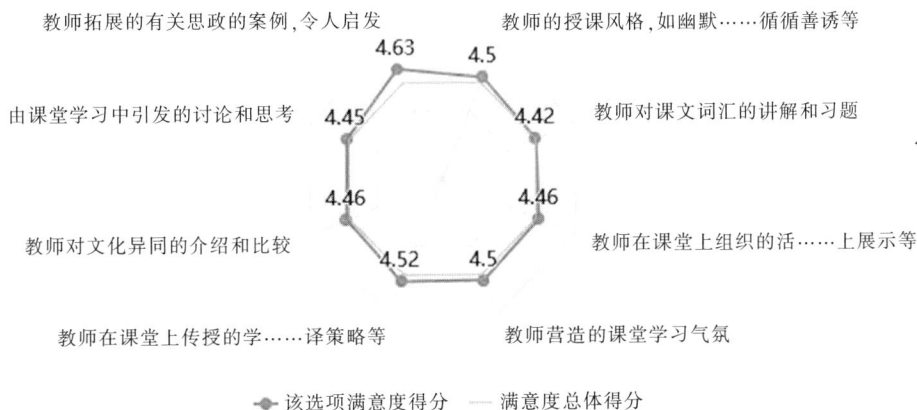

图 2　单元结束时开展的教学效果问卷调查结果

通过在"大学英语"课程中开展课程思政的实践与探索,我们感觉要达到课程思政的良好效果,下面两点尤为重要:首先,提高教师综合素养是基础。教师的人文、学科等各方面的素养可以直接影响学生,决定了教师如何以学生为中心,更好地提升课堂教学质量。其次,挖掘课程思政元素是关键。"大学英语"课程中蕴含丰富的思政元素,比如正确的世界观、职业观、人生观和价值观等各种正能量元素。教师需要做思政的有心人,充分积累、挖掘、引导和渲染课程内容中的思政元素。

"高分子成型加工理论"课程思政教学案例

王少会

一、课程介绍

"高分子成型加工理论"是高分子材料与工程专业的必修课、核心专业课，是高分子专业知识与实际工程应用的桥梁。课程基于"OBE"教学理念，根据"专业知识+实践能力+创新能力"三个层次的教学目标设计，聚焦学生工程素养能力的培养，通过实际工程案例，融合交通特色和最新科研成果，采取"理论+实践""课内+课外""校内+校外""虚拟+现实""线上+线下"的教学模式，实现教学目标。

通过课程专业知识学习，学生完成专题实践，课后总结三层次的教学模式，真正达到内化于心、外化于行的思政教学效果。

本课程的教学内容主要包括三大部分：(1)介绍高分子成型的核心概念及高分子成型加工的基础理论；(2)掌握高分子材料成型前准备工作的内容，包括制品原料的性质、物料配方设计、混合过程及工艺等。(3)掌握主要的高分子材料成型加工设备、工艺和方法，对操作过程中出现的工艺和设备问题能采取相应措施并解决，能结合其他高分子材料学科知识，用于高分子材料制品的应用和制备，为今后从事高分子材料研究和生产打下良好基础。

二、课程目标

知识目标：理解高分子成型加工基本理论，掌握高分子材料成型中的材料特性、设备及加工方法；

能力目标：能够运用所学知识和技能优化原料、设备、参数、配方等的选取或

设定,具备解决高分子材料成型过程中复杂工程问题的实践能力;

思政目标:具备探索未知、追求真理、勇攀科学高峰的责任感和使命感,培养学生良好的职业道德和创新精神。

三、课程思政教学设计举例

1. 思政案例主题

环保意识和社会责任。

2. 授课章节

第二章(第六节)聚合物的成型加工理论:聚合物的降解。

3. 教学内容分析

塑料制品的降解通常需要几十年到几百年的时间。如果塑料制品长期残留在农田里,会影响农作物对水分、养分的吸收,抑制农作物的生长发育,造成农作物的减产;若动物误食塑料制品,会造成消化不良甚至死亡。塑料在海洋里也无处不在,据统计,全世界范围内至少有276种海洋生物遭遇过误食塑料垃圾而导致死亡。本案例通过对塑料降解的机理和塑料降解的方式介绍,使学生掌握塑料的回收利用方式,培养学生的环保意识和社会责任感。

4. 学情分析

高分子材料与工程专业大三学生,具备了一定的专业基础,但专业知识运用能力不足,工程素养欠缺,实践创新能力不够。

5. 课程思政元素融入

通过学习高分子材料的降解机理,使学生了解我国关于可降解高分子材料的法律法规,培养环保意识,增强社会责任感。

6. 教学实施过程

【教学环节1】问题导入。

据官方统计,2021年全球塑料制品用量大约为4.6亿吨,相比20年前翻番。塑料垃圾的数量也几乎翻番,超过3.5亿吨,其中不到10%的塑料垃圾得到回收利用。20世纪50年代以来,人类生产了大约83亿吨塑料制品,其中60%被填埋、焚烧或直接倒入江河湖海。塑料垃圾的数量之多、分布范围之广、影响之大令人震惊。研究显示,在深海鱼体内、在北极海底都发现了塑料颗粒。据估算,塑料垃圾的丢弃每年导致超过 100 万只海鸟和 10 万多头海洋哺乳动物死亡。但我们应该谈"塑"色变吗?

目前,塑料处理方式主要有以下几种,如图 1 所示:

(1)填埋法:填埋法是被广泛用来处理废旧塑料垃圾的传统方式。这种简单直接的物理处理方式存在较大的隐患和危害,例如:增加了土地资源的使用压力;难降解的塑料严重妨碍地下水渗透;塑料中的添加剂造成土地的二次污染。

(2)焚烧:焚烧同样是被广泛使用的塑料垃圾处理方式。以这种方式焚烧塑料垃圾,目前在有些地方代替了烧煤或石油之类产生污染的燃料。不过,焚烧塑料会产生有毒有害气体,如果焚烧炉效率不高,这些废气会进入大气。

(3)再生造粒:再生造粒是物理性回收利用塑料垃圾的方法。大多数可回收的塑料经机械加工分解成颗粒,然后重新制造成塑料产品,如包装材料、座椅或衣物。然而,再生造粒也有局限性,该工艺不适用于塑料薄膜、超薄塑料袋和其他层压塑料,通常这些材料会被送到垃圾填埋场填埋或进行焚烧。

(4)热解法:废旧塑料热解法。这种化学分解方法,是指利用固体废物中有机物的热不稳定性,将其置于热解反应器内受热分解的过程。此项技术可以将废塑料转化为燃料油、天然气、固态燃料等高附加值能源产品。但会消耗大量热能并产生废气。

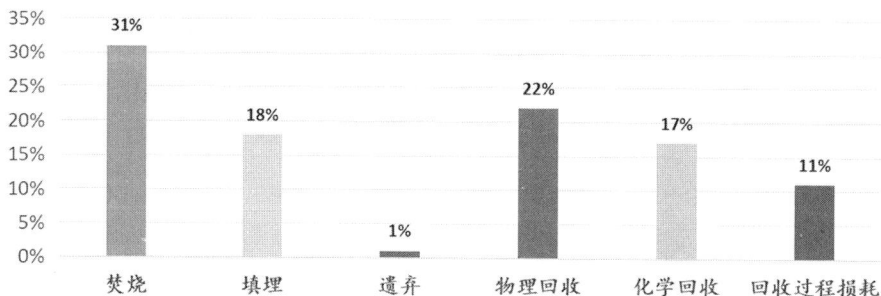

图 1　全球塑料废弃物流向

【教学环节2】知识讲授。

(1)塑料降解机理。

分析塑料降解的微观机理,以聚合物分子链为降解主体,阐述在外界环境下从大分子到小分子的降解过程。

定义:聚合物暴露于氧、水、射线、化学品、污染物质、机械力、昆虫等生物及微生物等环境条件下的大分子链断裂的降解环节被称作环境降解。降解使聚合物分子量减少,聚合物材料物性减少,直至聚合物材料缺失可应用性,这种现象也被称作聚合物材料的老化降解。

(2)案例分析。

以常见的可降解塑料袋为例,对降解时间的推移、塑料袋降解时呈现的宏观过程进行分析,并结合上述的微观降解机理进行介绍。

(3)可降解塑料分类。

根据来源分类:可降解塑料分为生物基可降解塑料和石油基可降解塑料。生物基可降解塑料是以生物质为原料生产的塑料,能减少对石油等传统能源的消耗,主要包括PLA、PHA、PGA等。石油基可降解塑料是以化石能源为原料生产的塑料,主要包括PBS、PBAT、PCL等。

根据降解方式分类,可降解塑料分为生物降解塑料、光降解塑料、光/生物降解塑料、水降解塑料四大类。在自然环境下,塑料无法快速降解。在通常情况下,塑料降解需要一定的降解动力源。

【教学环节3】问题引申。

高分子加工过程中是否存在降解?有利还是有弊?塑料降解包括热、光催化、氧、化学介质、机械力等方面。在高分子加工过程中,常见有热、氧、机械力同时作用。高分子在加工时,降解过程即分子量降低过程,力学性能下降,流动性增加,有利于加工。因此,在加工过程中,需要避免过热,并通过抽真空去除氧气等方法,防止高分子材料过度降解,发生焦化等严重降解现象。

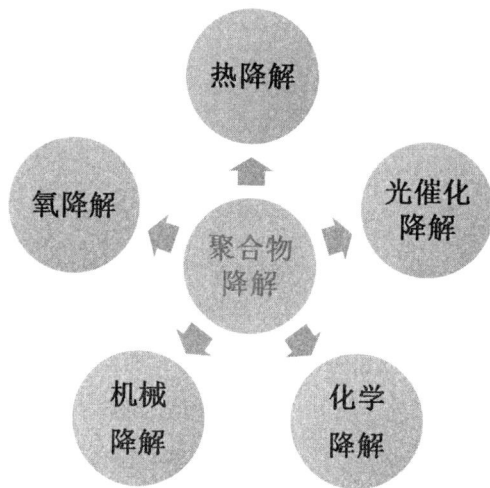

图 2   塑料降解动力源

为了加深学生对课程知识体系的理解,尤其是培养学生的环保意识,应基于高分子成型加工理论课程,创建"双创"团队,向广大师生介绍高分子材料的降解性能,并号召全体师生增强环保意识。

【课程思政】环保意识、社会责任。

切实增强做好生态环境保护工作的责任感、使命感;深刻把握"绿水青山就是金山银山"的重要发展理念,坚定不移走生态优先、绿色发展的新道路。作为高分子材料与工程专业的大学生,更应该做好表率,少用一次性塑料打包盒,重复利用塑料制品,加强垃圾分类,做好塑料回收利用的宣传。

四、课程反思

(1)国家在行动:生态文明建设是关系中华民族永续发展的根本大计。中华民族向来尊重自然、热爱自然,绵延 5000 多年的中华文明孕育着丰富的生态文化。生态兴则文明兴,生态衰则文明衰。党的十八大以来,我们开展了一系列根本性、开创性、长远性工作,加快推进生态文明顶层设计和制度体系建设,全面推进法治建设,建立并实施中央生态环境保护督察制度,大力推动绿色发展,深入实施大气、水、土壤污染防治三大行动计划,率先发布《中国落实 2030 年可持续发展议程国别方案》,实施《国家应对气候变化规划(2014—2020 年)》,推动生态环境保护发生历史性、转折性、全局性变化。在 2020 年 9 月 22 日,我国在第七十五届联合国大会上向世界承诺:中国将提高国家自主贡献力度,采取更加有力的政策和措施,二氧化碳排放力争于 2030 年前达到峰值,努力争取 2060 年前实现"碳中和"。

(2)从我做起:作为高分子材料专业的学生,我们应该利用专业知识,认真学习可降解材料的生产应用知识,宣传环保、做好环保。努力做到减少使用一次性塑料、垃圾合理分类、使用可降解塑料等,将低碳生活进行到底,做一个有社会责任感的当代大学生。

"审计学"课程思政教学案例

王 芸

一、课程介绍

"审计学"为会计学专业的专业核心课程,是培养学生专业知识、专业技能和职业素养的重要载体。课程以培养具有"中国心"的复合型、应用型、国际型、创新型与数智化("一心四型一化")高素质会计人才为指引,在审计专业知识和理论的传授中,注重价值引领和职业素养的培养,充分利用案例教学、红色走读等课内外教学活动,不断提高学生的审计质疑思辨和实操运用能力。

课程教学内容总体上由两部分组成:(1)审计学原理部分,重点介绍审计的基本概念、基本原理及理论框架,了解国内外注册会计师执业准则、职业规范、审计人员的法律责任及发展现状,掌握审计证据、审计重要性、审计风险评估、审计风险应对、审计抽样等重要知识点;(2)财务报表审计部分,立足审计实务,以风险评估与应对为主线,掌握基本审计技术、审计流程在销售与收款循环、采购与付款循环、生产与仓储循环和投资与筹资循环审计中的应用,能准确熟练地运用职业判断,出具恰当的审计意见。

二、课程目标

知识目标:熟悉审计理念、业务逻辑和审计流程,掌握审计方法和审计技术,能对实务中的审计风险进行合理评估和有效应对。

能力目标:培养学生能查会审的能力,审计风险识别与应对能力,审计工作协调和沟通能力,不断提升学生分析和识别复杂问题的批判性思维能力。

课程思政目标:培养学生的家国情怀、爱国精神、社会责任和职业道德,树立正确的审计职业观,强化责任担当,为市场经济健康发展保驾护航。

三、课程思政教学设计举例

（一）思政案例主题

运用内部控制五要素解读安源工人运动时期贪腐问题的治理举措。

（二）授课章节

第七章"审计风险评估"第三节"了解被审计单位及其环境"。

（三）教学重点

(1)了解被审计单位及其环境的重要性与具体内容;

(2)内部控制五要素及其应用。

（四）教学方法

案例教学法;讨论式教学法;启发式教学法。

（五）教学内容与实施过程

1.课堂前测

为什么了解被审计单位及其环境一定要了解被审计单位的内部控制? 内部控制在防范和抑制企业财务舞弊中有何重要作用?

2.课程引入

(1)案例导入。

每次去萍乡参观安源路矿工人运动纪念馆,我都会特别去另一小院,认真参观安源工人运动时期廉政建设陈列馆,馆中陈列的件件文物吸引我驻足停留,思考安源工人运动期间公共资金管理中的经验与教训。

①安源是中国工人运动的策源地之一。

"少年进炭棚,老来背竹筒;病了赶你走,死了不如狗。"寥寥数语就勾勒出当时安源煤矿工人真实的工作生活状态。有压迫就有反抗,1901 年至 1919 年,忍无可忍的矿工们先后进行过七次较大规模的自发斗争,但都因组织不力而以失败告终。1922 年 2 月,中国共产党在全国产业工人中的第一个支部——中共安源路矿支部成立,同年 5 月 1 日,安源路矿工人俱乐部(以下简称"俱乐部")成立。1922 年 9 月 14 日至 9 月 18 日,在毛泽东、刘少奇、李立三等老一辈革命家精心策划和组织下,震惊中外的安源路矿工人大罢工爆发并取得胜利,开了中国共产党领导工人运动的胜利先河。

②有权力就有腐败,任何权力都面临被腐蚀的危险。

大罢工的胜利使安源路矿当局同意每月支付给俱乐部津贴费,同时,俱乐部迅速壮大,成员一度从 700 多人增长到 1.3 万多人,上缴的部员费急剧增加,"安源路矿工人消费合作社""俱乐部演讲大楼"等内部机构和场所相继设立。这样一来,俱乐部日渐庞大,常设办事机构主任团的权力也越来越大,又有了一定数额的资金,逐渐出现了官僚习气渐盛、管理失职混乱、侵吞挪用公款等腐败现象。

③治理腐败的关键就是加强对权力的管控。

安源路矿工人俱乐部相继在刘少奇、毛泽民、朱少连等老一辈无产阶级革命家的领导和主持下,从 1923 年 7 月开始,至 1924 年底,集中开展了一系列整顿与惩处相结合的反腐倡廉工作,腐败问题得到有效治理。1923 年 4 月至 1925 年春,安源工运出现了长达两年的全盛发展时期,到 1924 年底,安源工人党员人数发展到 198 人,占全国党员总数 994 人的近五分之一。

(2)问题导入。

内部控制及其理论产生与发展的根源是什么? 内部控制五要素的具体内容是什么? 从安源工运时期贪腐问题的治理举措中可见到哪些内部控制要素? 从中能得到哪些启示?

3.课堂知识点讲授

(1)内部控制及其理论的产生与发展。

内部控制的实践,可以追溯到远古文明时期对公共资金的管理,并在古埃及、古希腊、古罗马的历史上均有发现,中国在《周礼》中也有记述。内部控制是一种古老的管理思想,例如:古罗马对会计实行双人记账制;我国西周为了加强财政收支而实行较为成熟的内部牵制制度,包括分权控制方法、九府出纳制度、交互考核制度等。

内部控制理论的发展阶段可归纳为:内部牵制——内部控制制度——内部控制结构完善——内部控制整体框架——全面风险管理。

其中以 1992 年美国反虚假财务报告委员会下属的发起人组织委员会(The Committee of Sponsoring Organizations of the Treadway Commission, 简称 COSO)发

布的《COSO 内部控制框架》得到广泛的认可。

（2）内部控制五要素。

COSO 提出的内部控制五要素具体见下图 1 所示：

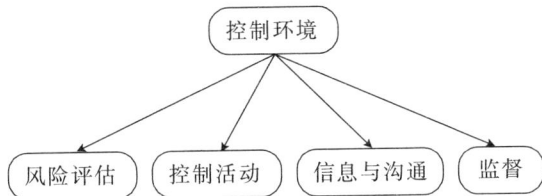

图 1　内部控制五要素

其中：

①控制环境：由职业道德与企业文化、治理结构、管理理念与经营风险、机构设置、责权分配、内部审计、人力资源政策与措施等组成，是其他风险管理要素的基础。

②风险评估：识别与评估影响企业可持续发展的内外部不利因素及其发生的可能性。

③控制活动：确保管理层的风险应对得到有效执行的具体措施，包括不相容职务分离控制、授权审批控制（一般授权/特别授权）、会计系统控制、资产与记录保护控制、预算控制、运营分析控制和业绩考评控制。

④信息与沟通：通过信息收集与信息传递，确保信息在企业内部、企业与外部之间进行有效沟通，企业应建立反舞弊机构。

⑤监督：通过定期与不定期的监督活动，确保所有的控制措施在企业得到有效执行。

内部控制五要素是一个体系，五要素相互影响。其中：控制环境是氛围、是基础，影响其他要素作用的发挥；控制体系充分体现以风险为导向；控制活动是关键；监督是制度得以有效执行的保障。

2008 年 6 月 28 日，财政部、证监会、审计署、银监会、保监会联合发布了我国第一部《企业内部控制基本规范》，也充分借鉴了 COSO 内部控制五要素思想，明确企业内部控制的目标是保证组织、企业可持续发展。

（3）运用内部控制五要素解读安源工运时期反腐的治理举措。

综合运用启发式教学、引导式教学方法,引导学生将治理的具体举措与五要素进行对比归纳,可得到如下结果:

——控制环境:初心是引导劳工求解放,开展批评和自我批评,严肃党内政治生活;

——风险评估:贪腐行为,以权谋私,会损害大众利益,而人心向背关系党的生死存亡;

——控制活动:强调权力制衡,用制度管权管人管事,制定了《安源路矿工人俱乐部总章》,出台了各项经济管理、经济运行的具体管理规定;

——信息沟通:将权力放在阳光下,俱乐部的工作实行报告制和公开制度;

——审计监督:俱乐部加强对内部各部门和合作社经济账目的检查和清理,及时发现并解决问题。检查和清理向内,信息公开公示向外,双向举措保障了监督作用的有效发挥。

(4)内部控制理论实践的总结。

第一,内部控制是组织与企业可持续发展的强有力保障,良好的制度设计有助于关口前置,防患于未然;

第二,权力制衡、内部牵制是内部控制最朴素的思想;

第三,审计监督是确保制度有效运行及评价运行效果的强有力工具。

四、课程反思

通过本教学单元的教学,让学生在了解内部控制理论的基础上,重点分析了共产党人在处理安源路矿工人俱乐部贪腐问题上的治理举措,通过专业授课+党史教育的有机融合,实现了专业知识传授与价值塑造的有效结合。引导学生对本案例进行延伸思考:

(1)中国共产党人的初心:为中国人民谋幸福,为中华民族谋复兴。"江山就是人民,人民就是江山""得民心者得天下,失民心者失天下"。

(2)腐败是党面临的最大危险,中国共产党反腐败的态度一以贯之,有贪必反,有腐必反。不断进行自我革命,直面问题、勇于解决问题,是中国共产党区别于其他政党最显著的标志,是中国共产党不断从胜利走向新的胜利的关键所在。

（3）20世纪20年代治理贪腐的举措体现的是中国共产党人高超的红色管理理念。百年来党在不同历史时期成功应对各种风险挑战的丰富经验，是提高治国理政能力和水平的丰富宝藏，需要我们不断去学习、总结与应用。这也是党史学习的现实意义之一，坚定走中国式现代化，坚定"四个自信"。

学生通过本教学单元的学习，反响热烈，"专业+党史"的课程内容设计，深受学生喜爱，学生的课堂参与度很高，大家各抒己见，畅所欲言。在未来的审计学教学中应将红色走读引入课程教学，充分利用江西省丰富的红色资源，深度挖掘专业课程中蕴含的思政元素，设计更多、更好的教学案例，使课程教学能更好地服务教书育人的目的。

"土木工程制图 I"课程思政教学案例

温清清

一、课程介绍

"土木工程制图 I"是土木类各专业一年级学生在第一学期必修的一门学科基础课。主要研究图示图解空间几何问题,为绘制和阅读土木工程图样提供理论和方法。本课程的目标和任务是掌握正投影法的基本理论及其工程应用,培养空间思维能力、形体表达能力和空间构形能力,为后续学习土木工程图样的绘制和阅读方法打下良好基础。

二、课程教学设计

本课程持续贯彻"以学生为中心"的教学理念,深入挖掘课程思政元素,针对"土木工程制图 I"课程当前的教学现状,紧密结合工程行业社会需求,不断优化课程教学内容、教学方法及教学模式,完善课程评价体系,旨在激发学生的学习热情,培养学生的正确价值观,提升教学质量,有效培养专业所需人才。课程融入思政,充分发挥中国大学 MOOC、腾讯会议及腾讯 QQ 平台优势,开展"多平台协同"的线上教学;结合线下教学与线上教学优势,构建"双线融合"教学模式。

1. "双线融合+多平台协同"教学

(1)线下教学+腾讯会议平台:课中"主战场"。线下教学中增设课堂教学腾讯会议同步直播,并且开启云录制。其中,课堂的面对面教学依然适用于绝大部分在校学生;课堂教学腾讯会议同步直播可使少部分因特殊原因未能到教室的学生同步学习;而云录制教学视频则可兼顾极少数未能参与线下课堂又无法参加线上同步学习的学生,同时也为所有学生课后复习巩固提供保障。教学过程中可充分利用现场交流、多人语音、多人视频等方式,实时进行课堂互动、提问,提升课堂参与度,激发学习积极性。

（2）线下教学+MOOC 平台:贯穿课前、课中、课后。学生通过自行观看工程制图教研室于中国大学 MOOC 平台上线的在线开放课程"工程制图基础"教学视频,完成课前自主学习和课后复习。线下课堂教学过程中同步开启 MOOC 提供的慕课堂智慧教学工具,实现慕课堂"上课签到",及时发现缺课学生;发布课堂练习,通过慕课堂随机点名或学生集体在手机端作答,现场呈现答题准确率,及时向学生反馈学习情况。此外,通过 MOOC 发布课外练习,及时督促学生进行课后巩固。

（3）线下交流答疑+腾讯 QQ 平台:保障课前、课后。充分利用本门课程 QQ

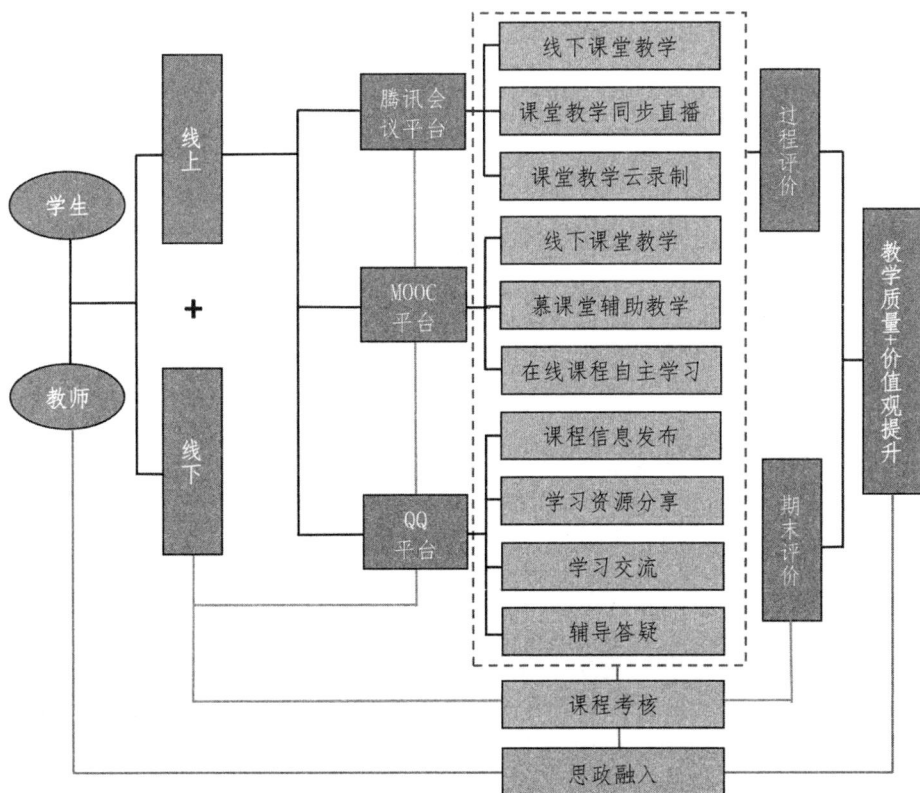

图 1　教学模式设计

学习群,教师课前发布课程任务、推送学习资源,课后分享课堂云录制视频。此外,教师通过线下和QQ群与学生互动交流、提供辅导答疑,学生给予反馈评价。

"双线融合+多平台协同"的教学模式,能够加强师生互动、生生互动,引导学生自主学习,全方位保障教学实施,提升教学质量。

2. 课程评价体系完善

传统的"土木工程制图Ⅰ"课程评价注重对结果的考核,对过程的评价存在缺失,容易造成部分学生形成"平时不学、考前突击"的不良循环。而"双线"融合教学模式下,该现象可被打破,多平台协同教学可记录和监督学生的实时学习动态并作出评价,这种实时的评价即为过程评价。同时,为保证线上、线下学习效果,实施"双2+3"考核机制。"双"即两个50%,线上、线下各占总评成绩的50%。线上"2+3",即线上任务点的学习表现占总评成绩的20%,线上测试占总评成绩的30%。线下"2+3":学生的课堂表现为平时成绩,占总评成绩的20%,期末考试成绩占总评成绩的30%。

3. 思政融入

教师深入挖掘课程蕴含的思政元素,围绕交通强国战略需求,结合工程案例背景,将思政元素与专业学习有机融合,引导学生积极思考、乐于实践,培养学生多角度看待事物的能力,培养严谨和认真负责的工作作风,树立大局观,并激发学生建设交通强国的家国情怀。

三、课程教学案例

1. 授课内容

组合体投影图的画法。

2. 教学目标

(1)知识与技能目标:能够了解组合体的概念,掌握绘制组合体三面投影的方法和基本思路,培养学生的工程意识和标准化意识;(2)过程与方法目标:使学生在学习过程中学会自主学习、探究学习与合作学习;(3)情感态度与价值观目标:引导学生积极思考、乐于实践,培养学生多角度看待事物,培养严谨和认真负责的工作作风,树立大局观,并激发学生建设交通强国的家国情怀。

3. 教学重点

画图的要领、方法和步骤。

4. 教学难点

正面投影图的方向选择,画图基准的确定。

5. 主要教学过程设计

"双线融合+多平台协同"教学。

(1)课前:①完成上次课布置的作业。②在中国大学 MOOC 上自主学习"组合体投影图的画法"这一节的教学视频。③完成上次课布置的课后讨论题:观察以下三个形体,分析它们分别是由哪些基本立体通过什么样的方式得到的?

(2)课中:①开启腾讯会议直播及视频云录制、慕课堂签到。②简要回顾前面所学的立体投影相关知识,为组合体的投影学习作铺垫。③课堂讨论:观察给出的三个形体,分析它们分别是由哪些基本立体通过什么样的方式得到(先通过慕课堂随机点名抽取学生回答,再播放形体组合过程动画,展开讨论)的。通过讨论引入组合体的定义及其组合方式,引导学生积极思考、了解组合体的概念、学会自主学习和探究学习。④课堂提问:形体间的表面连接关系(慕课堂随机点名抽取学生回答)。教师提问:仔细观察形体表面连接位置处,与之相应的投影位置处是否需要画线? 总结:表面平齐不画线,不平齐画线;相切处不画线,相交处画线。以此引导学生积极思考、学会探究学习、掌握表面连接关系处理方法。⑤案例导入:交通强国,铁路先行。将国家的交通强国战略与铁路相联系,结合我校轨道交通的特色背景,导入铁路中的某一涵洞案例,并从中抽象提取出模型——组合体(见图 2)。由此引导学生理论联系实际,强化责任担当意识,激发学生建设交通强国的家国情怀。⑥形体分析:讲解形体分析法(讨论:该组合体可分解为哪些基本立体),引导学生采用形体分析法对组合体进行分解,掌握分析方法。⑦选择视图:确认摆放位置,选择正面投影(慕课堂+课堂讨论),如图 3 所示。学生从手机端进入慕课堂练习,选择自己认为最适合的正面投影,现场呈现各个选项的人数比例,针对慕课堂选项结果,教师引导学生进行讨论和对比分析,得出结论:选择 A 方向作为正面投影。由此引导学生多角度思考问题。⑧画三面投影:选基准,依次绘制各组成部分的三面投影,并处理表面连接关系(教师讲解+课堂讨论)。由该过程引导学生学会合作式学习,掌握画组合体三面投影的方法和基本思路,培养工程意识和标准化意识,培养学生严谨和认真负责的工作作风。⑨归纳和总结:教师引导学生对本次课内容进行归纳和总结,进一步巩固所学知识。⑩课后思考:本次课我们学习了如何绘制组合体的三面投影,反过来,给出下列一组三面投影,如何通过读图还原出相应的组合体? 课后小组讨论:还原出的组合体是从实际中的什么结构抽象提取得到的?

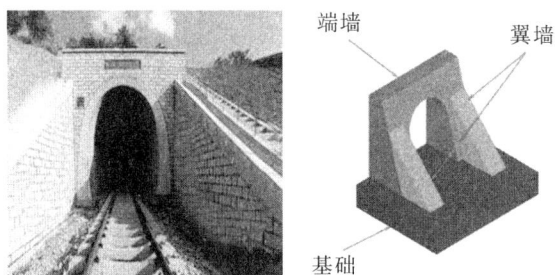

图 2　组合体案例

1.单选(2 分)

仔细观察和对比以下四个选项,选出你认为最适合作为该组合体正面投影的视图(　　　)

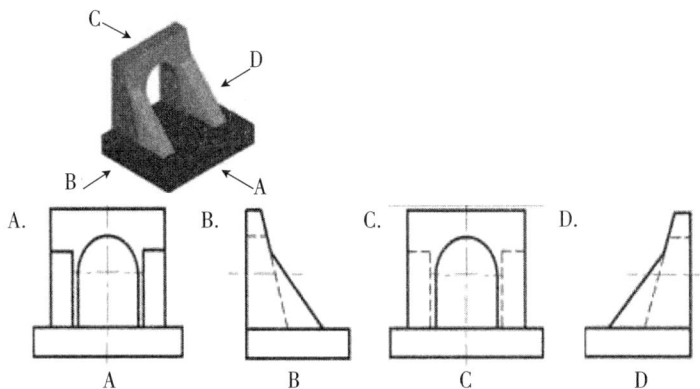

图 3　选择视图

(3)课后:①QQ 平台:教师在群内发布课后作业、腾讯会议云录制视频、"组合体投影图的阅读"学习资源链接,为学生提供辅导答疑;学生获取群内信息资源,交流学习。②MOOC 平台:教师完善 MOOC 线上课程资源建设,丰富慕课堂教学设计;学生自主学习"组合体投影图的阅读"这一节教学视频。③线下:教师批改作业,辅导答疑,对课堂进行归纳总结,及时改进教学设计与教学方法;学生完成课后作业与课后思考讨论题。

四、课程反思

自 2018 年从教以来,本人不断从课堂实践中积累教学经验,持续向周围及同行优秀教师学习,积极参与教学竞赛。在此过程中,不断总结和完善本门课程教学设计、创新和改进教学方法、深入推进课堂教学改革。先后在 2020 级土木工程(留学生)专业的"工程制图基础 B(留学生)",2021 级土木工程专业的"土木工程制图",2021 级交通运输(留学生)专业的"工程制图基础 A(留学生)",2022 级高速铁路、道路桥梁和铁道运营专业的"工程制图"以及 2020 级会计(CMA)专业的"工程识图"课程教学中进行了教学改革实践,结果表明:课堂活跃度有了明显提高,学生对工程制图的学习兴趣被进一步激发,整体取得了较好的教学效果。2020 级土木工程(留学生)专业的学生多次给予反馈与评价,表示该课程的教学模式和方法较好,能够激发他本人对于本门课程的学习兴趣,且能够掌握课程的学习内容。2021 级交通运输工程(留学生)专业的学生也多次表示该课程的教学具有趣味性,能够激发学生的学习兴趣,最直观的感受就是下课的铃声总是来得比想象中快很多。

分析和总结本课程的教学现状,还存在以下两点需要改进:

第一,要进一步深入挖掘和丰富本课程思政元素和案例。土木工程制图课程的授课对象不仅有土木类专业的学生,还有给排水、环境、建环等专业的学生,而当前的教学以结合土木类专业背景为主,未来应针对不同的专业特点,深入挖掘与之紧密相关的案例,做到思政融合专业层面的因材施教。

第二,学生之间存在的个体差异不能忽视,未来应进一步细化教学设计,实现教学模式和教学手段的多样化,做到学生个体层面的因材施教。

"交通运输概论"课程思政教学案例

徐玉萍

一、课程介绍

"交通运输概论"为面向交通类院校所有专业开设的公共基础课程,以培养学生树立交通意识、了解交通科技与文化、浸润交通精神与情怀为目的,使不同专业的同学都能了解交通、参与交通、研究交通。课程聚焦学生综合能力的培养,包括认知能力、创新能力和职业能力等;针对铁路、道路、水路、航空、管道及综合运输系统的不同特点,通俗、具体地讲解其中的专业原理及实践应用,充分融合多类型思政案例,设计课前、课中、课后教学活动或任务,实现全方位融入"思政"的教学过程。

二、课程目标

课程按照"价值引领+专业培养+案例思政"一体的原则,确定"讲好交通故事,助力交通强国"等思政教育目标,挖掘我国交通发展过程中的优秀案例,培养学生科学求实、敢为人先的奋斗精神及攻坚克难、刻苦钻研的工程素养,为我国培育更多忠诚祖国、勇于奋斗、锐意进取的交通一线工作者。

三、课程思政教学设计举例

（一）案例主题

了不起的"英雄机长",了不起的中国力量!

（二）章节结合

"交通运输概论"航空篇——客舱安全与服务。

（三）案例意义

本案例重点介绍四川航空公司 3U8633 航班"5·14"事件全过程及英雄机长刘传健的相关经历,使学生明确机长、乘务人员及乘客在乘机时的正确行为及相关职责;作为未来交通领域的工作者,培养学生在面对险情时应做到坚守职业操守,肩负社会责任,为学生树立正确的人生观、价值观、职业观;以英雄机长刘传健的真实成长经历引导学生认识到在专业领域练就一身真本领的重要性,同时要不惧困难、踏实肯干,只有平时多流汗,才能在危急关头做出正确的判断,保护人民的生命财产安全。

（四）案例概况

1.案例描述

2018 年 5 月 14 日,搭载 119 名乘客的四川航空公司 3U8633 航班由重庆飞往拉萨。飞行半小时后,航班进入成都区域巡航阶段。突然,在没有任何征兆的情况下,驾驶舱右座前风挡玻璃破裂并脱落(图 1),这让曾担任多年空军第二飞行学院教员的机长刘传健顿时心里一惊。舱内瞬间失压,驾驶舱物品全都飞了起来,许多设备出现故障,坐在副驾驶位的徐瑞辰瞬间被强风"吸住",半个身子探出了飞机。此时刘传健面对的是极端的低温、剧烈的震动、瞬间低压带来的不适,以及巨大的噪声。同样承受着巨大压力的,还有客舱的乘务组。面对飞机突然的变化,乘务员并没有表现出慌乱,只是反复说:"请大家在原位上坐好,戴好氧气面罩,请相信我们,我们有信心有能力带大家备降地面。"此时此刻,四川3U8633 航班的乘务员展现出了自身极强的心理素质和专业素养,危机面前,对其他机组人员给予了足够的信任。幸运的是,机长刘传健没有辜负这份信任。飞行此航线超过 100 次的他凭借全人工操作,为避免整个机组进一步受到伤害,分两次采取了减速迫降。在其他自动设备都不能提供帮助的情况下,完全凭手动和目视,靠毅力掌握方向杆,完成了返航迫降。最终,飞机于 2018 年 5 月 14日 7 时 46 分安全备降成都双流机场,所有乘客平安落地。

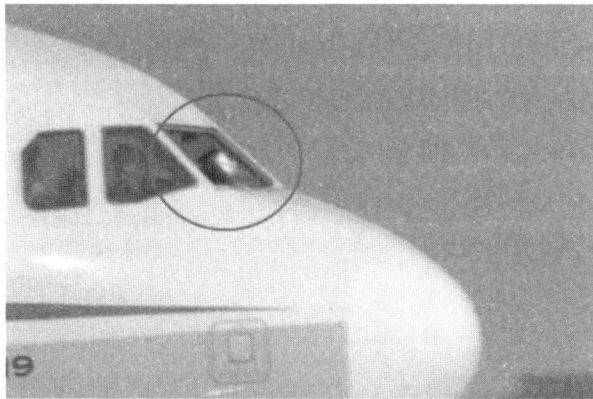

图 1   川航 3U8633 航班驾驶舱玻璃破裂

2. 教学目标

（1）通过《中国机长》电影原型——刘传健的案例，由表及里地发散出不同的思政情景，使学生在一个个客观现实面前思考"假如你是 3U8633 航班机组人员，在险情面前你会怎么做""怎样理解英雄精神""成功化解险情的背后是什么"等问题，将学生带入"刘传健"的第一视角，在无形之中激发出学生在危急关头应表现出来的强烈的社会责任感及忠于职守的职业道德。

（2）通过讲解"英雄机组"背后的真实训练经历，使学生明白成功处置危险绝非偶然，这与他们良好的专业素养和精湛的业务水平息息相关。平时多流汗，战时才能少流血。教育学生要不惧困难、踏实肯干，只有踏实做好每件小事，才能在危急关头做出正确的判断。

（3）通过"英雄机组"背后的英雄精神引申出更多在交通领域平凡岗位上做出不凡业绩的"英雄们"，使学生理解伟大出自平凡，英雄来自人民。弘扬英雄精神，就是要把非凡的英雄精神体现在平凡的工作岗位上，体现在对人民生命安全高度负责的责任意识上。为学生树立正确的职业观，为党为国培养社会主义合格建设者和可靠接班人。

3. 教学方法

本案例教学采用案例分析、问题导入、影视情景导入、课堂讨论及情景模拟相结合的方式。

4.教学实施过程

（1）案例导入+人物介绍。

通过播放《中国机长》电影片段、"5·14"事件纪录片、《感动中国·刘传健》获奖片段等相关音频资料，吸引学生的学习兴趣，提高学生的课堂注意力。并利用相关新闻报道及图片导入重点人物"英雄机长"——刘传健（图2），介绍3U8633航班机组人员事迹及所获荣誉。

图2　英雄机长——刘传健

（2）小组讨论+情景模拟。

通过影视作品片段了解"5·14"事件的全过程，使学生身临其境地感受险情发生时的机上状况。介绍机组成员及其职责，将学生分为五类角色：机长、副驾驶员、乘务长、乘务员及乘客，给予学生3—5分钟的时间讨论并思考："假如你是机长/副驾驶员/乘务长/乘务员/乘客，当险情发生时，你会如何做？"在学生讨论结束后，每小组分别派出代表发言，模拟险情发生时的情景并说出作为某一角色此时心中的想法，发言结束后结合章节知识——"客舱安全与服务"进行评价并总结归纳出不同角色的不同心理状态，侧面展现出机组成员在面临特殊情况时的沉着冷静、勇敢精神及精湛的专业技能，自然引出第三部分"英雄机组"训练经历。

（3）案例分析+专业启发。

讲述刘传健及机组成员的训练经历，引出"平时多流汗，战时少流血"的思想。1991年，19岁的刘传健光荣入伍，成为一名空军飞行员。1995年的夏天，刘传健迎来了飞行生涯中的一个关键时刻：高教机放单飞。但他的第一次单飞就遇到了油量不足的情况，经过了惊险的操作才得以落地。虽然特情训练过很多次，可第一次单飞就遭遇这种险情，说明在任何一次实际飞行中都有可能出现特情，无法预知。"这次经历让我明白，飞行安全无小事，一个细节的疏漏，就可能断送飞行生涯，甚至自己的生命。"刘传健说。亲历这次事件后，刘传健更加重视飞行生涯中的日常学习和训练，绝不放过飞行中的任何难点和疑点。除维护人员的例行检查外，刘传健的绕机检查更加细致，"能摸得到的地方，我都会多摸一遍，确保飞机不带任何故障或不确定因素上天"。同时刘传健还经常在家模拟极端状况，做缺氧训练，可见在奇迹的背后，都是千锤百炼、日积月累。"我不是天才，我的经验是在每一个航班起降、每一天生产运行中不断积累沉淀下来的，哪怕只有万分之一的最坏可能，它考验的都是你百分之百的日常积累。"刘传健说。通过刘传健的训练经历，使学生明白成功处置险情绝非偶然，这与他孜孜不倦的日常练习和良好的专业素养息息相关。

（4）思考讨论+案例分析。

了解"英雄机组"背后的英雄精神，以"英雄机组"事迹发起课堂讨论——讲述其他平凡岗位上的英雄事迹。

通过对英雄事迹的学习，使学生明确职业不分高低，英雄不论大小，学习英雄事迹，弘扬英雄精神，就是要把非凡英雄精神体现在平凡工作岗位上，体现在对人民生命安全高度负责的责任意识上。

5.教学效果

通过对"5·14"事件全过程的讲解及情境角色扮演，使学生充分理解了"英雄机组"的担当精神、责任意识、勇敢精神，理解机组成员在面对险情时的强烈的责任意识与严谨的工作作风，这与他们忠诚担当、忠于职守的政治品格和职业操守息息相关；通过介绍"英雄机组"的训练经历，使学生将忠于职守、严谨工作、技能精湛的职业观内化于心、外化于行，理解机组成员能够成功处置险情绝非偶然，这与他们良好的专业素养与精湛的业务水平息息相关；由"英雄机组"

引申出其背后的英雄精神,将不忘初心、恪尽职守、爱岗敬业的英雄精神润物细无声地传递给学生,使学生明白伟大出自平凡,英雄来自人民,把每一项平凡工作做好就是不平凡。

四、课程反思

本教学案例采用以学生为中心,以职业观教育为导向的理念,通过介绍《中国机长》原型刘传健及其所在的英雄机组的案例,引出民航应急事故处理的相关知识,将真实的案例全方位地展示在学生面前,同时将忠于职守、严谨工作、临危不乱、不惧困难的职业观内化于心、外化于行;将不忘初心、恪尽职守、爱岗敬业的英雄精神润物细无声地传递给学生,进而为我国培育更多忠诚祖国、勇于奋斗、舍身为民的交通一线工作者。

"物理化学"课程思政教学案例

杨小敏

一、课程简介

"物理化学"是物理学与化学最早相互交叉渗透的一门学科,被称为"化学的灵魂"。本课程是我校高分子材料与工程、给排水科学与工程、环境工程等非化学化工类专业必修的学科基础课。课程主要是运用物理和数学的有关理论与方法,从物理现象与化学现象的联系入手,研究物质化学运动的普遍规律。本课程具有理论性强、公式和定律多且应用条件苛刻等特点,对于绝大多数学习者来说"物理化学"是一块难啃的"硬骨头",一直被公认为是"教师最难教、学生最难学"的课程。

围绕学校"交通特色,轨道核心"的办学定位,按照工程认证的要求,课程从"新"(不断更新融入新的前沿热点案例)+"活"(打造符合新时代大学生的教学案例)+"力"(用多种教育技术手段保证学生要出力才能学好)三个角度不断提升教学效果。

二、课程目标

(1)能够掌握物理化学中的热力学、多组分系统和相平衡、化学平衡、电化学、化学动力学基础、表面和胶体等基本概念、基本理论和基本知识。

(2)能够综合运用热力学、多组分系统和相平衡、化学平衡、电化学、动力学、表面和胶体等知识进行实验设计,获得知识及用所学知识解决专业领域实际问题的能力。

(3)具备严谨的科学态度和实事求是的精神,具有团队协作精神,提高沟通与交流能力,具有一定的社会责任感和环保意识,理解科学技术在社会发展和环境保护中的作用,认识我国在物理化学领域的成就和贡献,增强民族自豪感。

三、课程思政教学设计举例

1. 案例主题

水之谜,水之秘,水之迷。

2. 授课章节

第三章第五节　水的相图。

3. 章节教学目标

知识目标:能看懂水的相图并进行分析,会解释相图中各相区、线和特殊点所代表的意义和自由度的变化情况。理解水的三相点和冰点的区别。

能力目标:培养学生严谨的逻辑思维能力、分析问题能力、学以致用能力。

素质目标:通过水、二氧化碳相图的学习,激发学生深入了解常见物质的兴趣。

价值目标:通过水的三相点数据的测定,增强学生的民族自豪感,培养学生的家国情怀;践行节约用水从我做起、从点滴做起,强化"只有人人珍惜一滴水,才能处处留得一片春"的共识。

4. 学情分析

在学习本课程之前,学生已经系统地学习了化学热力学和动力学相关的基础知识,对水的化学性质和相变有一定的了解。然而,大多数学生对水的相图缺乏深入的理解,对于其在日常生活(废水处理)和工程中(海水的淡化)的应用也知之甚少。此外,学生对相变的理解可能停留在静态相图上,缺乏对相变动态过程的认识。

针对以上学情,本案例将重点讲解水的相图的基本概念、原理及其在日常生活和工程中的应用,引导学生深入理解水的相变过程,培养学生的实验技能和科学探究能力。同时,结合水的三相点的思政元素,培养学生的家国情怀、责任担当和环保意识,提高其分析问题和解决问题的能力。

5. 思政元素融入

(1)科学精神的培养:在介绍水的三相点时,强调科学家(黄子卿院士)对自然界奥秘的探索精神,以及严谨的实验方法和数据处理态度。引导学生理解水的三相点不仅是理论知识,更是科学研究的基础和实验验证的关键点。

(2)环境保护意识的强化:结合水的三相点,讨论水资源的珍贵性和脆弱性,引导学生认识到水资源的保护和可持续利用的重要性。通过案例分析,介绍水污染的危害和水资源保护的措施,培养学生的环保意识和责任感。

(3)可持续发展理念的融入:探讨水资源的合理利用和可持续发展的关系,引导学生理解可持续发展对于人类社会和生态环境的重要性。结合实例,讨论节能减排、循环经济等理念在水资源管理和利用中的应用,培养学生的创新思维和实践能力。

(4)社会责任感的培养:通过讨论水的三相点在工业、农业、生活等领域的应用,引导学生认识到物理化学知识对于解决社会问题的重要性。鼓励学生关注社会热点问题,如水资源短缺、水危机等,进而培养他们的社会责任感和使命感。

6.教学方法和手段

(1)课堂讲解:通过讲解、图表演示和案例分析等手段,帮助学生理解水的相图的基本概念和原理。

(2)案例教学:通过实验视频演示,让学生直观感受水的相变过程,加深对相图的理解。

(3)小组讨论:引导学生进行小组讨论,探讨水的相图在实际中的应用,提高其分析问题和解决问题的能力。

7.教学实施过程

(1)教学环节 1:问题导入。

通过展示一张冰、水、水蒸气共存的图片,引发学生对水三相变化的思考。简要介绍三相点的概念及其在热力学中的重要性。

水与生命息息相关,和同学们的专业密不可分。大家可能会说,对水我们再了解不过了,事实真的是这样吗? 如果要问:什么是水的相图? 水的三相点是什么? 三相点和冰点有什么不同? 大家还能回答上来吗?

【课程思政】增强学生的水资源忧患意识,强化学生的自觉节水行动,使学生在生活中时刻约束自己的行为,珍视每一滴水。

（2）教学环节2：知识讲授。

详细讲解三相点的定义，水的三相点和冰点的区别，以及水在三相点时的特性。结合PPT展示，介绍三相点在实际应用中的意义，如温度计的校准等。

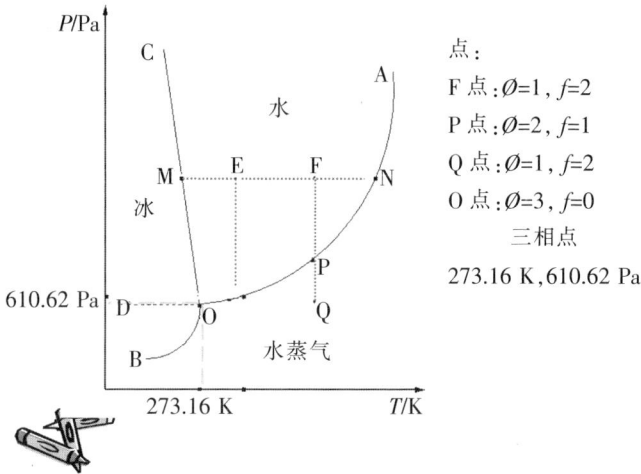

点：
F点：$\varnothing=1, f=2$
P点：$\varnothing=2, f=1$
Q点：$\varnothing=1, f=2$
O点：$\varnothing=3, f=0$
　　三相点
273.16 K, 610.62 Pa

图1　水的三相点

水的三相点和冰点的区别

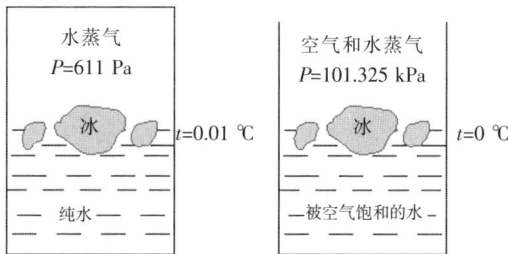

图2　水的三相点和冰点的区别

（3）教学环节3：启发探究。

现场播放三相点实验视频，展示水在三相点时的状态变化。引导学生思考水的三相点的数据是哪位科学家测定的？

【课程思政】通过观看小视频学习我国著名物理化学家黄子卿院士的生平，其在1938年精确测定了水的三相点为0.00980 ℃，这一数据被国际温标会议采纳，定为国际温度标准之一。通过黄子卿院士案例的讲解，培养学生的家国情怀和严谨求实的科学精神，增强学生的民族自豪感，坚定其文化自信。

（4）教学环节4：学生讨论。

①如何获取更多的淡水？海水淡化、废水处理有哪些新的研究进展和成果？

②水的三相点和冰点不同的根本原因是什么？

③黄子卿院士在科学研究方面还有哪些贡献？他曾说："我是中国人，要跟中国共命运。"这对我们有什么启示？

【课程思政】引发学生对"如何通过科学方法获取更多淡水"这一问题的思考，提升学生对给排水专业的认同感，同时激发学生对科学研究的兴趣。引导学生全面了解老一辈科学家的杰出贡献和人格魅力，学习他们在战火纷飞的年代舍小家为大家的责任担当精神和强烈的爱国情怀，并珍惜当下的幸福生活，不负韶华、不负青春。

四、课程反思

0.00980是一个很小的数字，很容易被人忽略。以往的教学中，本小节采用直接向学生展示水的三相点的数据，因为这个知识点就是一个结论、一个来自实验测定且已经被定义成热力学温标的基准点的结果，如同多数物理单位或常量一样，只要求学生记住就可以了，但这样的教学只是在教一个"温度值"，学生感觉不到温度。当我们融入课程思政元素后，从给排水专业关注的核心"水"这一话题出发，通过丰富的思政案例，以及体现我国前辈科学家炽热报国情怀的音视频素材，使学生全方位认识科学的价值，理解"虽然科学无国界，但是科学家是有祖国的"这句话的内涵，进而激发学生科技报国的家国情怀和使命担当，"润物无声"地影响和塑造学生。

"Python 程序设计"课程思政教学案例

尹　燕

一、课程介绍

"Python 程序设计"是软件工程专业的学科基础课程,Python 是一种解释型语言,具有简洁、高效和动态的特点,并且拥有大量功能丰富而强大的标准库和扩展库,广泛应用于数据分析、人工智能、互联网等领域。

课程坚持"做中学"教学理念,采用项目牵引的"计算思维训练"教学方法,开展"课前—课中—课后"混合教学模式的探索:基于问题驱动的探究式教学模式,按"问题—分析—讨论"的过程开展课前教学,提高学生学习主动性;基于思维驱动的研讨式教学模式,按照"问题分析—解决方案—算法设计—知识点解析—问题拓展"过程开展课堂教学,提升学生学习积极性;基于项目驱动的任务式教学模式,按照"需求分析—解决方案—实施—评价"项目实施流程,组建项目团队,开展课后教学,激发学生学习潜能;通过对学生的计算思维训练,提升学生解决复杂工程问题的能力。

本课程以实例驱动理论知识的讲解,系统地介绍了 Python 语言的主要特征和基本语法,主要包括数据类型、流程控制、函数、面向对象、文件操作和 GUI 编程。完成本课程学习,学生能够熟练掌握 Python 的基本知识,加深对程序运行基本原理的认识,理解过程式开发思想和面向对象开发思想各自的特点及区别,提高自主学习的能力,并具备运用编程实现"计算"及解决应用领域复杂工程问题的能力。最终提高程序设计水平和计算机应用能力,从而能胜任企业软件研发以及科研院所的研发任务。

二、课程教学目标

(1)知识目标:掌握 Python 开发环境的安装与配置,掌握 Python 的基本语法、数据类型、算法基础,及面向过程/对象的程序设计方法。

(2)能力目标:能够应用 Python 语言进行基本程序设计、数据处理及数据可视化;能够针对实际工程项目独立进行问题分析、建模、任务分解、方案设计以及程序实现,解决实际复杂工程问题;具备自主学习、辩证思维、文档撰写及沟通表达、团队合作能力。

(3)素质目标:培养学生具有科技报国的家国情怀、新时代的工匠精神以及爱岗敬业的职业素养。

三、课程思政教学设计举例

1.教学内容

Python 文本文件读写和处理。

2.思政主题

家国情怀,时代精神。

3.教学过程

(1)课前(提出问题)。

"词云"就是通过形成"关键词云层"或"关键词渲染",对文本中出现频率较高的"关键词"的视觉上的突出。词云图过滤掉了大量的文本信息,使浏览网页者只要一眼扫过文本就可以领略文本的主旨。

如图1:二十大文字云图(二十大报告词频最高的前33个名词)。

图 1　二十大文字云图

从图中可以看出,"发展""人民""中国""社会主义""国家""现代化""安全""战略""文化""新时代"等词频排序靠前。根据之前学习的文本处理方法,请大家思考:如何获取文本关键词汇,如何统计词频?

(2)课中(采用超星"一平三端"进行课内互动)。

①请讨论一下:日常生活中电脑设备常用的输入输出形式有哪些? 输入输出设备有哪些?

目标:利用"学习通"发布关于读写设备的讨论,并利用其词云工具向学生展示词云的生成。

讲解文件读写基础。文件的读写分三步走:Open、read/write、close。输入一组字符串,将内容写入到文本文件中。

②("做中学")学生跟教师同步完成读写文本(英文文本),按照文本文件读写方法编写程序进行处理,以五角星、党徽为模型,生成对应形状云图。

图 2　五角星模型　　图 3　党徽模型

【思政元素】

红色五角星:红色五角星通常是共产主义和社会主义的象征性标志。红色五角星是一个整体红色、没有内接五角形的五角星。

党徽:中国共产党党徽为镰刀和锤头组成的图案,图案为金黄色。锤头、镰刀代表工人和农民的劳动工具,象征着中国共产党是中国工人阶级的先锋队,代表着工人阶级和广大人民群众的根本利益。黄色象征光明。

思政元素分析:目光所至皆为华夏,五星闪耀皆为信仰。鲜红的党员徽章戴在胸前,在最靠近心脏的位置,这是提醒我们要不忘初心、牢记使命。尊重党徽党旗,彰显爱国情怀。让我们继续听党话、感党恩、跟党走,厚植爱党爱国爱人民的炽热情怀,用实际行动谱写"十四五"新篇章。

完成效果如图4、图5所示:

图4 五角星状云图   图5 党徽状云图

(3)课后(延伸)。

任务:利用课堂学习代码,以《习近平在纪念五四运动100周年大会上的讲话》为文本,进行词云分析,生成相应词云。通过词云关键词领会文中的核心思想。

拓展内容:①学会使用 PIP 下载安装第三方库。②文件读写访问,了解文件路径。③扩展:利用 Jieba 分词包,完成中文词云生成图(课内讲解的是英文词云)。

思政元素分析:通过对《习近平在纪念五四运动100周年大会上的讲话》的

词云绘制,讲话中的高频词汇以更大、更醒目的方式显示出来,并采用五角星,党徽作为词云绘制的背景图片。对讲话文件的直观解读,让新时代中国青年积极拥抱新时代、奋进新时代,让青春在为祖国、为人民、为民族、为人类的奉献中焕发出更加绚丽的光彩! 同时,这些积极向上、充满正能量的内容在课堂上频繁出现,可以培养学生的爱国主义思想。

图 6   以《习近平在纪念五四运动 100 周年大会上的讲话》为文本生成的词元图(中文)

四、教学反思

在全国范围内开展思政教育的大背景下,实现思政教学在计算机专业课程中的基因式融入,对发挥思想政治课程与专业课程的协同育人作用有着重要意义。本课程内容生动,融入了图形展示;课堂内采用"做中学",学生及时展示自己的成果。这既能通过图形给学生视觉效果,使学生了解这些图形代表的含义,又能让学生利用 Python 语言展示自己的成果,课堂效果较好。课后延展让学生读《习近平在纪念五四运动 100 周年大会上的讲话》或相关文件,并用词云展示,既能让学生课后去读这些文件,了解背后的意义,凝练关键字;同时也能让学生掌握 Python 中英文和中文分词的区别,中文分词需要借助第三方工具先进行分词处理,再生成词云。可让学生课后自主学习第三方工具,利用第三方文件拓展自己的知识面,这也有利于培养学生的自主学习能力。

本教学案例将思政元素有机融入课程教学,使得程序设计类课程中思政内容的讲授变得更加自然,具有较好的参考价值。

"财务会计与税法原则"课程思政教学案例

于海燕

一、课程介绍

"财务会计与税法原则"（Financial accounting and tax principles）是会计（国际会计方向）专业的核心课程。授课对象为大学二年级会计学专业（国际会计方向）学生。

本案例中涉及的主要知识点包括：税收征管的方式、个人所得税税目及税率的选择、税收征管的研究现状及动态。

二、课程目标

通过讲授和案例讨论，使同学们基本掌握电商直播税收及其征管的风险和相关内容，能辩证地看待税收信息的透明度和电商直播税收征管漏洞问题。能基于给定的材料独立思考、辩证思维，大部分同学能在讨论中有效沟通和表达。通过本节课的学习，同学们的守法和诚信意识、社会责任感以及职业判断能力得到进一步的强化。

三、课程思政教学设计举例

（一）思政主题

法律亮剑，既不会"微"，也不会"哑"——从网红逃税案看直播电商行业的税收征管。

（二）思政材料

1. 引言

2021 年 12 月 20 日,央视新闻、新华社等多家官方微博发布通告,网络主播黄薇(网名:薇娅)在 2019 年至 2020 年期间,通过多种方式偷逃税款 6.43 亿元,其他少缴税款 0.6 亿元,依法对其作出税务行政处理处罚决定,追缴税款、加收滞纳金并处罚款共计 13.41 亿元。通告发出后,由于该案件涉及的金额之巨大引发了广大群众的热烈关注与思考,人们纷纷感慨直播电商行业火得"壕"无人性,也表达了对各部门监管与执法力度的肯定与支持。巨额的罚款掀开了主播高收入的面纱,也为直播电商行业敲响了警钟——合法合规是底线。直播电商行业未来将走向何处?

在政策环境、技术创新、消费需求的驱动下,直播电商、网红经济等新经济新业态已成为当下经济发展的重要力量,在繁荣经济、促进就业等方面发挥了积极作用。依法纳税是所有人应尽的义务,然而直播行业却因为其特殊性和新兴性,在行业发展的新兴阶段处于税收监管盲区,这给了网络直播从业人员可乘之机,在直播电商行业快速发展过程中,部分网络主播的税收违法行为,扰乱了税收征管秩序,破坏了公平竞争的市场环境。作为头部主播之一的带货女王薇娅,突然跌落神坛,她到底是如何偷逃巨额税款,又是如何明知故犯、咎由自取的? 其违法行为的暴露又引发了什么蝴蝶效应?

2. 直播电商"C 位"出道:既是风口,更是趋势

（1）直播电商的前世今生。

直播电商的起源可以追溯到 2016 年,彼时,直播电商伴随直播的风口诞生,当时的初衷很简单,就是将流量变现,或者让用户停留时间多一些。但是,好景不长,直播的风口过去,电商直播陷入低潮。这时候,行业开始分化,各种不同的角色出现,开始走向精细化。以销售为主要能力的专业主播、不断挖掘培养主播的机构(MCN)、聚焦在货上的供应链等专业角色开始出现,甚至包括专门在直播间里调光的都已经成为一个岗位。直播电商产业角色的增加,虽然细化了直播电商产业中的任务分工,但也拉长了产业周期,导致了联动效率低下、供不应求或库存等问题。这时,直播电商走向主播、供应链等产业链上下游资源整合的第三阶段。2019 年,随着平台加码、政策支持、头部主播凸显,直播电商迎来爆

发式发展。2020 年初,疫情催生"宅经济",直播电商进一步成为诸多商家的"标配"。如今已是全民直播时代,直播电商在经历爆发式增长后已是百花齐放,产业链逐渐完善,消费者关注度不断提升,疫情之下,直播电商几乎成了所有电商和社交平台的标配。

作为商业领域的新业态新模式,近年来,国内直播电商行业呈现迅猛发展态势。网经社电子商务研究中心于 2022 年 8 月 10 日发布的《2022 年度中国直播电商市场数据报告》显示,2017 至 2021 年,国内直播电商市场交易规模分别为196.4 亿元、1354.1 亿元、4437.5 亿元、12850 亿元和 23615.1 亿元。其中,2018年直播电商市场交易规模增速高达 589.46%,2019—2021 年增速逐渐放缓。2018 年至 2021 年,直播电商的用户规模分别为 2.2 亿人、2.5 亿人、3.72 亿人和4.3 亿人,其中 2020 年用户规模增速达到顶峰,为 48.8%,而后两年增速逐渐放缓。具体数据如表 1 所示。

表 1　中国直播电商市场数据表

项目时间	2021 年	2020 年	2019 年	2018 年	2017 年
国内直播电商市场交易规模(亿元)	23615.1	12850	4437.5	1354.1	196.4
直播电商市场交易规模增速(%)	83.78%	189.58%	227.7%	589.46%	——
直播电商的用户规模(亿人)	4.3	3.72	2.5	2.2	——
直播电商的渗透率(%)	17.97%	8.6%	4.3%	1.6%	——
直播电商的渗透率增速(%)	108.95%	100%	168.74%	492.59%	——

数据来源:东方财富网、网经社。

在疫情防控的大背景下,推动线上新型消费发展,实现线上线下相融合,对提振经济动能具有非常重要的意义。世界经济贸易增长受到严重冲击,必须立足于扩大内需、促进消费来应对外部环境变化、稳定经济增长。在这方面,培育以"直播带货"为代表的线上新型消费发挥着重要作用,政府部门与电商平台共同为直播经济涵养良好生态,以"直播带货"为突破口带动更多消费。顺应网络化、数字化、智能化的趋势,不仅能用"直播带货"等方式激活消费一池春水,还能化危为机,实现经济转型升级。但随着直播电商行业经济规模的扩张,其中复杂的业务形态、盈利模式、劳务关系等,给税收监管带来较大考验。

(2)网红主播的纳税方式。

目前,网红主播主要有四种经营模式,因为经营模式的不同,其纳税方式不同,需要缴纳的费用也是不同的。

①网红主播以独立身份工作。

网红主播可以跟直播平台签订合作协议,双方就是劳务关系而不是雇佣关系。直播收入就属于主播的劳务报酬所得,但是平台应该按照劳务报酬代扣代缴个税,网红主播还需要到税务机关开具发票,缴纳增值税和附加税。劳务报酬是按照20%—40%的税率代扣代缴,次年还需要参与综合所得的汇算清缴,税率较高。

②网红主播成立个人工作室。

网红主播以个人工作室的名义提供直播服务,直播收入就变成了"经营所得"。并且工作室一般属于个人独资企业,取得收入按照经营所得缴纳个人所得,可以申请核定征收,税负较低。目前,网红主播成立个人工作室是最普遍的一种方式。

③网红主播和经纪公司签约。

网红主播若是跟直播平台没有直接的关系,可以与经纪公司签订协议。但是与经纪公司的关系取决于协议的形式。

A.签订劳务协议:经纪公司按照工资薪金所得扣缴个税。

B.签订劳务协议:按照劳务报酬所得扣缴个税,同时网红主播还需要到税务机关开具发票,缴纳增值税和附加税。

④网红主播和直播平台签订劳动合同。

网红主播可以和直播平台签订劳动合同,双方就成了雇佣关系。在这种情况下,网红进行直播就是工作内容的一部分,无论是销售额还是粉丝打赏都是属于的公司收入,最后由公司给主播的结算均作为工资薪酬所得,按照超额累进制缴纳个人所得税。

3.眼看她高楼起:起底薇娅的发家史

(1)直播赋能:带货引领新国潮。

薇娅,本名黄薇,是一名85后。2003年,年仅18岁的薇娅就成了一名"北漂"。早年间,她在北京服装市场里做过售货员,也参加过选秀,还在西安开过女装店,后来又试水淘宝店铺,但都一事无成。2016 年 5 月,薇娅下定决心,由传统电商转为淘宝直播的一名主播,开启了自己的主播征途。对于嗅觉敏锐、目标明确的人来说,一旦站在了风口,就将一飞冲天,4 个月后引导成交额便达到了 1 个亿,填补了之前做电商时的大部分亏损。薇娅创造了一个又一个的"直播奇迹":2018 年,薇娅全年销售额 27 亿元;2019 年仅双十一当天,销售额就达到 30 亿元。2020 年双十一,薇娅再一次以 53.2 亿元的带货量稳居榜首;2021 年双十一,薇娅的销售额累计达到了 82.52 亿元人民币,稳居"带货一姐"的宝座①。翻看薇娅的人生之路,每一次的抉择,都有着对于潮流大势的敏锐觉察力。

(2)网红经济:薇娅商业帝国的建立。

在直播电商如鱼得水的同时,薇娅的商业版图也在迅速发展。在直播电商行业中,头部的网红主播并非单兵作战,往往是由所属 MCN(Multi-Channel Network)公司管理。一方面 MCN 公司会与直播产品的品牌商,对产品、价格、主播、利益分成、直播平台、直播日期等进行协商沟通;一方面 MCN 公司也会直接签署直播电商推广合同和订单。2017 年 2 月,薇娅、董海锋夫妇决心孵化自己的MCN 机构,成立了自己的 MCN 公司,即谦寻(杭州)文化传媒有限公司(以下简称谦寻文化),并在 5 年内签约了 50 多位主播及明星,覆盖美妆、生活、服饰等全品类类目,淘宝粉丝数千万,多维度精准触达受众。主要业务包括孵化网红主播、短视频内容生产及投放、全域内容营销等。

2018 年后,谦寻文化已不局限于 MCN 机构,成立谦寻(杭州)控股有限责任公司(以下简称"谦寻控股"),开始向集团化发展。从 2019 年开始,谦寻文化陆续成立了谦禧(IP 运营)、谦娱(泛文娱)、谦播(直播培训)、谦品(供应链管理)等多个子公司,谦寻控股的业务盘迅速扩大,全方位开展,谦寻控股的股权结构及部分控股情况如图 1 所示。

---

① 数据来源:淘宝直播数据。

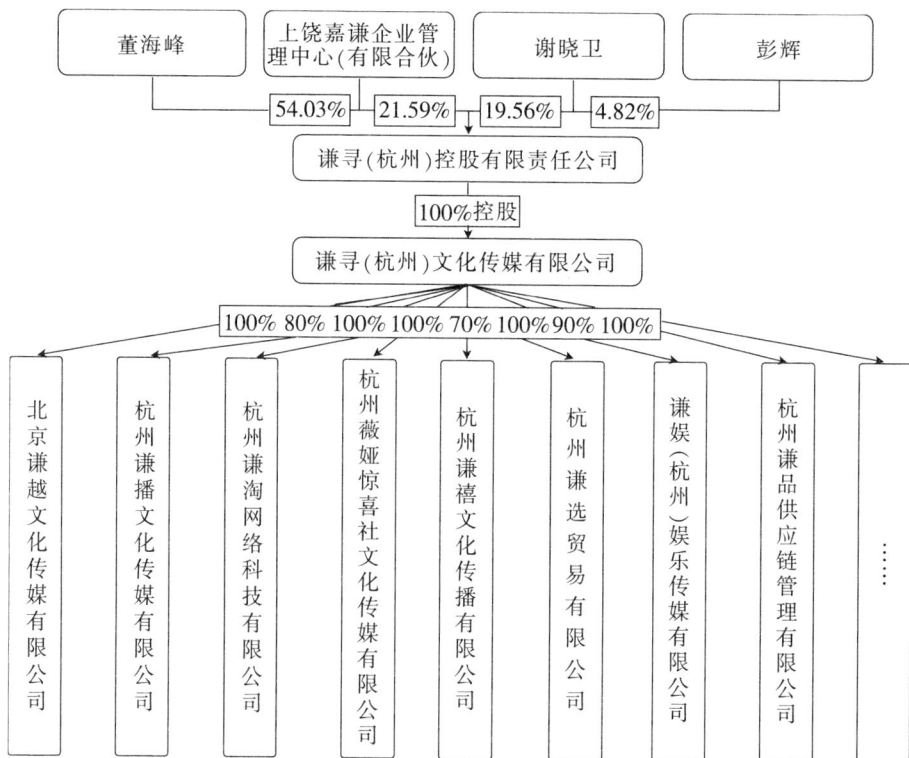

图 1　谦寻控股股权结构及控股情况

(截至 2022 年 8 月 29 日)

但人心不足蛇吞象,薇娅因欲望而起,也因欲望而毁灭。

4.眼看她高楼塌:偷逃税款被追缴并处罚

(1)我国税收征收管理工作的现状。

为了加强税收征收管理,1992 年 9 月,通过《中华人民共和国税收征收管理法》,次年 1 月 1 日开始施行;同时为了调节社会收入平衡,于 1980 年 9 月 10 日通过《中华人民共和国个人所得税法》。根据个人所得税法与税收征收管理法的规定,对不同类型的纳税人及其收入应分别采取不同的税目、征收方式及税率予以确认、计量和征收。在此之前人们主要的关注点是实体经济的个人与企业纳税所采用的方法及后果,而较少人关注虚拟经济的税收征管。关于直播电商行业的税收征管实务,尚有许多问题需要关注。网红薇娅逃税案的发生为我们提供了一个研究直播电商行业税收征管的案例。

（2）直击案件:薇娅偷逃税款情况介绍。

2021 年 12 月,浙江省杭州市税务部门经税收大数据分析发现网络主播黄薇(网名:薇娅)涉嫌偷逃税款的情况,在相关税务机关协作配合下,依法对其开展了全面深入的税务检查。在税务调查过程中,黄薇配合并主动补缴税款 5 亿元,同时主动报告税务机关尚未掌握的涉税违法行为。综合考虑上述情况,国家税务总局杭州市税务局稽查局依据《中华人民共和国个人所得税法》《中华人民共和国税收征收管理法》等相关法律法规规定,按照《浙江省税务行政处罚裁量基准》,对黄薇追缴税款、加收滞纳金并处罚款,共计 13.41 亿元①。薇娅偷逃税款、处罚款及滞纳金计算如表 2 所示。

表 2　薇娅偷逃税款计算表

违规事项	涉税金额（亿元）	罚款倍数	罚款金额（亿元）	滞纳金（亿元）	合计（亿元）
隐匿收入,主动补税	5	0.6	3		8
少缴税,主动报告	0.31	0.6	0.19		0.5
隐匿收入,未主动补税	0.27	4	1.09		1.36
虚构业务,转换收入性质	1.16	1	1.16		2.32
				1.23	12.18
合计(亿元)	6.74		5.44	1.23	13.41

数据来源:根据税务局、网页数据整理而成。

薇娅作为头部主播,偷逃税款时间之久、金额之巨大不得不引人深思:薇娅是如何偷逃税款,又是如何暴露的?

（3）直播"带祸":薇娅偷逃税款行为的发生。

由《中华人民共和国个人所得税法》第二条可知,个人所得税共有九项,薇娅在直播电商所得的绝大部分收入主要为第二项劳务报酬所得。如果适用该税目,以薇娅动辄上亿的个人收入,需要按照个人所得税的最高税率45%进行计算

---

① 来源:"浙江省杭州市税务部门依法对黄薇偷逃税案件进行处理", http://zhejiang. chinatax. gov. cn/art/2021/12/20/art_17746_529546. html。

上缴,且还需要由合作的平台企业按劳务报酬20%的税率先代扣代缴其中部分,而剩下的税款即使由其本人在年度汇算清缴时补缴,但因其所得来源的确定性,基本上没有税务筹划的空间。为了减少缴纳税款,薇娅选择了三种方式结合偷逃税款。

①隐匿个人收入。

薇娅首选的偷逃税款方式是隐匿个人收入。通过隐匿其从直播平台取得的佣金收入进行虚假申报。薇娅通过隐匿个人收入的方式在2019年至2020年期间偷逃税款共计5.27亿元。

②虚构业务转换收入性质。

对于需要在明面上缴纳税款的部分,薇娅作出了选择:将限制颇多且税率高的税目"劳务报酬所得"转换为其他税率低且可操作性强的税目。薇娅最后选择了将税目二"劳动报酬所得"转化为税目五"经营所得"。

根据《中华人民共和国个人所得税法实施条例》第六条规定:个人独资企业投资人、合伙企业的个人合伙人来源于境内注册的个人独资企业、合伙企业生产、经营的所得属于个人所得税法规定的经营所得。薇娅通过注册上海蔚贺企业管理咨询中心、上海独苏企业管理咨询合伙企业等多家个人独资企业、合伙企业并虚构业务,将直播电商中取得的佣金、坑位费等个人劳务报酬所得转换为企业经营所得进行虚假申报,同时利用将企业注册在"税收洼地"上海崇明等享受较大的税收优惠力度,结合以未提供完整、准确的纳税资料,不能正确计算应纳税所得额等理由,享受核定征收的优惠政策等手段降低税率,从而使最终的税负率显著下降,达到其偷逃税款的目的。通过虚构业务转换收入性质这一方式薇娅在2019年至2020年期间偷逃税款1.16亿元,具体行为如图2所示。

③其他少缴税款。

对于从事其他生产经营活动取得收入需缴纳的税款,薇娅未依法进行申报纳税。通过少缴税款这一方式薇娅在2019年至2020年期间偷逃税款共计0.31亿元。

(4)法槌重击:薇娅偷逃税款行为的暴露。

薇娅通过将自己劳务报酬所得巧立名目、改头换面,达到自己偷税漏税的目的,税务部门的系统又是通过什么方式发现的呢?

2021 年 3 月 24 日,中共中央办公厅、国务院办公厅印发的《关于进一步深化税收征管改革的意见》中提出,对利用"税收洼地"等避税行为加大监督检查力度,严厉打击涉税违法犯罪行为。薇娅的大多个人独资企业、合伙企业的注册地上海崇明是典型的"税收洼地"之一,因此税务部门对该地本身就格外关注。同时结合我国正大力发展的"以数治税"的智慧治税方式,通过税收大数据评估发现,部分网络主播存在一定的涉税风险,尤其是薇娅存在涉嫌重大偷逃税问题,且经税务机关多次提醒督促仍整改不彻底,遂依法依规对其个人及其工作室、公司进行立案并开展了全面深入的税务检查,最后薇娅偷逃税款的行为暴露在公众面前。

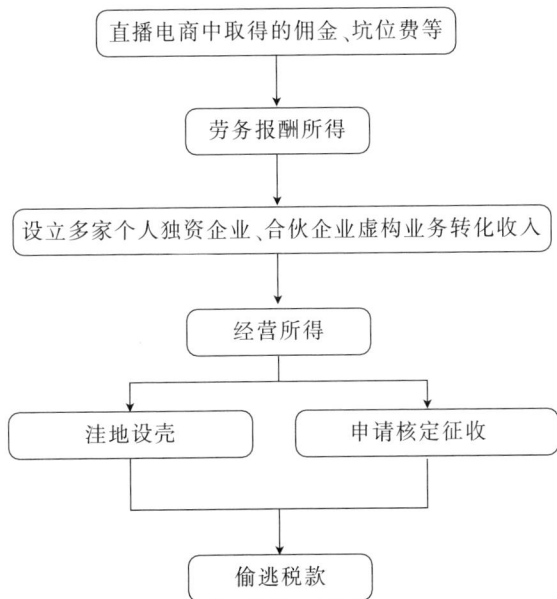

图 2 薇娅偷逃税款行为流程图

5. 蝴蝶效应:直播不是法外之地

(1)头部主播接连被封,直播电商元气大伤。

在网红薇娅被曝出偷逃税款之前,已有朱宸慧(网名:雪梨)和林珊珊两位知名网红主播被曝出偷逃税款被处罚的情况,需补缴的税款及滞纳金也都高达数千万,其偷逃税款的方式与薇娅也都具有很大的相似性。与此同时,在薇娅事件之后,也陆续曝出了一些主播偷逃税款被处罚的情况。这些已被查处的主播数量和其偷逃税款所涉及的金额也足以说明,直播电商行业俨然成为税务大数据查出的偷税漏税重灾区。但头部主播的接连退场,并不意味着行业的落寞,而是行业踏入新阶段的象征。税务部门作出的处理处罚决定体现了税法权威和公平公正,再次警示网络直播从业人员,网络直播并非法外之地,要自觉依法纳税,承担与其收入和地位相匹配的社会责任。直播行业不是"税收盲区",规范是为了更好地发展,身为头部主播,更应该带头守法。享受新业态带来的制度红利,就须展现与之匹配的法治素养。自觉依法纳税,法治轨道内的流量变现才有意义,规范发展的新业态才有未来。

(2)规范税收征管秩序,千名主播"连夜"补税。

2022年3月30日,国家互联网信息办公室、国家税务总局、国家市场监督管理总局印发《关于进一步规范网络直播营利行为促进行业健康发展的意见》,从网络直播平台更好落实管理主体责任、规范网络直播营销行为、规范税收管理等方面入手,肃清网络直播环境再上一层楼。2022年6月,国家税务总局发布了《网络直播行业税收检查指引》,详细介绍了网络直播行业的行业概况、盈利模式、劳动关系、财务核算、检查要点、税收政策及常见问题,以主体税种检查为重点,涵盖网络直播企业主要涉税业务,为日常检查提供操作指引。

在规范网络直播行业税收秩序过程中,税务部门始终秉持着宽严相济的态度,为网络主播们的"自我救赎"打开了一扇窗。在税务总局发布的部分通知中明确指出,对2021年底前能够主动报告并及时纠正涉税问题的,可以依法从轻、减轻或者免予处罚。据国家税务总局浙江省税务局发布的税务新闻,截至2021年底,已有上千人主动自查补缴税款。

6. 讨论题目

从直播电商行业网红主播薇娅偷逃税款被查处,到整个行业偷税漏税现象频发,国家各部门陆续发布系列文件规范直播电商行业税务秩序,直播电商行业的税收征管问题带给人们很多启示,引发人们诸多思考。本案例的侧重点在于,结合本案例代表的直播电商行业的税收征管问题,重点思考如下问题:

(1)本案例选择的税务筹划方式与合法的税务筹划相比,存在什么不同之处?如何在遵守法律法规的情况下更好地做出合规的税务筹划,达到税负最小化目标?

（2）本案例中实际适用的所得税法与税收征管法的税目、税率与具体条例是什么？

（3）如何判断并评价本案例适用和实际使用的征税方式？

（4）直播电商行业偷税漏税现象频发，其税收征管问题带来哪些思考与启示？

（三）教学过程

1. 课前导入

课前要求学生查询和搜集薇娅直播的资料，特别是电商直播行业背景及相关税收制度，着重分析个人所得税、税收征管法以及网络直播行业税收检查指引相关规定，并试图分析和解释案例提出的问题。

2. 课堂知识点的讲解

本案例要实现的教学目标在于：引导学生进一步关注直播电商行业的税收征管问题。一方面，学生可以在进一步学习了解我国现行的个人所得税法与税收征管法，思考不同税目适用的税率与计算方法、不同的征税方式的区别的基础上，关注我国直播电商行业的税收征管问题；另一方面，学生可以在重点掌握了不同税目适用的税率与计算方法、不同的征税方式的选择应用等内容的基础上，进一步关注直播电商行业的税收征管问题，拓宽对新兴行业税收征管问题的研究思路。

3. 案例教学方法和教学流程

（1）教学方法。

采用线上线下混合的教学模式组织教学。

课前：采用自主学习法。学生通过阅读教材、指定参考书和观看在线视频，完成自主学习内容。

课中：讲授中融入启发引导法、案例分析和讨论法、任务驱动教学法、朋辈教学法。

课后：采用自主探究和自主学习。学生完成线上任务和思维导图，自主学习下次课的内容。

（2）教学流程。

第一，案例理论、行业背景及制度背景介绍。

第二，案例分析要点。

①关于征税方式的判断。

根据税务机关确定的计算征收税款的方法和形式，征税方式分为查账征收、核定征收（查定征收、查验征收、定期定额征收）、代扣代缴、代收代缴、自核自缴和委托代征。主要根据前两种征税方式对本案例进行判断。

②关于个人所得税税目、税率的选择。

根据现行的个人所得税法与税收征管法规定，本案例中税目、税率的选择，无论采用哪种征税方式，能选用的税目、税率及适用条例都有明确规定。

本案例还想提醒学生思考的问题是：直播电商行业的其他从业者是否能选择通过案例中的方法达到合理避税的目的？如果不能，那么对于该行业的其他从业者来说，通过什么样的方式能使得他们在合法合理范围内做税收筹划？

第三，课堂问题讨论和回答。

（3）课时分配。

①课前自行阅读资料：约 2 小时；

②课前小组讨论并提交分析报告提纲：约 2 小时；

③课中课堂小组代表发言、进一步讨论：约 1 小时；

④课堂讨论总结：约 0.5 小时。

本案例的参考资料及其索引，在讲授有关知识点之后一次性布置给学生。

4. 课堂汇报、讨论和总结

通过案例学习，使学生具备结合现实和行业特点，对经济业务进行科学专业判断的能力，同时通过公众人士不当行为事件引发的个人、社会及经济后果，培养学生规范守纪的职业操守。

四、课程反思

（1）成功之处：案例教学基本达到了教学目标。通过真实案例的学习和总结，辅以问题讨论和案例讨论，以学生为中心，构建了师生对话的学习环境。通过熟悉的案例分析,增加了学生的代入感,也增强了学生学习时发挥主观能动性进行职业判断的动力和积极性,促成了学生独立思考、辩证思维、团队沟通等能力的提升,同时增强了学生的守法诚信意识和社会责任感。课前学生案例分析的提交能最大限度分享和表达自己的观点。

（2）不足之处:课堂参与度方面还有待进一步提升。由于时间限制,小组讨论时,并不是每位同学都能够发言。

（3）改进措施:在全班进行小组观点分享时,为了使每位同学都充分参与小组讨论,可以采用自愿与随机相结合的方式,在小组成员中随机抽一位同学来分享,而不是组长代表小组来分享。另外,在讨论时,教师可以随时向小组其他成员提问,并要求其他成员补充,以此来提高学生的课堂参与度。

"信息论与编码"课程思政教学案例

展爱云

一、课程介绍

"信息论与编码"为电子信息工程专业的专业核心课程。通过本课程的学习,学生不仅要掌握信息论的基本概念、基本理论和基本分析方法,还应具有分析实际通信系统对于有效性和可靠性的要求,并对方案进行选择和简单设计,达到理论与实践的高度统一。同时还可以在学习过程中提升学生分析和解决问题、表达和沟通的能力,树立求真务实、知错改错、自我反省的意识;培养积极进取精神;树立辩证唯物主义思想,提升科学素养。

二、课程目标

1. 知识目标

目标1:能够描述信息论的发展史,认识信息论的研究领域和内容,解释通信系统各部分功能;能够根据随机变量分析方法,对通信系统进行建模表达;

目标2:能够从信息量传输的角度对通信系统的信息量传输进行求解,分析各个量对传输的影响;

目标3:掌握通信系统中各种传统的信源编码方法和信道编码方法;分析通信系统的有效性和可靠性;学会评价各种编码方法的性能;

目标4:能够根据通信系统要求,查阅文献,分析比较各种编码方法对需求的适用性,并给出解决方案。

2. 能力目标

目标1:提高分析问题、解决问题的能力;

目标2:学会辨析事物的两面性;

目标3:培养学生团队合作的能力,并进行正确的角色定位;

目标4:提升学生的表达沟通能力。

3. 素质目标

目标1:增强学生求真务实、知错改错、自我反省的意识;

目标2:培养学生团队协作、积极进取的精神;

目标3:提升学生的个人修养、职业素养和科学素养;

目标4:使学生树立辩证唯物主义思想和科学发展观。

三、课程思政教学设计举例

1. 案例概况

案例内容是在已经学习了循环码方法的前提下,对 RS 编译码原理进行探索,同时针对其应用背景,分析应用方法及局限性,并探索如何提高检错、纠错能力。在教学过程中通过问题导入、小组讨论、案例分析、视频播放等各种方法和手段,在课程教学中融入价值引领教育。案例选择的"RS 编码方法"这一内容,从技术层面来讲并不是最新技术,但在应用上和生活息息相关,能更加方便学生参与讨论和探索。

2. 教学子目标

按照布鲁姆教育目标分类法,教学目标分为素质目标、能力目标和知识目标。结合本节课的内容,教学子目标的具体描述如表1所示。

表1　教学子目标的具体描述

分类目标	具体描述
素质目标	目标1:培养理论联系实际的意识 目标2:培养学生的创新意识 目标3:激发学生的民族自豪感和勇于担当的精神 目标4:培养学生攻坚克难的工匠精神
能力目标	目标1:提高分析问题、解决问题的能力 目标2:将理论应用于实际的能力

（续表）

分类目标	具体描述
知识目标	目标 1:RS 编码原理 目标 2:RS 译码方法 目标 3:RS 编码的应用 目标 4:提高检错、纠错能力的途径

3.教学实施过程

（1）问题导入:以五种二维码导入,让学生来描述各种二维码的应用。因为蕴含熟悉的和不熟悉的,激起同学们对不熟悉的二维码探索的欲望。让同学扫码了解汉信码,提出为什么要研制我们自己的二维码规范,让同学站在更高层面思考问题。（根据同学们自由回答的答案,进行引导）具体的设计思想如图 1所示。

图 1   五种二维码的问题导入和设计

（2）小组任务:给出生活中二维码污染或者破损后还能够进行扫描的现象,让同学探索二维码污染或者破损的程度对扫描的影响,然后小组派代表汇报其各种测试方案和结论,其余小组进行点评。具体的设计思路如图 2 所示。这一过程主要培养学生分析问题、解决问题的能力,并提升其表达沟通能力。

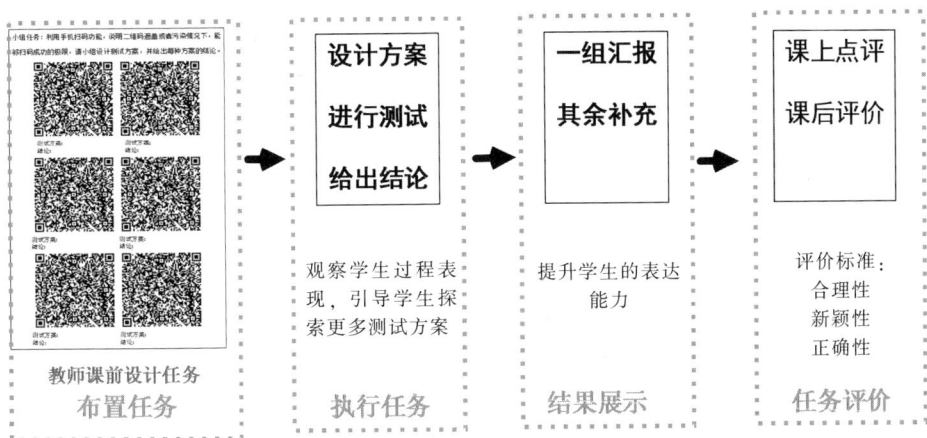

图 2　小组任务的教学设计

（3）新课导入：根据同学们测试的结论，逐层提出相关的问题，为引出本节课 RS 编译码内容做好准备。具体的新课导入问题和设计思想如图 3 所示。

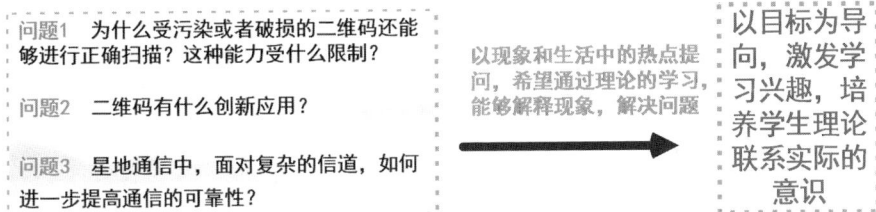

图 3　具体的新课导入问题和设计思想

（4）知识回顾：GF(2^m) 上的运算规则和封闭性，以提问的方式进行回顾。

（5）知识讲授：本原多项式的概念，以及 GF(2^m) 上的运算，通过对比 GF(2^m) 上的运算异同点，进一步巩固前面的知识。

（6）小组练习：以小组为单位，做 GF(2^m) 上的运算练习，以此培养学生的团队合作意识；做的过程中，各组将过程和结果分别写出来，进行组间互相点评。

（7）知识讲授：基于循环码的基础，讲授 RS 编码原理，结合 GF(2^m) 上的运算，关注 GF(2^m) 上多项式长除法的应用；通过一个案例，具体讲述编码方法，进一步巩固理论。具体的从 RS 原理到案例的设计如图 4 所示。

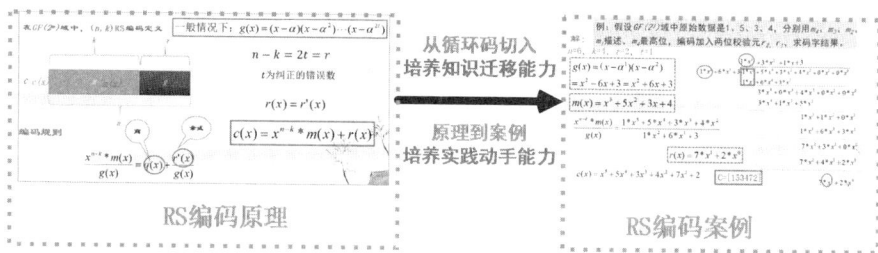

图 4 从 RS 原理到案例的设计

（8）知识讲授：RS 译码步骤；归纳总结 RS 编码的优点和应用。

（9）视频播放：播放 VCD 广告和《大腕》电影片段，结束后让同学们讲讲对超强纠错的看法，引导学生讨论科技进步和职业道德之间的关系，增强同学们遵守知识产权法的意识。与星地通信的应用做对比，展示我国星地通信技术，激发学生的民族自豪感和使命担当。具体的有关超强纠错的探讨思路及设计如图 5所示。

图 5 有关超强纠错的探讨思路及设计

（10）分析问题：分析破损或者受损二维码能够纠错的原因，讲述二维码的具体结构，引出 LOGO 二维码在应用技术上的创新，培养学生创新的意识。具体二维码"原理—应用—创新"设计如图 6 所示。

图 6 二维码"原理—应用—创新"设计

(11)问题探讨:播放《闪亮的名字》片段,让学生了解钟毅和其团队背后的故事,并对视频中的研发团队所展现出来的坚持克服一切困难的精神进行探讨。

(12)提出问题:以大量使用的 QR 条码为切入点,提出我国二维码在制定修改领域"卡脖子"的问题,进而讲授汉信码的相关研究情况,激发学生的民族自豪感。

(13)问题探讨:讨论检错、纠错能力提高的途径,以及途径的适用性,并针对可靠性和效率之间的矛盾,培养学生的大局观和主动思考的意识。有关提升检错、纠错能力的"分析问题—解决问题的逐层深入"设计如图 7 所示。

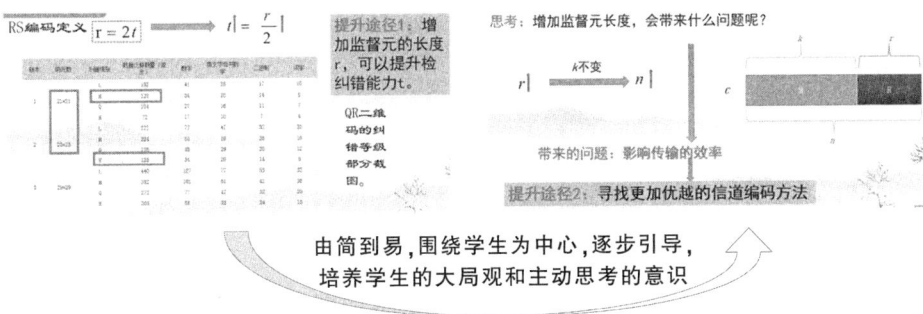

图 7　提升检错、纠错能力"分析问题—解决问题的逐层深入"设计

(14)问题提出:如何找到更优的信道编码方法? 讲述极化码的研究成果及其研制者埃尔达尔·阿里坎教授的科研精神;展示华为在极化码上的研究专利占比和其为极化码应用所作的贡献,讲述华为主推的极化码成为 5G 移动通信信道编码方案之一,引导学生站在国家和人民层面思考问题,增强学生的民族自豪感和责任担当意识。

(15)布置课后任务,通过任务的完成和成果展示,使学生对信道编码的认识更加深刻(只是在本节布置任务,学生课后完成,后续汇报)。有关极化码具体任务的设计如图 8 所示。

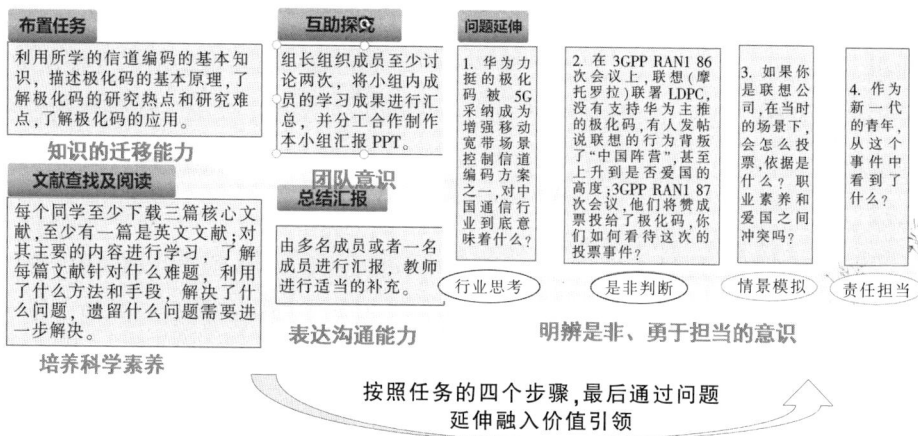

图 8　极化码具体任务的设计

四、课程反思

本案例围绕"RS 编码及其检错、纠错能力"这个内容,首先,紧扣生活,利用问题导入法,激发学生进一步探索的欲望,同时紧扣身边的事,提升学生参与讨论的可能性和积极性,并且培养了学生将理论应用于解决实际问题的能力。其次,通过案例分析,引导学生利用已有的循环码知识解决新的问题。最后,在教学过程中穿插"科技+""人物+"方法,展现我国新的技术,增强学生的民族自豪感,引导学生积极关注我国二维码标准上"卡脖子"的难题,激发学生勇于担当重任的意识。同时通过挖掘各个人物背后的故事,展现其研究背后的科学精神和工匠精神,学生学习内驱力得到增强,坚定了专业自信。本课程一直坚持从课程目标出发,挖掘课程思政元素、营造思政情境,但是任何的设计都会随着环境、时间、学生等改变。这就要求教师要善于将热点难点问题、国内外大事、身边的事、课堂上的事等作为课程思政的资源。课程思政是一种基于教学设计基础上的动态思政,其效果取决于对课程本身的教学设计是否合理、合适,也取决于教师是否能够把握各种时机,润物细无声地将思政教育融入教学全过程。

"高速动车组概论"课程思政教学案例

张 海

一、课程简介

高速动车组是高速铁路的主要运营车辆,高速动车组技术对于从事轨道交通行业的机械工程技术人员来说是不可缺少的。本课程是机械设计制造及其自动化专业、机械电子工程专业、车辆工程专业的一门专业任选课,内容主要包括高速铁路和高速动车组概况、动车组的总体及主要参数、动车组转向架及主要部件、动车组车体、动车组车端连接装置等。

本课程以交通概论、机械原理、机械设计、机械制造技术基础、机车车辆工程为基础,让学生对高速铁路及高速动车组的发展、相关技术路径与规范有所了解的同时,能掌握高速动车组总体与转向架技术、制动技术、牵引传动技术、运行性能等知识,了解相关技术标准及知识产权情况,理解各主要结构对行车安全的影响,培养具有责任心、爱国情的新时代高质量专业人才。

二、课程思政目标

从课程中挖掘铁路系统独特的红色元素,找准课程与思政元素融合的"契合点",完善课程教学全过程培养的"育人线",拓宽课程教学全方位协同的"覆盖面"。通过铁路文化浸润课程教学,培养具备扎实的理论功底和出色的专业技能、高尚的道德情操和优秀的职业素养的本科生。

三、课程思政总体设计思路

1.找准课程与思政元素融合的"契合点"

围绕课程教学的目标、内容、模式与方法、资源与工具等方面,结合轨道交通行业的形成背景、发展历程、现实状况和未来趋势,特别是所涉及的重大工程和科学技术发展成果,科学家或模范人物事迹,学科专业原理、观点以及与之相关的生活实践、教学实践、科技实践等,挖掘其中所蕴含的自力更生、发愤图强、不怕困难、艰苦奋斗的天佑精神等思想政治教育元素,以天佑精神的敢为人先、创新跨越、家国情怀为主线,教育学生为实现交通强国梦而不懈奋斗。

2.完善课程教学全过程培养的"育人线"

运用这些灵活有效的教育手段,通过加强课堂教学的主渠道作用、发挥网络平台的育人效果、注重人文方式的涵育作用、突出实践育人的重要功能、着眼多方力量的统筹协调等方面使"扎根铁路,报效国家"的理想信念与职业情怀内化为青年学生的人格素养、行为习惯和自觉行动。

课堂上,通过创设问题情境、价值判断情境等培养学生分析问题、解决问题的能力,同时让学生在解决问题的过程中,认识问题和知识背后所蕴含的理论思维、方法论和价值判断,激发学生的思想碰撞和情感体验,实现对学生的价值引领。

3.拓宽课程教学全方位协同的"覆盖面"

以新工科理念建设工程教育强国为共识,组织学生参加"轨道说"等学术讲座,聆听校内外专家学者讲述铁路发展的前沿技术、演绎铁路报国的时代精神,教育学生主动适应新技术、新产业、新经济发展,引导学生树立正确的学术价值观,以宽广的视野、开阔的胸襟和高远的理想去实现中华民族伟大复兴的中国梦。

四、教学案例

1.案例主题

高铁展现中国力量。

2. 章节结合

中国高铁技术发展。

3. 案例意义

本案例回顾我国铁路发展一路走来,之所以取得今天的成就,得益于国家社会经济发展所形成的综合国力,无论是经济实力、工业基础、科技水平,都为铁路大发展提供了良好的条件保障;得益于中央政府的英明决策,为铁路加快发展创造了极为有利的政策环境,使我国铁路迎来发展的重大黄金机遇期。我们之所以能做成一些其他国家做不到的事情,一个重要原因就在于充分发挥了我国社会主义制度优势,这个制度优势就是集中力量办大事。这是我们成就事业的法宝。

4. 案例教学展示

(1)案例描述。

中国高铁事业起步于 20 世纪 90 年代初。1990 年铁道部向国务院报送《关于"八五"期间开展高速铁路技术攻关的报告》,十几年间,中国铁路在高铁领域实现了从无到有、水平从低到高的突破并掀起了高铁建设高潮。2017 年,中国高铁运营里程达 2.5 万公里,"四纵四横"高铁主骨架提前建成并成网运营。中国高铁在立足国情、博采众长、尊重科学、自主创新的原则指导下,一步一个脚印地确立了后发优势,走上崛起之路,冲进世界高铁方阵的前列。

(2)教学方法与教学设计。

教学方法:

采用讲授式教学(师讲生听)、研讨式教学(学生分组讨论)。

教学设计:

①在世界高速铁路蓬勃发展的时候,我们国家的高速动车组是如何从无到有、从小到大,直至成为世界第一高铁的呢? 组织学生讨论:"你眼中的中国高铁。"

②中国高铁的三步走。

高铁萌芽:1990 年铁道部决定将广深线作为提速试点,围绕着广深线提速开展了关键技术的科研攻关和新型机车车辆的研发,大功率柴油机、机车空心轴转向架、客车新型转向架、新型制动机、防滑器和制动盘等一大批科研成果的收获,保证了"东风11"内燃机车和25型客车以优异的性能满足了广深线提速的要求,并成为以后既有线大提速的主力车型。

高铁追梦:1997年国家计委、科委批复将"200公里/小时动力分散交流传动电动车组研制"列入"九五"国家重点科技攻关计划。1997年,铁道部铁路科技研究开发计划据此开展了相关的项目,在我国首次开展动力分散高速列车的研制。2000年铁道部在汇总"八五""九五"科技攻关项目成果的基础上报送了《270公里/小时高速列车产业化可行性研究报告》,国家计委于当年12月底批复同意该项目列入"国家高技术产业化发展项目"计划。以"先锋号""中华之星"为代表的新一代高铁诞生。图1为"中华之星"动车组。

图1 "中华之星"动车组

高铁引进及再创造:2002年,在党的十六大报告中,江泽民同志提出,坚持"走出去"与"引进来"相结合的方针,全面提高对外开放水平。2004年,我国制订《中长期铁路网规划》,同年6月,铁道部展开了时速200公里级别的第一轮高速动车组制造技术的引进招标工作。以此为起点,中国开启了高铁动车组的引进、消化、吸收再创新之路。

③跑出中国速度的复兴号。

2010年12月3日,新一代"和谐号"动车组CRH380AL在京沪高速铁路枣庄至蚌埠间的试验段创造了时速486.1公里的运营列车试验速度新纪录。2011

年 6 月 30 日,全球首条高标准、一次建成里程最长的高速铁路——京沪高速铁路开通运营。2016 年 1 月 8 日,国家科学技术奖励大会在北京人民大会堂隆重举行。"京沪高速铁路工程"科技成果荣获 2015 年度国家科学技术奖特等奖。

5. 案例反思

"和谐号"不仅意味着速度,更意味着和谐,它标志着中国铁路对和谐理念的躬身践行,寄托和彰显了铁路人对打造和谐之旅、建设和谐铁路、构建社会主义和谐社会的美好愿望和不懈努力。中国标准动车组命名为"复兴号",不仅寄托了中国铁路服务经济社会发展、创造人民生活新时空的美好愿望,更是对中国梦的完美诠释。在习近平总书记"绿色、共享、开放、廉洁"理念的指导下,安全、经济、先进与智能的"复兴号"动车组研制是贯彻落实十九大关于科技治国、交通治国的战略部署的具体行动,也是中国高铁从世界水平向世界领先水平前进的标志。

"电机学"课程思政教学案例

张建辉

一、课程介绍

"电机学"是电气工程专业的一门核心课程,主要讲授直流电机、变压器、交流电机共同理论、异步电机、同步电机等电机学基本知识和分析方法。我校每年有近500人修读本课程,学生毕业后主要到轨道交通行业从事电气工程相关工作。这对学生的电气设备运行规范和电力职业服务意识有较高的要求。基于此,围绕我校"交通特色,轨道核心"的办学定位,坚持立德树人根本任务,立足轨道交通行业培养高素质应用型人才。

课程团队教师全部是电气工程专业省级教学团队成员,他们精心设计课程思政方案,用心教书,用情育人。该课程先后荣获省级精品在线开放课程、省级线上线下混合式一流课程、省级课程思政示范课程等荣誉。教学中不断优化课程思政内容,深入挖掘课程内容蕴含的思政元素,把家国情怀、工匠精神、节能环保、职业素养等作为课程思政建设的主要方向和重点,注重"知识传授、能力培养与价值塑造"的有机融合。

二、课程目标

(1)知识目标:描述各类典型电机的结构和原理,识别其运行特性,熟悉电机学分析方法,拓宽电机学视野,增长学科知识。

(2)能力目标:能够应用电机学的基本原理和方法对电气工程问题进行分析研究,培养分析和解决问题能力、实践和创新能力。

(3)价值目标:具备安全意识、工程观念和精益求精、勇于探索的工匠精神,了解应承担的社会责任,培养德才兼备的高素质应用型人才。

三、课程思政教学设计举例

1. 授课章节

第二章第七节　并励直流发电机的自励。

2. 思政案例主题

由并励发电机的"自励"升华到大学生的"励志",培养求真务实、持之以恒、知难而上、勇攀高峰的科学精神。

3. 教学内容分析

(1)教学重点:并励直流发电机自励建压的过程及条件。

(2)教学难点:运用并励发电机自励建压条件分析、解决实际工程问题。

(3)教学思路:

①知识传授:以多媒体教学为主,结合动画演示,辅以板书推演、画图分析及手势比画,讲解并励发电机自励建压的过程,和同学们一起总结"自励"须满足的3个条件。

②能力培养:在理解并励发电机自励建压3个条件的基础上,提出4个实际工程案例,组织学生按小组讨论,然后再请学生上台画图、推导、分析,讲解自己的方案。理论结合实际,加强知识内化吸收,注重学以致用,训练学生运用理论知识分析、解决实际工程问题的能力。

③价值塑造:结合并励发电机自励建压的3个条件,抛出"并励发电机自励给我们什么启示?"这一问题,采用类比、引申的方式对学生进行引导,让学生自己主动谈启发、说感受,由发电机的"自励"升华到大学生的"励志",在潜移默化中培养学生"攻坚克难"的科学精神。

4. 课程思政元素融入

并励直流发电机"自励建压"须满足3个条件:①有剩磁;②励磁绕组接线"极性正确";③励磁回路电阻合适。并励直流发电机的"自励"与大学生的"励志"有很多相似之处,采用类比引申的教学方法将二者有机融合,培养学生求真务实、持之以恒、知难而上、勇攀高峰的科学精神。

5. 教学实施过程

（1）新课导入。

复习回顾慕课学习内容，由直流发电机他励、串励等励磁方式，引出并励发电机励磁绕组的接线。

（2）教学设计。

由他励、串励等励磁方式，引出并励发电机励磁绕组的接线（板书绘制便于学生理解），强调电枢绕组与励磁绕组的"并联"关系。

并励直流发电机的励磁绕组和电枢绕组还可以怎么接线？（请学生上台画图分析）

对比分析并励发电机励磁绕组的两种接线方式，强调由此导致的励磁电流 I_f 反向，进而说明这两种接线会造成磁通 Φ 反向，为后面分析自励建压做好准备。

【思政元素】用辩证的观点去理解励磁绕组并联的两种接法，从而改变励磁电流的方向，最终产生两种励磁效果（二者磁通方向相反）。通过该切入点培养学生"辩证统一"的科学思维。

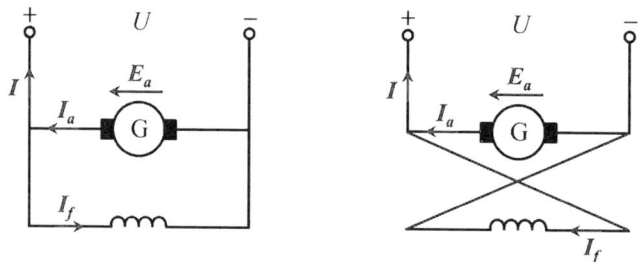

图1　并励直流发电机励磁绕组的两种接法

什么是发电机的"自励"？并励发电机为什么不加外部励磁也能发电？通过启发提问和同学们一起揭示"自励"的本质特点，强调剩磁 Φ_r 的重要性。

由剩磁 Φ_r 产生剩磁电压 E_r 开始，一环一环推演，强调 E_r 产生的端电压会反过来励磁，由其产生的微弱磁通 Φ_1 与剩磁 Φ_r 的方向特别重要。若二者方向一致，则磁通会一步一步增大，最终可建立稳定的电压。

【思政元素】指出"剩磁"对于并励发电机是"基础"，虽然剩磁很小，但它是自励建压的"星星之火"，由此类比引申到大学生的学习要从点滴小事做起，打好基础、求真务实。

如果励磁绕组采用另外一种接法,发电机还能够自励建压吗? 借此问题强调励磁绕组接法的重要性。

【思政元素】指出"极性正确"对于发电机"自励建压"成功,类似于大学生学业的成功要先规划好"努力方向和奋斗目标"。只有目标正确,我们才能朝着胜利的方向前进,最终取得成功。

结合电路知识建立坐标系,引出"空载特性线"和"电阻线",并强调二者的物理意义,再利用它们来进一步分析影响输出电压的因素,重点说明稳定工作点。

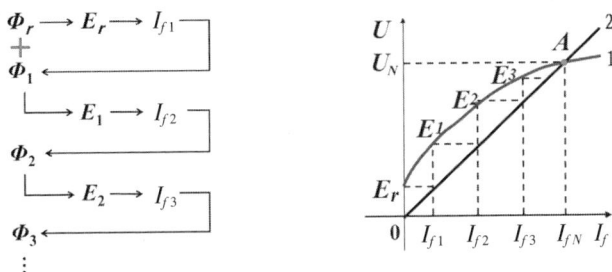

图 2　并励直流发电机自励建压过程示意图

和同学们一起总结并励发电机自励建压的条件,并借助坐标图重点说明励磁回路临界电阻的物理意义。

【思政元素】由励磁过程中的电阻类比学习中遇到的困难阻力,引申出大学生要向并励发电机学习,要想学业成功,必须持之以恒,努力克服学习中遇到的一个个困难阻力。

在理解并励发电机自励建压之后,开展"学以致用"能力训练,综合运用理论知识求解几道具有一定难度的工程题目,请学生讲解分析思路和解决方案。

由并励发电机的"自励"升华到大学生的"励志"。采用启发提问的方式自然引入思政话题,请同学们结合并励发电机自励建压的 3 个条件谈启发、说感受,培养学生求真务实、持之以恒、知难而上、勇攀高峰的科学精神。

(3)课程总结。

和同学们一起归纳总结本节课的主要内容,并引出下节课内容,布置预习任务。

四、课程反思

（1）采用板书推演、画图分析及手势比画等方式，讲解并励发电机自励建压的条件，效果直观，便于学生理解。

（2）"理论联系实际"的授课方式能让学生深切体会到"学以致用"的魅力，尤其是运用理论知识完成挑战性任务，大大激发了学习兴趣，教学效果不错。

（3）采用案例、类比、引申、讨论等方法，结合课程内容自然引入思政话题，让学生自己主动谈启发、说感受。这种方式学生乐于接受，更能使思政内容入脑、入心。

"卷积积分及其应用"课程思政教学案例

张利华

一、课程介绍

卷积积分作为数学领域中的重要概念,不仅具有深远的理论意义,还在信号处理、图像处理、神经网络等领域有着广泛的应用。同时这门课也是培养学生坚定文化自信,传承传播中华文化,坚守社会主义核心价值观的重要载体。通过这门课程,我们将向学生展示卷积积分的核心概念和应用价值,同时结合中国传统文化元素,让学生深刻理解数学与文化的联系。本课程聚焦学生的计算能力、合作能力、创新能力和职业能力的培养;系统化介绍卷积积分及其应用的基础知识以及各类常用的计算技巧。我们希望通过结合中国故事的方式,激发学生对数学、科技和中国传统文化的兴趣,培养他们的创新意识和跨学科思维能力。

课程教学内容总体上分为四大部分:(1)介绍卷积积分的基本概念和原理。(2)掌握卷积积分的符号表示和计算方法,包括直接法和图形法等。(3)掌握卷积积分的性质和特点,包括离散和连续情况下的卷积积分计算方法。(4)介绍卷积积分在信号处理和图像处理中的应用,如信号滤波、系统响应、卷积神经网络,以及图像模糊、边缘检测、特征提取等,包括实际案例和应用场景的分析。这些内容能帮助学生深入理解卷积积分的概念及其在不同领域的应用,为他们将来的工程实践和研究打下坚实的基础。

二、课程目标

1.知识目标

（1）理解卷积积分的基本概念：学习卷积积分的定义、性质和基本运算规则。

（2）熟悉卷积积分的基本性质和定理：学习卷积积分的基本性质和定理，如卷积积分的结合律、分配律、单位元等，以及相关的重要定理，如卷积积分的卷积定理、逆卷积定理等。

（3）掌握卷积积分的计算方法：学会利用卷积积分的计算方法进行计算，包括离散情况下的卷积积分计算、连续情况下的卷积积分计算等。

（4）理解卷积积分的应用领域：了解卷积积分在信号处理、图像处理、神经网络等领域的应用，掌握其在解决实际问题中的具体应用方法。

2.能力目标

（1）分析和解决实际问题：通过学习卷积积分的定义和运算规则，培养学生分析和解决实际问题的能力。学生能够将问题抽象为卷积积分的形式，并通过运算方法求解问题，如信号的滤波、图像的平滑处理等。

（2）发展数学建模能力：通过学习卷积积分在不同领域的应用，培养学生的数学建模能力。学生能够将实际问题抽象成数学模型，运用卷积积分的知识进行建模和求解，提高问题解决的准确性和效率。

（3）进行科学推理和证明：通过学习卷积积分的性质和定理，培养学生进行科学推理和证明的能力。学生能够运用卷积积分的基本性质和定理，进行推导和证明，提高逻辑思维和数学推理能力。

（4）进行团队合作：通过课堂上的讨论和实践，培养学生的团队合作能力。学生将在小组内进行案例分析和问题解决，通过交流合作，共同解决问题，培养团队协作能力。

3.思政目标

（1）培养学生具备创新精神和创新能力。卷积积分作为一个新的数学分支，涉及具体的计算和应用技巧，更需要学生具备创新精神和创新能力。学生应当在掌握卷积积分计算的基础上,积极探索和研究卷积积分的应用场景,发挥想象力和创造力,为实际问题提出有效的解决方案,提高创新能力和竞争力。

(2)培养学生独立思考和解决问题的能力。在卷积积分及其应用的学习过程中,需要学生充分发挥自己的思维能力,在理解课程知识的基础上,通过独立思考和解决问题,不断提高分析和解决问题的能力。同时,还应培养学生注重实践和创新,不断运用知识去解决实际问题,提升自己的整体水平。

(3)培养学生具有良好品德和社会责任感。一个社会性的人才,不仅要具备专业知识和技能,还应具备健康的思想品德和较高的文化素质。在"卷积积分及其应用"课程教学过程中,应注意增强学生的社会责任感,注重培养学生的职业道德和社会担当意识,让学生认识到学习专业知识不仅仅是获得学位和成就的手段,更是将来对社会和国家作出贡献的重要途径。

(4)培养学生具备团队合作能力及其他方面的素养。在"卷积积分及其应用"课程教学过程中,应注意培养学生的团队合作能力、沟通能力、创意能力、领袖能力等综合素质,注重将专业素养和其他方面素质进行整合,促进学生综合素质的提升。

三、课程思政教学设计举例

(一)历史发展进程导入

1. 思政案例主题

天佑精神。

2. 授课章节

第二章第七节。

3. 教学内容分析

卷积积分作为一种重要的数学工具和应用方法,是许多学科(如信号处理、图像处理和物理学等)中的核心概念之一。在教授卷积积分的过程中,一个有针对性的课程导入是非常重要的。本文将从教学分析的角度,探讨卷积积分的课程导入方法,并提供一些有效的教学内容。

4. 导入方法的选择

(1)基于问题的导入:可以通过引入一个与卷积积分相关的实际问题来引

发学生的兴趣,从而激发他们学习卷积积分的兴趣。例如,可以通过引入一个音频信号处理的问题,让学生思考如何利用卷积积分来实现音频的降噪和去混响等处理。

（2）引入历史和应用背景:可以通过介绍卷积积分的历史和应用背景,来引导学生了解卷积积分的起源和实际应用。例如,可以介绍卷积积分在通信领域的应用,引发学生对卷积积分在实际工程应用中的重要性的思考。

（3）引入和前置知识的联系:可以通过将卷积积分与学生之前已学习的相关知识进行联系,帮助他们更好地理解和接受卷积积分的概念。例如,可以将离散卷积与卷积积分进行比较,帮助学生理解卷积积分的连续性和积分的概念。

5. 有效的教学内容

（1）卷积积分的定义与性质:在导入阶段,应向学生讲解卷积积分的基本定义和性质。可以通过使用简明扼要的数学公式,结合图示和实例进行讲解,以便学生能够准确理解卷积积分的概念和运算过程。同时,还可以介绍卷积积分的交换律、结合律和分配律等基本性质,以便学生能够理解卷积积分的运算规则。

（2）卷积积分的图形解释:为了帮助学生更好地理解卷积积分的几何意义,可以引入图形解释的方法。可以通过将卷积积分看作是两个函数之间的"重叠",并利用图像来表示两个函数在不同位置的"重叠"程度。通过图形解释,学生可以更好地理解卷积积分的运算逻辑和几何意义。

（3）卷积积分的应用案例:为了激发学生的兴趣,加深理解,可以引入一些真实的应用案例来展示卷积积分的实际应用。例如,可以介绍语音信号处理、图像模糊和边缘检测等领域中的卷积积分应用案例,并通过实际案例的分析,让学生更好地理解卷积积分在实际应用中的重要性和作用。

（4）计算机模拟与实践:为了帮助学生巩固知识和提高实际操作能力,可以引入计算机模拟和实践环节。

卷积积分的发展史可以追溯到18世纪末。18世纪末至19世纪初,法国数学家皮埃尔-西蒙·拉普拉斯(Pierre-Simon Laplace)最早引入了卷积的概念,并将其应用于概率论和天体力学中。20世纪初,德国数学家约翰·冯·诺伊曼(John von Neumann)和俄罗斯数学家安德雷·科尔莫哥洛夫(Andrey Kolmogorov)独立地将卷积引入到泛函分析中,并对其进行了深入研究。20世纪20年代,美国数学家诺伯特·维纳(Norbert Wiener)将卷积引入信号处理领域,并在其著作《广义函数论》中详细讨论了卷积的性质和应用。20世纪40年代,英国数学家安德鲁·格雷(Andrew Gray)和美国数学家里奇·费曼(Richard Feynman)独立地将卷积引入到物理学中,并将其应用于量子力学和电动力学的计算。正是因为科学家学以致用,不惧困难,勇往直前地摸索,才使得卷积公式的应用领域得以拓展。

如今,卷积积分在我国铁路信号处理和图像处理等领域有着广泛的应用。同学们知道我国的铁路之父是谁吗?

詹天佑是中国近代著名的铁路工程师,他在19世纪末和20世纪初负责了中国北京至汉口(现为北京至武汉)铁路线的修建工作。他面临着巨大的挑战,如地理条件限制、资金困难等,但他坚持努力、勇往直前,最终完成了这一艰巨的工程。他所修建的京张铁路是中国人自行设计和施工的第一条铁路干线,是中国人民和中国工程技术界的光荣,也是中国近代史上中国人民反帝斗争的一个胜利。由中国人自己修建京张铁路,虽然是当时特殊历史背景下的一个辛酸胜利,但詹天佑和京张铁路,以及蕴含其中的民族精神却成为国人永远的骄傲。京张铁路是"中国人民的光荣",作为工业文明走进中国的象征,为中国铁路发展奠定了基础。因此,詹天佑也被称为"中国铁路之父"。

将卷积公式的发展史与詹天佑的精神结合起来,我们可以发现两者的共同之处。科学家在将卷积公式与应用领域结合时,需要坚持努力、勇往直前,面对挑战并解决问题。他们需要持之以恒地推导和优化公式,不断探索和尝试。正如詹天佑修建铁路一样,为了实现铁路的国有化、自治化,同样需要不惧艰难险阻,坚持不懈,勇往直前。这种结合既体现了科学家在工作中的坚持和奉献精神,同时又向我们传达了一个重要的思想:无论是修建铁路还是推导卷积公式,都需要付出努力与创新,不断超越自我,并为社会发展和进步作出贡献。卷积积分由最初的提出到如今的应用,离不开数学家和各领域学者的不懈努力,他们的不断探索和钻研的匠心精神值得我们学习。

（二）卷积积分计算与信号处理的应用

1.思政案例主题

铁路精神。

2.授课章节

第二章第七节。

3.教学内容分析

卷积积分是信号处理领域中广泛应用的数学方法之一,它在信号处理中具有重要的作用。

卷积积分是将两个函数进行卷积操作得到的一种积分形式。给定两个函数 $f(t)$ 和 $g(t)$,它们的卷积积分定义为:

$$x(t) = x_1(t) * x_2(t) = \int_{-\infty}^{\infty} x_1(\tau) x_2(t-\tau) d\tau$$

卷积积分具有交换律、结合律和分配律等性质。

4.卷积积分在信号处理中的应用

(1)系统响应分析:卷积积分可以用于分析线性时不变系统(LTI 系统)的响应。在信号处理中,系统的响应可以通过输入信号和系统的冲激响应进行卷积积分得到。通过卷积积分可以得到系统对于特定信号的输出,从而分析系统对信号的处理过程。

(2)信号滤波:卷积积分可以用于信号的滤波操作。通过将信号与一定的滤波器进行卷积操作,可以实现信号频率的选择性过滤。常见的滤波器包括低通滤波器、高通滤波器和带通滤波器等。通过卷积积分,可以将不同频率的成分进行分离或抑制,从而实现对信号的滤波。

(3)信号降噪:卷积积分也可以用于信号的降噪处理。通过将信号与一定的降噪滤波器进行卷积操作,可以抑制信号中的噪声成分。常见的降噪方法包括均值滤波、中值滤波和小波降噪等。通过卷积积分,可以实现对信号中噪声的抑制,提高信号的质量。

(4)信号特征提取:卷积积分在信号特征提取中也有广泛应用。通过将信号与一定的特征提取滤波器进行卷积操作,可以提取信号的关键特征。常见的特征提取方法包括边缘检测、纹理分析和频谱分析等。通过卷积积分,可以实现对信号中的特征进行提取,从而实现对信号的分析和分类。

(5)语音处理:卷积积分在语音处理领域中也有重要应用。通过卷积积分,可以实现语音信号的特征提取和分析。常见的应用包括语音识别、语音合成和语音增强等。通过卷积积分,可以将语音信号转化为一系列特征向量,从而实现对语音的理解和处理。

(6)图像处理:卷积积分在图像处理中也有广泛应用。通过将图像与一定的卷积核进行卷积操作,可以实现图像的模糊、滤波和边缘检测等操作。常见的应用包括图像滤波、图像增强和目标检测等。通过卷积积分,可以提取图像中的特定特征,实现对图像的分析和处理。

【思政元素】铁路精神。

卷积积分是数学中的一个重要概念,而铁路精神是指铁路工作者在工作中体现出的敬业、团结、奉献、创新的精神风貌。将卷积积分和铁路精神结合在一起,可以从多个角度进行思考和探讨。

首先,卷积积分是一种数学运算,它可以用于信号处理、图像处理等领域。卷积运算能够将两个函数融合在一起,得到一个新的函数。这个过程中,需要将两个函数的每一个点进行相乘,并将它们的乘积相加。这个过程与铁路建设中的团结合作密切相关。在铁路建设中,工作人员需要协同合作,各尽其责,共同推动项目的顺利进行。正如卷积积分中,每个点的乘积相加能够得到一个更加完整的函数一样,铁路建设中每个工作人员的努力都是不可或缺的,只有大家团结合作,才能够顺利完成铁路建设的目标。

其次,卷积积分是一种积极进取的思维方式。在卷积积分中,每个点都需要与其他点相乘,并进行相加运算,这种思维方式能够帮助我们从整体的角度来看待问题,而不是片面地看待每个点的作用。铁路建设中的创新也是类似的。铁路工作者需要不断探索新的技术和方法,以提高铁路建设的效率和质量。他们需要超越传统的思维方式,勇于尝试新的方法,不断创新,推动铁路事业的发展。

再次,卷积积分也需要耐心和坚持。在卷积积分中,每个点都需要进行相乘和相加运算,这个过程可能会非常烦琐和复杂。但只有坚持下去,才能够得到最终的结果。同样地,在铁路建设中,工作人员也需要耐心和坚持。铁路建设是一项庞大的工程,需要经过长时间的规划、设计、施工等过程。工作人员需要面对各种困难和挑战,但只要他们坚持不懈,就能够成功地完成铁路建设的目标。

最后,卷积积分和铁路精神都强调了团队合作的重要性。在卷积积分中,每个点的乘积相加需要所有点的参与,每个点都有自己的作用和贡献。同样地,在铁路建设中,每个工作人员都有自己的职责和任务,只有大家团结合作,才能够共同完成铁路建设的目标。团队合作能够发挥每个人的优势,整合各种资源,实现协同效应,提高工作效率和质量。

总而言之,卷积积分在铁路信号处理中扮演着重要的角色,可用于滤波、匹配和解调等方面,以提高铁路信号的质量和可靠性。我们可以从铁路人的精神中汲取力量,将这些精神注入自己的生活和事业中,以获得更大的成长和进步。这样的精神传承将有助于塑造一个积极向上、团结奋进的青年群体,为社会的发展作出积极的贡献。

【思政元素】华为冲破阻碍。

卷积公式在信号处理和图像处理等领域有广泛应用,而华为作为一家科技公司,在通信和信息技术领域有着丰富的经验和领先的技术。华为工程师们在研发过程中应用卷积技术,以提高通信设备的性能和图像处理的质量。例如,在无线通信中,他们使用卷积码以提高数据传输的可靠性。华为还在智能手机中采用卷积神经网络(CNN)来改善图像识别和增强现实(AR)应用。

华为精神可以说汲取了毛、邓两个时代的精华,较好诠释了在面对百年未有之大变局下的新时代精神。首先它一直坚持着中国人艰苦奋斗、注重集体主义的精神。它的企业文化叫"以奋斗者为本"。而且具有士兵一样的战略定力,坚持研发,坚守主业,几十年如一日,将大量的资源投入不能立即产生经济效益而发家致富的研发中。绝不染指能带来暴利的房地产业和金融投资业,也不去跟风上市来进行资本运作。华为工作者将"艰苦奋斗、舍我其谁、充满自信"的气质表现得淋漓尽致,从引进吸收再创新到完全自主创新,虽然遭到美国的极力阻挠,但是华为正在采取一系列措施以应对这些挑战,例如提高自身的研发能力、寻求替代供应链和技术合作伙伴,以及加强与其他国家的交流和合作。直到目前,华为的6G通信技术仍然处于领先地位,成功突破美国的封锁,为"科技强国"战略作出了自己应有的贡献。

华为精神是指华为公司所倡导和践行的核心价值观和行为准则,包括奋斗、担当、持续成长和开放合作等。华为精神可以激发年轻人在追求个人价值和社会发展中的积极性和创造力,为年轻人提供成长和发展的指导和动力。

四、课程反思

1. 课后拓展

课后带领同学们开展卷积图像处理实验,同时结合现场答疑,让学生在实际操作中加深对卷积积分的理解和掌握。

2. 课程目标测试

通过以上课前、课中和课后的整体表现,了解学生对课程内容的掌握程度,并结合慕课平台自建习题库测试。

3. 教学拓展

铁路安全演练。进行一次铁路事故的模拟演练,演练主要涉及信号系统的应用。通过演练让学生了解信号系统在实际应用中的关键作用。

4. 课程总结

经过本章节的学习,学生了解了卷积积分的意义和应用。通过学习卷积积分的发展史,我们深刻认识到科学家们的智慧与刻苦。正是因为他们的不懈努力,才有了如今便利的卷积积分的计算公式。同时他们的奉献精神又让我们联想到我国铁路之父詹天佑,他在生活极端艰苦,且计算工具落后的条件下仍然不畏艰险,心怀祖国,勇于挑战,建成了我国自行设计的第一条铁路——京张铁路,为铁路事业发展做出巨大贡献。他的精神能鼓舞年轻人不断努力与创新,不断超越自我,并为社会进步和发展作出贡献。通过学习卷积积分的应用史,我们认识到科学家们大胆的创新精神,正是因为他们不断开拓应用领域,才有了现在卷积积分的广泛应用。这不禁让人联想到国内信号领域的先进代表——华为公司,它不断奋斗,敢于挑战,因为它知道挑战的背后是成功,只有克服挑战才能收获成功的果实;它勇于担当,不逃避责任,因为它知道每个人、每个公司都有属于自己的责任;它持续学习,不断完善自己,因为它知道自己在学习的过程中会暴露出不足,不断地弥补不足才能让自己更加优秀;它开放、合作,不夜郎自大,因为它知道封闭自己,终将落后于其他公司,只有开放、合作,才能不断完善技术。

华为精神为年轻人提供了成长的指导和发展的动力,帮助当代年轻人在面对困难和挑战时保持积极的心态,勇敢面对困难,持续努力追求个人的梦想。同时,在实验过程中让学生们参与卷积积分的实践操作,增强学生的动手能力,加深其对卷积积分的理解;在卷积积分的演练中,增强学生的应用能力,让学生更加重视卷积积分的应用。

"轨道工程"课程思政教学案例

张鹏飞

一、课程介绍

"轨道工程"是铁道工程等专业的一门重要的专业必修课程,共2.5个学分,40个学时。本课程获评国家级一流本科线下课程、江西省一流本科线下课程,立项江西省课程思政示范项目,是我校综合课程体系中的关键核心课程。主要内容包括:绪论、有砟轨道、无砟轨道、轨道几何形位、道岔、轨道结构力学分析、无缝线路等,也融入了城市轨道交通轨道结构的相关知识。通过课程学习,让学生掌握轨道工程的有关理论知识,提升能力水平。同时,本课程在厚植学生的家国情怀、培养工匠精神、明确使命担当等方面也能起到积极的推动作用。

二、课程目标

(1)知识目标:了解铁路及轨道结构的发展历程;掌握有砟轨道、无砟轨道的组成及其基本力学性能;掌握轨道结构力学分析的模型及方法;熟悉铁路轨道几何形位及外轨超高、缓和曲线等计算分析理论;掌握轨道结构力学分析的方法、模型;掌握道岔的作用、单开道岔的构造及几何尺寸,影响过岔速度的因素及提高过岔速度的措施;掌握铁路轨道结构力学分析的计算理论、分析方法和求解过程;掌握普通无缝线路的设计方法,并能通过工程语言正确表达设计意图,帮助学生领悟遵循专业规范设计的重要性。

(2)能力目标:通过布置专题研究和课堂讨论,使学生找到获取知识的途径,培养学生的自学能力、表达能力、交流能力、团队合作能力与终身学习能力。

(3)课程思政目标:课程充分挖掘如"国家战略、家国情怀、价值塑造、精神传承、使命担当、匠心品格"等思政元素,优化课程思政内容的供给。坚持思政教育与知识教育、能力培养并重,将显性教育和隐性教育相统一,形成协同效应。

三、课程思政教学设计举例

1.教学案例信息

表 1　教学案例信息一览表

案例主题	思政元素在"高速铁路轨道结构主要技术创新"中的融入
授课章节	1.4 高速铁路轨道结构的主要技术创新
教学内容	教学重点:高速铁路对轨道结构有更高要求 教学难点:高速铁路轨道结构技术创新历程及成就
教学目标	知识目标:通过教学,让学生了解高速铁路对轨道结构提出的更高要求,掌握我国高速铁路轨道结构的主要技术创新 能力目标:结合我国高速铁路轨道结构的主要技术创新,激发学生的创新意识,培养学生解决复杂工程问题的能力 思政目标:使学生充分认识到我国国家制度和国家治理体系的巨大优势是高速铁路跨越式发展的根本保障,鼓励同学们继承和发扬"天佑精神""科学家精神",为祖国的高铁和轨道交通事业作出更多、更大的贡献
学情分析	近年来,我国铁路特别是高速铁路取得了跨越式发展。作为本科学生对铁路并不陌生,但他们对我国铁路的发展历程、技术创新了解得不一定很全面,比如:高速铁路与普通铁路的技术、经济优势有哪些?为什么我们国家的高速铁路发展得这么快?在高速铁路发展过程中我们遇到了哪些难题?对轨道结构来讲我们实现了哪些技术创新?本节课将重点为学生解答上述问题

2.教学实施过程

本节课从我国高速铁路的发展历程及取得的巨大成就讲起,引入高速铁路对轨道结构和线下基础提出了新的更高要求,进而重点讲述中国铁路科技工作者传承"天佑精神""科学家精神",经过不懈努力实现了轨道结构的六大技术创新,解决了高速铁路发展过程中遇到的众多技术瓶颈,为"交通强国""高铁走出去"作出了自己应有的贡献。

教学实施框架如图 1 所示：

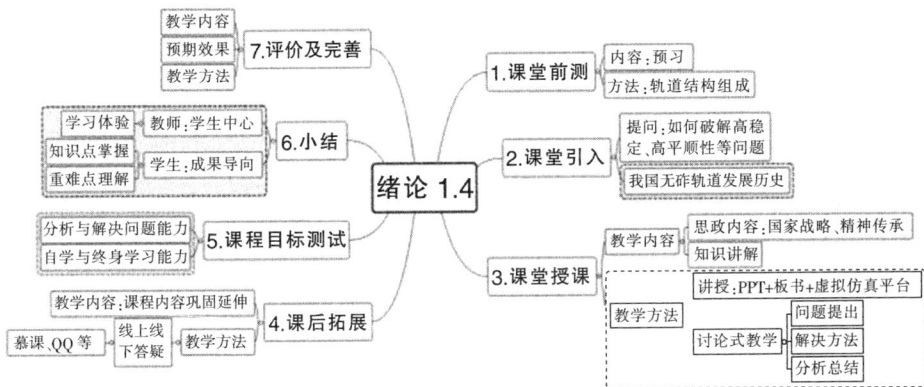

图 1　教学实施框架图

本节课分为四个环节：课堂前测、课程引入、课堂讲授、课堂小结。课后拓展放在课后完成。

（1）课堂前测。

和同学们一起回顾上节课讲述的内容，了解学生对轨道结构组成、轨道结构功能的掌握情况。

（2）课程引入。

【教师提问】同学们都乘坐过高铁，你了解的高速铁路都有哪些？ 我国高速铁路的现状如何？ 我国高速铁路发展历程中破解了哪些技术难题？

【学生回答】略。

【教师讲析】近年来，中国在高速铁路领域发展迅速，取得了举世瞩目的成就。中国铁路坚持原始创新、集成创新和引进消化吸收再创新相结合，系统掌握了时速250 千米和时速 350 千米及以上速度等级，涵盖设计施工、装备制造、系统集成、运营管理等高速铁路成套技术，构建了具有自主知识产权和世界先进水平的高速铁路技术体系。中国已经成为世界上高速铁路发展最快、系统技术最全、集成能力最强、在建规模最大、运营里程最长、运营速度最高、产品性价比最优的国家。虽然我们取得了上述重大成就，但我国高速铁路发展过程并不是一帆风顺的，也遇到了各种各样的难题。

由此引入本节课的内容：我国高速铁路发展历程及现状、高速铁路轨道结构主要技术创新。

（3）课堂讲授。

①我国高速铁路发展历程及现状。

【教师讲解】

1964 年 10 月 1 日,日本东海道新干线开通,标志着铁路进入高速时代。高速铁路具有诸多优点,比如速度快、旅行时间短;列车密度高、运量大;乘坐舒适性好;土地占用面积小;能耗低;环境污染小;外部运输成本低;列车运行准点;安全可靠;不受气候影响,全天候运行;社会经济效益好;等等。鉴于此,高速铁路一经诞生就在世界各国得到了较为快速的发展。

进入 20 世纪 80 年代,铁路运能不足、速度低的现状与经济社会快速发展之间的矛盾日益加剧,高速铁路修建提上了日程。

截至 2022 年底,全国铁路营业里程达到 15.5 万公里,其中高速铁路里程4.2 万公里。我国高速铁路通车里程占全球通车里程的 70% 以上,全套技术体系值得世界铁路同行学习和借鉴。

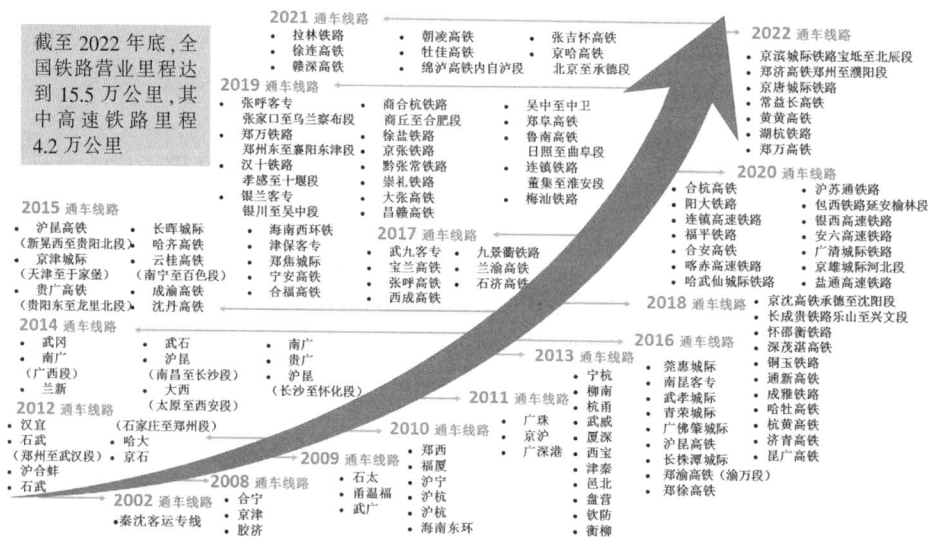

图 2　2002—2022 年中国各铁路线里程数变化情况

【案例教学】结合图 2,以秦沈客运专线、京津城际、京沪高速、智能京张等典型工程为例,勾勒出我国高速铁路的跨越式发展历程。

【思政元素】引入"交通强国"战略、"高铁走出去"战略。

中国高铁从无到有,从落后、跟跑、并跑到遥遥领先,再到全面实施"高铁走出去"战略,这种跨越式发展彰显了我国国家制度和国家治理体系的显著优势:全国一盘棋,调动各方面积极性,集中力量办大事。

但是,我们也清醒地意识到,这个过程并非是一帆风顺的,而是充满了挑战和艰辛。

【课堂讨论】高速铁路的特点是什么?对轨道结构和线下基础提出了哪些更高的要求?

高速铁路的特点是高速度和高密度,其目标是高安全性和高乘坐舒适性。高速铁路对轨道结构和线下基础提出了更高的要求:高平顺性、高稳定性、高强度、少维修。

【教师提问并自答】如何能破解这些难题?唯有精神传承+技术创新。

【思政元素】引入天佑精神、科学家精神。

②高速铁路轨道结构的主要技术创新。

A. 钢轨的重型化、强韧化和纯净化;

B. 高标准的有砟轨道;

C. 无砟轨道的大量铺设;

D. 高性能的扣件被广泛采用;

E. 大面积推广无缝线路;

F. 高速道岔的研制与铺设。

③总结与思考。

高速铁路的跨越式发展,充分展示了我国国家制度和国家治理体系全国一盘棋,调动各方面积极性,集中力量办大事的显著优势。

中国铁路科技工作者秉承天佑精神,从引进吸收再创新到完全自主创新,能够解决高速铁路发展过程中遇到的所有技术瓶颈,为"交通强国""高铁走出去"作出了自己应有的贡献。

高速铁路未来向智能化发展的过程中,还会遇到各种各样的技术难题,鼓励同学们继承和发扬天佑精神,为祖国的高铁和轨道交通事业发展作出更多、更大的贡献。

（4）课堂小结。

通过本教学单元的讲授,使学生掌握了我国高速铁路轨道结构的技术创新,了解了高速铁路轨道结构的创新发展,深入了解了高速铁路对轨道结构提出更高要求的具体原因。课程中也引入了天佑精神、科学家精神等思政元素。

四、课程反思

本课程教学中,课前采用任务驱动法引导学生预习上课内容。教学过程中首先采用问题导入和历史发展进程介绍等引入式教学激发学生学习的兴趣,课中采用讨论式或探究式教学改变传统教学注重知识传授的倾向,强调形成积极主动的学习态度,将轨道工程知识和思政元素融合,并结合一定的情景案例,提炼和运用知识点,使获得基础知识和基本技能的过程伴随学会学习和形成正确价值观的过程。

在课程实践—反思—改善—再反思过程中,将课程内容与社会热点、经济、时事政治紧密结合起来,不断挖掘兴趣点。在今后的教学中将进一步研究教学技术和技巧,培养学生的创造性思维,更加深入地挖掘专业课程中蕴含的思政元素,将课程思政更加自然地融入专业知识中,发挥课堂教学的主渠道作用,使思政课和专业课同向同行。

"综合艺术"课程思政教学案例

张一伦

一、课程介绍

"综合艺术"是一门为期六个学期的音乐学专业限选课程,从大二开始。该课程的核心目标是通过教师授课、学生练习和实际应用相结合,培养学生的音乐表演技能和艺术修养。它包括以下特点:首先,学生必须在大一完成"声乐、器乐专业小组课"和"视唱练耳"等音乐基础课程,为更深入的学习打下坚实的基础。其次,为期六个学期的课程允许学生逐步提高演奏和表演技能,同时接触不同类型的音乐作品。此外,学生将深入研究音乐与社会、文化和伦理的关系,思考音乐对社会和道德的影响。最后,学生将学习音乐理论知识,以更深入地理解音乐作品。通过这六学期的学习,学生将提高音乐技能,培养音乐素养,思考音乐与社会和道德的关系,以及加强团队合作能力,为未来从事音乐职业或继续深造打下坚实的基础。

二、课程目标

"综合艺术"以专业技能和综合素质培养为主线,以加强实践操作技能为核心,以教育教学与当代社会对音乐表演应用人才的实际需求相结合为宗旨,使课程与思想政治理论课同向同行,形成协同效应。根据专业培养方案要求,本课程共6个教学目标,用以支撑6个毕业要求指标点,详见图1。

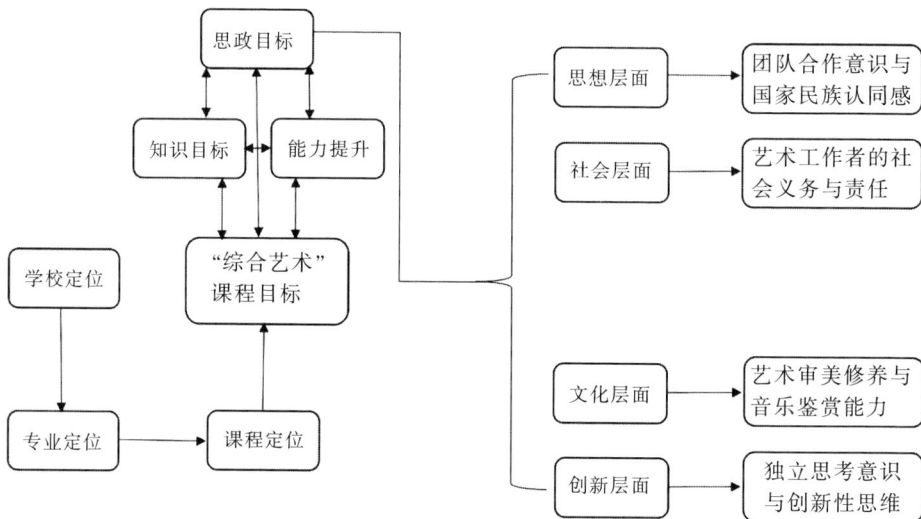

图 1   课程目标示意图

三、课程思政教学设计举例

1. 教学目的、要求

(1)使学生全面了解《红旗颂》这首乐曲的创作背景及主题思想。

(2)帮助学生掌握《红旗颂》的作品风格,初步了解作品的曲式结构。

(3)欣赏中国爱乐乐团所演奏的《红旗颂》。

(4)结合视频及总谱使学生了解该作品几处重要和声效果的处理方法。

(5)通过演奏这首作品,使学生对红色曲目有更深一层的认识,并由此培养学生热爱祖国,一心向党,积极乐观的精神,营造良好的育人环境。

2. 教学重点

(1)音乐技巧:学生应该在这堂课上提高音乐技巧,包括声乐或乐器演奏技巧。他们需要熟悉歌曲的旋律、和声、节奏等方面,并在小组和合唱中协调演奏。

(2)理解歌曲:学生需要理解《红旗颂》的音乐结构和歌词,以确保他们能够正确表达歌曲的情感和含义。

(3)合作与协作:重点还应放在学生之间的合作与协作上,他们需要在小组排练和整体合唱中共同努力,以实现音乐的和谐演奏。

(4)思政教育:此外,教师也应在教学过程中引导学生思考音乐与社会、文化和价值观之间的关系,以增强他们的思政教育意识。

3. **教学难点**

(1)音乐复杂性:《红旗颂》可能具有音乐上的复杂性,包括复杂的和声、旋律、调性变化等。学生需要花时间来理解和演奏这些复杂的音乐元素。

(2)协作和合唱:合唱排练要求学生协作和协调各声部,确保和声和节奏的准确性。这可能对一些学生来说是挑战。

(3)歌词理解:歌曲的歌词可能涉及抽象或历史性的内容,需要学生深入理解歌曲的文化和社会背景,以正确表达情感。

(4)思政教育理解:引导学生理解音乐与社会、文化和价值观之间的关系可能需要一些时间和技巧。

4. **教学方法**

(1)演示和示范:教师通过自己的演示和示范来展示正确的声乐或乐器演奏技巧,以便学生模仿和学习。

(2)录音和播放:播放专业演出的音乐录音,有利于学生理解正确的演奏和表达方式。

(3)分组练习:学生分成小组,在小组内进行练习和排练。这有助于提高协作和合奏技能。

(4)音乐分析:教师通过乐谱、音频分析等,帮助学生更好地理解歌曲的音乐结构。

(5)讨论和互动:鼓励学生参与课堂讨论,分享他们的想法和观点,促进学生之间的互动和交流。

(6)思考问题和案例研究:提出引导性问题,进行音乐案例研究,以激发学生深入思考音乐与社会、文化和价值观之间的关系。

(7)实践演奏:学生需要进行实际的声乐训练或乐器演奏,以提高他们的音乐技巧。

(8)思政教育模块:教师可以引入思政教育模块,包括讨论关于音乐与社会、文化和价值观的问题,以引导学生深入思考音乐的社会影响。

5. **教学过程**

(1)引入(20分钟):课程开始时简要介绍《红旗颂》的历史背景、作曲家以及歌曲的意义,播放一段《红旗颂》的视频,让学生聆听,激发他们的兴趣和情感。

(2)歌词分析(20分钟):与学生一起分析歌词,解释其中的关键词语和意义,鼓励学生思考歌曲中的价值观念和社会意义,确保学生理解歌曲的内容。引导学生讨论歌曲中所表达的情感,例如激情、自豪和团结等核心思想以及这些思想对社会的影响。

(3)音乐分析(30分钟):介绍乐曲的音乐结构、旋律、和声和节奏特点,带领学生一起练习乐曲的旋律部分,了解和协调各声部的演奏及演唱。

(4)小组排练(60分钟):根据不同声部分成小组,每个小组负责排练作品的特定部分。教师在每个小组中提供指导,强调音准、节奏和和声。学生在小组内多次排练,确保他们熟悉各自的部分。

(5)音乐理论深入讨论(15分钟):在排练的中间阶段,教师组织学生进行更深入的音乐理论讨论,包括歌曲的调性、调式、和声结构等方面的内容。鼓励学生提出问题和观点,与教师一起深入探讨歌曲的音乐特点。

(6)合排(60分钟):学生汇合到交响乐排练厅,开始进行全曲的合奏排练。各声部教师引导各组合奏,以确保协调各声部之间的合奏,进而确保音乐的和谐和统一。

(7)表演和情感表达(45分钟):教师鼓励学生思考如何通过不同的演奏法和音色以及表情来传达歌曲的情感和意义。学生进行多次排练,同时注重表演技巧和音乐性能。

(8)总结和讨论(20分钟):教师与学生一起回顾今天的课程,强调重要概念和技巧。引导学生讨论《红旗颂》所传达的社会和政治意义。鼓励学生思考音乐如何在历史事件和社会情境中发挥作用,并引导他们对音乐与社会的关系进行更深入的思考。鼓励学生分享他们的感受和观点,分享对歌词中的国家荣誉和团结精神的理解,并讨论如何进一步提高音乐表现。

(9)作业:布置练习特定部分的乐曲以及查阅有关《红旗颂》的更多背景信息。

6. 教学效果

(1)音乐技能水平提高:学生在歌唱或乐器演奏方面的技能水平提高了,包括音准、音乐表达能力、节奏感等。

（2）乐曲理解和表达：学生对《红旗颂》的音乐结构、歌词和情感表达的理解程度，以及他们在演奏中能否准确传达歌曲的情感。

（3）协作和合唱能力：学生在小组排练和整体合唱中的协作能力，包括声部协调、和声和谐等。

（4）思政教育意识：学生对音乐与社会、文化和价值观之间关系的认识程度，以及他们是否能够在音乐中表现相关的价值观。

（5）学习兴趣和参与度：学生是否对音乐学习保持积极的兴趣和参与度，是否愿意深入学习和练习。

（6）表演水平：学生在演奏或歌唱方面的表现水平，包括音乐性能的质量、情感传达和观众互动等。

（7）自主学习和独立思考：学生是否能够独立进行音乐分析和学习，是否能够主动寻求额外的音乐资源和资料。

（8）教育效果：教师的引导是否产生了预期的思政教育效果，学生是否通过音乐学习树立了社会价值观，增强了文化认同。

这些评估指标可以通过考试、演出、作业、课堂参与度、学生反馈等多种方式来衡量。综合考虑这些指标，可以全面评估课程的教学效果，并根据评估结果进行必要的调整和改进。

7. 主要特色和创新之处

（1）通过曲目的排练、学习以及对作品创作背景的解读，将作品中所蕴含的精神文化与爱国情怀传达给学生，在提高学生综合艺术修养的同时唤醒学生的爱国情怀，激发学生对中华民族伟大复兴的斗志，培养学生团队协作能力。

（2）打破了专业之间的界限，增进了与其他学科的联动，促进了教学模式的不断改革与创新，拓宽了教学的广度。

（3）开设线上学习，通过"中国大学 MOOC""学习通"等平台开展网络教学。课前教师发布学习任务及相关课程资料，学生自主预习，查阅资料库，完成预习任务，并设置专题讨论、分组讨论、单元考试等内容，帮助学生理解所学作品中的内涵，激发学生对红色音乐作品的学习兴趣，进而提高学习效率。

（4）设立"线上+线下"相结合的课程考核形式，以线上自主学习、讨论和现场考试的方式进行考核。通过对红色音乐作品的独奏以及合奏的考查来培养团队合作意识,充分掌握不同时期、不同民族、不同风格的演奏处理方法,提高学生的艺术审美能力,培养其严谨认真的作风,并增强其对中华民族的认同感。

四、课程反思

(1)教学方法的多样性:尽管已经采用了多种教学方法,但可以进一步增加教学方法的多样性。例如,可以考虑引入更多互动性的活动,如学生间的小组讨论或音乐分析项目,以促进更深入的学习。

(2)思政教育的明确性:虽然强调了思政教育的重要性,但可以进一步明确思政教育的具体目标和方法。这可以通过更具体的讨论和指导来实现,确保学生能够更好地理解音乐与社会、文化和价值观之间的关系。

(3)学生参与度的提高:虽然学生表现出较高的参与度,但可以更积极地引导他们的参与。这可以通过提出更具挑战性的问题、鼓励学生分享个人见解以及鼓励他们提出问题来实现。

(4)学生反馈的收集:更加系统地收集学生的反馈意见,包括他们对教学方法、课程内容和学习体验的看法。这可以通过匿名问卷、小组讨论或个别会谈来实现。

(5)时间管理的优化:确保在上课过程中有效地管理时间,以确保每个环节都有足够的时间用于讨论、练习和思考。

(6)曲目和资源的更新:定期审查和更新作品和资源,以确保它们与最新的音乐和思政教育发展保持一致。

"材料力学"课程思政教学案例

张　豫

一、课程介绍

"材料力学"作为一门面向工科专业学生开设的专业核心基础课,是连接基础理论和专业应用的桥梁,是提升学生力学素养、培养创新能力和启发高阶思维的重要环节,是专业学习的基石。课程秉持"学生中心、专业引领、思政育人"理念,将思政元素显隐双性地融入教学中,力争以正确的三观引领成人,以科学的知识课堂育人,以言行的榜样立德树人。

课程内容从外力、内力和应力三方面的分析入手,结合不同材料的力学性能,使学生深入了解对称弯曲梁的强度设计问题。同时,结合工程案例,总结和概括合理设计梁的各项措施。

二、课程目标

1. 知识目标

学习工程中梁的合理强度设计的方法。

2. 能力目标

从梁的优化设计入手,培养学生具备必要的基础理论知识和分析计算能力。

3. 价值目标

(1)授业解惑,提升学生的力学知识素养。

(2)养成科学和严谨的思维习惯。

(3)坚定学好材料力学的信心,增强爱国服务意识。

三、课程思政教学设计举例

（1）通过本校"材料力学"课程团队的中国大学 MOOC 与"知到"APP（智慧树）的线上慕课资源学习，回顾梁的弯曲正应力、切应力强度计算的相关内容。

（2）通过回答上节课留下的"如何进行梁的合理设计""发现生活中的合理设计案例"两个问题，引导学生进入本节课的教学内容。

由工程实例"木结构房屋建筑的主副梁支承结构"简单说明如何应用"等效荷载"提高承载力，使学生对"等效荷载"有更切实的认识和深入的理解。

措施一：合理配置载荷与支座。

首先，改变加载方式，可降低梁的最大弯矩值。如图 1 所示，简支梁在跨中承受集中力 F 时，最大弯矩为 $M_{max} = Fl/4$。如果将集中力 F 通过图示辅梁的方式传递作用到主梁上，或者变成静力等效的均布载荷，那么最大的弯矩变为 $Fl/6$ 和原来的一半 $Fl/8$。

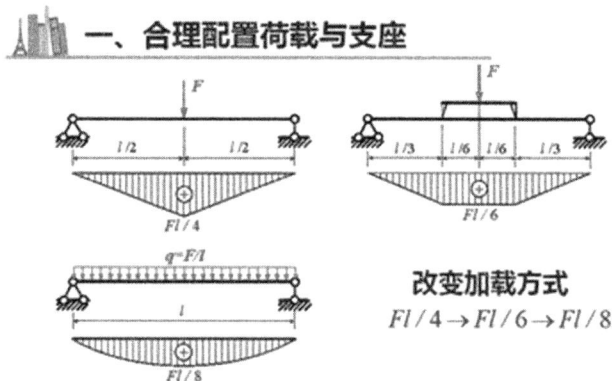

图 1　改变加载方式提高承载力

工程实例：龙门吊、锅炉筒体，其支承点不在两端。如图 2 所示，引导学生思考这样安排支座的力学原因是什么？（振华重工 2000 吨龙门吊——世界之最）

图 2　龙门吊、锅炉筒体支承点位置

其次,通过合理安排支座位置,也可以降低梁的最大弯矩。图 3 的均布载荷作用的简支梁,最大的弯矩 $M_{max} = Fl/8$。若将两支座分别向跨中移动 $l/5$,则后者的最大弯矩 $M_{max} = Fl/40$,仅为前者的 $1/5$。后者仅仅通过将两支座分别向跨中移动 $l/5$,就提高了 5 倍的承载能力,以此激发学生的好奇心和求知欲。

合理安排支座位置

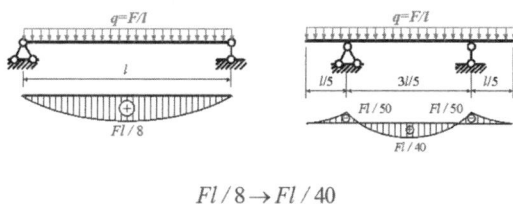

$$Fl/8 \rightarrow Fl/40$$

图 3　改变支座位置提高承载力

措施二:合理设计截面。

首先,从弯曲强度考虑,如图 4 所示,比较合理的截面形状是采用较小的截面积,却具有较大抗弯截面系数的截面外形。

按照这一理念,可以采用增大单位面积的抗弯截面系数来提高梁的承载力。我们知道,在弯矩一定时,最大弯曲正应力与抗弯截面系数成反比。因此,我们应尽可能增大横截面的抗弯截面系数 W_z 与截面积 A 的比值。

由于在一般截面中 W_z 与截面高度的平方成正比,所以,应尽可能使横截面面积分布在距中性轴较远的地方,以满足上述要求。例如,高宽比 $h/b > 1$ 的矩形截面梁,竖放比横放的弯曲强度高。

可以将几种常用截面的 W_z/A 比值进行对比,可知各种截面的合理程度并不相同。例如环形比圆形合理,矩形截面竖放比横放合理,而工字形又比竖放的矩形更为合理。

此情况还可以运用弯曲正应力的分布规律进行解释。因为,正应力按线性分布,中性轴附近正应力很小,而在距中性轴最远的上、下边缘各点处正应力最大,因此,使横截面面积分布在距中性轴较远处可充分发挥材料的作用。

工程中大量采用的工字形和箱形截面梁就是运用了这种理念。而圆形实心截面梁上、下边缘处材料较少,中性轴附近材料较多,因而不能做到材尽其用。所以,对于需要做成圆形截面的轴类构件,适合采用空心圆截面。

二、合理设计截面形状

❶ 增大单位面积
  的抗弯截面系数 $\dfrac{W_z}{A}$

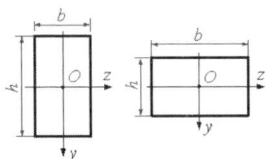

几种截面的 W 和 A 的比值

截面形状	矩形	圆形	槽钢	工字钢
W/A	$0.167h$	$0.125d$	$(0.27\sim0.31)h$	$(0.27\sim0.31)h$

图 4　合理的梁截面形状

【力学小知识】介绍中国古代建造发展史中的力学知识,激发爱国热情,强调严谨细致的学风。北宋崇宁二年(1103 年)付梓的《营造法式》,作为一部记录中国古代建筑营造规范的书,是我国古代最完整的建筑技术书籍,标志着中国古代建筑已经发展到了较高阶段。

《营造法式》卷五:"凡梁之大小,各随其广分为三分,以二分为厚。"意思是说,矩形木梁截面的高宽比以 3∶2 为最佳。

【课后作业】试以本节所学的梁的弯曲强度理论知识予以证明。

【提高思考】相对传统意义上的窄长梁,与之相反的是宽扁梁(如图 5 所示)。例如,铁路轨道的枕木梁,其主要设计依据是什么?

其次,根据材料的性质,选择截面的形状。如图 6 所示,塑性材料(例如钢材)因为抗拉和抗压能力相同,所以,截面应以中性轴为对称轴,例如工字形截面,这样可使最大拉应力和最大压应力相等,在设计荷载作用下同时达到许用应

图 5　铁路轨道的枕木

力,使材料得到充分利用。

❷ 根据材料的性质选择截面的形状。

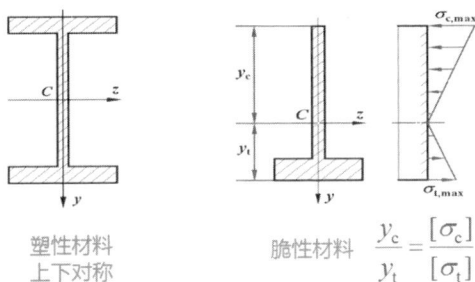

图 6　材料性质对截面设计的影响

　　对于抗拉和抗压能力不相等的脆性材料,例如铸铁,设计截面时,应尽量选择中性轴不是对称轴的截面,如 T 形截面,使中性轴靠近受拉一侧,并将其翼缘部分置于受拉一侧,尽量使截面上最大拉应力和最大压应力同时达到或接近材料抗拉和抗压的许用应力,使其受压区与受拉区高度比值等于材料的许用压应力与拉应力的比值。

　　梁的合理设计措施三:采用变截面梁与等强度梁。

　　如图 7 所示,横力弯曲时,梁内不同横截面的弯矩不同。因此,在按最大弯矩设计的等截面梁中,除最大弯矩所在截面外,其余截面的材料都没有得到充分利用。在工程实际中,常常根据弯矩沿梁轴线的变化规律,将梁相应设计成变截面的形式。横截面沿梁轴线变化的梁称变截面梁。当变截面梁上所有截面的最大正应力都相等,且等于许用应力时,这种梁称为等强度梁。例如,变截面梁和鱼腹式梁是等强度梁的设计实例(如图 8 所示)。所以,从弯曲强度方面考虑,等强度梁是理想的变截面梁。

$$\frac{M(x)}{W_z(x)}=[\sigma]\text{——弯曲等强条件} \qquad \frac{3F_\mathrm{S}}{2bh_{\min}}=[\tau]\text{——剪切等强条件}$$

$$M(x)=Fx \quad W_z(x)=\frac{bh^2(x)}{6} \qquad F_\mathrm{S}=F$$

$$h(x)=\sqrt{\frac{6Fx}{b[\sigma]}} \quad h_{\max}=\sqrt{\frac{6Fl}{b[\sigma]}} \qquad h_{\min}=\frac{3F}{2b[\tau]}=h_1$$

图 7   等强度梁设计思想

🗼 **鱼腹式梁与变截面挑梁**

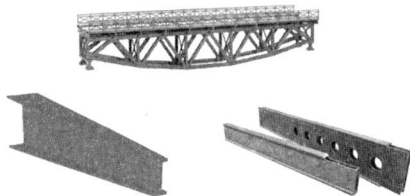

图 8   等强度梁设计实例

四、课程总结

（1）梁的合理设计的基本方法：合理配置载荷与支座；根据材料的性质，选择合适的截面形状；采用变截面梁与等强度梁。

（2）通过思政教育，如中国古代建造发展史中的力学内容拓展学生的思维，引入世界之最——振华重工 2000 吨龙门吊的力学设计，增强学生的民族自豪感。

"P2 高级管理会计"课程思政教学案例

章丽萍 刘燕萍

一、课程介绍

"P2 高级管理会计"为会计学(国际会计)专业的专业课程,旨在培养具有新时代精神的德才兼备的国际化高级管理会计人才。课程确定"建设质量强国,弘扬工匠精神"等思政教育目标,以"家国情怀、使命担当、价值规范"为理想信念,培养"诚实守信、精益求精、勇于创新"的会计道德素养。针对课程特点,通过互联网技术,汇集线上和线下资源,把浅层学习导向深度学习,构建一套集"课前+课堂+课后"于一体的混合式教学模式,凝练思政目标,实现教学案例的知识内化,以期培养学生的深度学习能力,了解在动态经营环境下"思政"高级管理会计发展的新特点。

二、课程目标

通过该课程系统地向学生传授准时生产制和全面质量管理的相关知识,包括它们各自具备的优势、在实际生产运营中所产生的广泛影响等,打牢学生扎实的专业理论基础;同时,巧妙引入"质量强国"这一国家战略以及承载着精神传承意义的"工匠精神"思政元素,拓宽学生视野,深化其对专业内涵的理解。从课程培养目标出发,通过上述教学安排,促使学生清晰认识到准时生产制如何有效提升生产效率、精准控制成本,以及全面质量管理怎样保障与优化产品质量,进而降低成本,助力学生将所学知识转化为实际应用能力。

三、课程思政教学设计举例

（一）思政案例主题

现代商业环境下新的管理模式：准时生产制和全面质量管理。

（二）授课章节

Chapter2 The Modern Business Environment.

（三）教学重点

（1）准时生产制、约束理论和全面质量管理对效率、库存和成本的影响；

（2）准时生产制、约束理论和全面质量管理的优势及这些方法如何帮助现代制造业做出决策。

（四）教学方法

案例教学法、讨论式教学法、探究式教学法。

（五）教学内容与实施过程

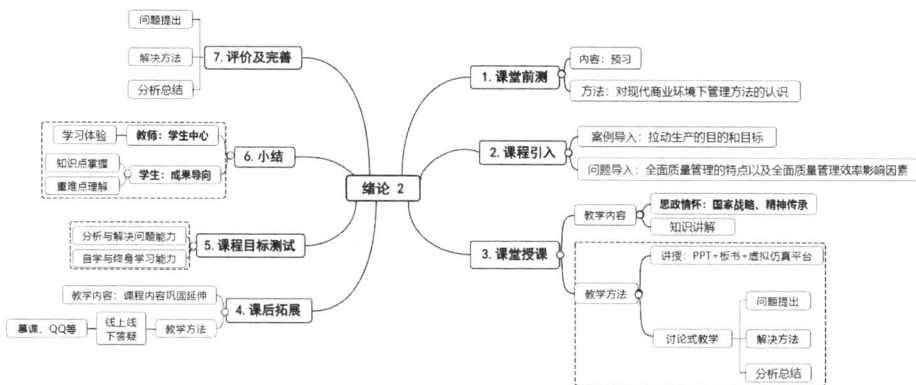

图 1   教学实施过程图

1. 课堂前测

了解学生对于现代商业环境下管理方法的认识，在现代商业环境下产生了哪些新的管理方法？

2. 课程引入

（1）案例导入。

幻灯片展示企业采用准时化生产进行产品制造的案例，启发式提问学生准时化生产的基本特征和核心要求,并以企业实际案例驱动学生思考拉动系统和推动系统的本质区别。同时依托案例背景,诱发学生思考为什么要拉动生产,它能帮助我们实现什么目标。

(2)问题导入。

与传统的质量管理相比,全面质量管理有什么特点? 全面质量管理效率的影响因素有哪些?

3. 课堂授课

(1)现代商业环境的现状。

思政元素引入——商业环境大变化:资本市场自由度增大,企业决策复杂性增强,管理模式不断变革创新,筑就了现代商业环境的新起点。

如今的企业面临着全球性的竞争压力和新技术的冲击,需要适应技术变革带来的挑战,需要实现业务与财务的融合,需要及时掌握多维度的信息,才能在企业经营管理中做出正确决策和实施高效运营,才能助力企业可持续发展。这种商业环境的变化,必然要求管理模式转变升级。

(2)课程知识点讲解。

以幻灯片和板书相结合的方式,首先介绍准时生产制产生和发展的背景,讲述准时生产制的概念、基本特征以及优势,通过比较推动式教学和拉动式教学,引发学生思考准时生产制可以实现的目标。其次由教师解释并总结准时化生产在企业生产经营活动中对于降低成本的作用。最后教师引导学生思考全面质量管理的影响因素和优势,并对全面质量管理模式进行总结评估,从而使学生深入理解本节课的知识要点。

(3)讨论式教学:分组讨论,进一步加深学生对知识的理解,并通过此种方式给予学生课堂思考反思时间,然后进一步拓展,引导学生思考:"现代企业的未来管理模式是什么?"

探究式教学:课前一周给小组布置探究性学习任务。学生查阅资料,对知识体系进行整理,再选出代表上台讲解,其他成员可选择性进行补充,最后由教师和学生共同进行点评和总结。

(4)思政元素引入——质量强国、工匠精神。

"十四五"规划强调要坚持发展实体经济,建设制造强国、质量强国,深入开展质量提升行动。中央经济工作会议也强调要加强产业链、供应链的顶层设计，强化共性技术供给，深入实施质量提升行动。

机遇与挑战：推动强化质量管理和持续的质量改进以降低产品成本，满足用户需求，提高企业信誉，帮助企业形成可持续的核心竞争优势。在实施全面质量管理过程中，企业有必要对质量成本、质量收入和质量损益进行计划、预算、核算、分析、控制与考核，统筹权衡质量、成本和收益的关系，促进质量成本和质量收入相适宜，使企业实现质量经济效益。

目前，我国经济增长已由高速增长阶段转向高质量发展阶段，要推动国家"质量强国"和"质量第一"战略在微观层面的具体落实，促进中国企业的转型升级，提高国际竞争力。

对于会计职业来说，除要具备"工匠精神"应有的一般表征外，诚实守信、严谨细致、精益求精、守正创新更是会计人才"工匠精神"的特有表征。

传承与创新：专业基础课是从整体上来塑造"工匠精神"的，专业核心课是促进"工匠精神"形成的，专业实践课是践行"工匠精神"的。要将"工匠精神"的培育渗透到教学的各个环节，将学习与工作岗位相衔接。以该课程为例，在讲授管理会计人员职业道德的时候，首先，要保持自己应有的专业技术水平，要不断更新自己的知识体系，避免发生有损职业规范的行为。这里便体现了"工匠精神"中的精益求精、守正创新。其次，管理会计人员在工作中应当做到：对知悉的信息严格保密，不得泄密；对外披露信息时，务必保证客观、及时。这里更体现了"工匠精神"中的诚实守信、严谨细致。

总之，管理会计专业对"工匠精神"的培育或融于思政教育，或融于创新创业、职业生涯规划类课程，形成系统化的"工匠精神"培育体系，具体落实协同培育。

（5）党史学习。

学百年党史，创质量强国：牢牢把握学党史、悟思想、办实事、开新局的要求，将学习党史的感悟和精神运用到质量强国的实践中。

4. 案例练习

将具体案例与课程知识点相结合，创设企业全面质量管理情境，开展案例学习；引导学生融入企业真实环境，分析全面质量管理的特点和工作程序，思考这种管理方式受到哪些因素的影响及其优势所在。教师围绕学生的想法对案例展开讲解,做到以学生为中心,避免教师单方面的知识输出;同时提高学生课堂参与度,巩固学生对本节课知识点的掌握,并培养学生的思维能力。

5. 课程测试

通过以上课前、课中和课后的整体表现,了解学生对课程内容的掌握程度。请学生谈谈现代商业环境对新管理方式有怎样的需求?

6. 课程小结

通过本教学单元的讲授,学生已经对准时生产制和全面质量管理有一定的了解。在课程结尾,回顾并总结课程知识点。课程结束后,教师利用在线教学网站、APP 发布全面质量管理和准时生产制的相关习题、优质教学资源、拓展资源,实现课后拓展,巩固学生所学知识,并利用后台数据收集、统计学生答题情况,通过后台数据的反馈分析学生对于知识点的掌握情况。存在问题:课堂提问环节中,部分学生回答问题的积极性不高。改进措施:运用即时评价,积极调动学生情绪,强化正向引导。

7. 评价及完善

分析学生网上评教及专业教师评教结果,及时调整上课策略,持续改进完善。

四、课程反思

本课程课前采用任务驱动法引导学生对教学内容形成初步的认识。教学过程中首先采用问题导入和案例导入的方式激发学生学习的兴趣,课中采用讨论式或探究式教学改变传统教学注重知识传授的倾向,强调形成积极主动的学习态度,将管理会计知识和思政元素融合,并结合一定情景案例,提炼和运用知识点,使获得基础知识和基本技能的过程伴随专业学习和形成正确价值观的过程。

结合学生的特点和需求,在不断的课程实践—反思—改善—再反思过程中,将课程内容与社会热点、经济、时事政治紧密结合起来,不断挖掘兴趣点。但当前提炼思政元素的水平有待提高,教学中对于学生探究思维能力的培养有待加强。在今后的教学中将进一步研究教学技术和技巧,培养学生的创造性思维,更加深入挖掘专业课程中蕴含的思政元素,将课程思政更加自然地融入专业知识中,发挥课堂教学的主渠道作用,使思政课和专业课同向同行。

"商业与技术"课程思政教学案例

周晨松

一、课程介绍

"商业与技术"是一门面向会计学（ACCA 方向）专业学生开设的课程,主要介绍会计师和企业之间的关系,以及会计师在企业中的作用。本课程旨在帮助学生了解会计师的职责、业务范围,以及企业对会计师的需求,从而提高他们在实际工作中运用会计知识的能力。本课程主要包括如下内容:企业组织结构与政府;环境的影响;会计的历史;会计的特殊职能;个人及团体的领导与管理;高素质雇员的招聘与培养等。在教学上注重学生会计实务、审计能力以及企业财务管理能力的培养,为跨国公司、国际性会计师事务所、管理咨询公司、大型国企、事业单位及政府部门培养高级专业人才。

本课程分为知识模块、技能模块、核心模块和选修模块四部分:(1)知识模块。这部分课程主要涉及会计原理、财会信息的作用以及管理领域的主要问题。它为学生提供了商业、财务和管理方面的基础知识,是学习 ACCA 其他课程的基础。(2)技能模块。技能课程涵盖了专业财会人员应具备的核心专业技能,包括商务运作的法律环境以及财会方面的关键技能。这些课程旨在提高学生的实际操作能力和专业技能。(3)核心模块。核心课程着重于企业战略管理中财务人员的作用,培养学生用专业知识对信息进行评估,并在专业伦理框架内提出合理的经营建议和忠告。这些课程是 ACCA 考试的重要组成部分,强调战略思维和伦理实践。(4)选修模块。选修课程允许学生根据自身的工作性质(专业执业或财务管理)选择课程,从而强化相关领域的知识。这种灵活性使得学生能够根据自己的职业发展需求来定制学习路径。

二、课程目标

（1）理解和掌握会计师的基本职业道德和操守。了解会计师在职业活动中需要遵守的道德准则和规范，包括独立性、客观性、保密性等。

（2）掌握会计基础理论和实务知识。了解和掌握基本的会计概念、会计原则、会计假设、会计要素、会计科目、会计分录等基础理论和实践知识。

（3）培养解决实际问题的能力。通过课程中的实际案例和项目，学会如何运用会计知识和技能解决实际工作中的问题，例如编制财务报表、进行税务筹划等。

（4）培养创新思维和批判性思考能力。学会以创新和批判性的方式思考和解决问题，包括对现有的会计理论和实践进行批判性思考，以及在面对新的会计问题时能够提出创新的解决方案。

（5）培养团队合作和沟通能力。在课程的项目学习中，需要与他人合作，交流和分享观点，因此需要培养良好的团队合作和沟通能力。

（6）了解企业运营管理的各个方面。除了会计知识，还需要了解企业的运营管理，例如企业的组织结构、财务管理、市场营销、战略规划等，以便更好地理解会计师在企业管理中的角色和作用。

这些学习目标旨在帮助学生全面了解会计师的职业领域，提高其在该领域的理论知识水平和实际操作能力，并为其未来在职业发展中的进一步学习和提高打下坚实的基础。

三、课程思政教学设计举例

本课程思政部分旨在不牵强、不附会，做到"润物细无声"，培养学生良好的思想品德和行为习惯，成为德才兼备的会计人才。

（1）职业道德和职业操守：强调会计师职业道德和操守的重要性，例如诚实守信、勤勉尽责、公正客观等，以及违反职业道德和操守可能带来的风险和后果。比如：南海泡沫事件。南海泡沫事件（South Sea Bubble）是发生在18世纪初的一个重大经济事件，主要影响了英国的金融市场。这一事件被认为是早期历史上最著名的投机泡沫事件之一。南海公司(South Sea Company)成立于1711年,其主要目标是接管英国的国债,以换取对英国与南美洲的贸易垄断权。在那个时代,南美洲被认为充满了无尽的财富,因此南海公司的前景被极度看好。这使得该公司的股票价格迅速上涨。然而,实际上南海公司在南美洲的贸易并不如预期的成功,但这并没有阻止投资者继续购买其股票。股价继续飙升,引发了一场投机热潮。这就是所谓的"南海泡沫"。到了1720年,南海公司的真正状况开始被揭露,其股价开始下跌。当泡沫破裂时,许多投资者损失惨重,包括一些知名的政治家和皇室成员。这一事件对英国的金融市场产生了深远影响,也促使了后来的公司法改革。

(2)法规和合规:会计师需要遵守相关的法律法规和规章制度,例如会计法、审计法、税法等。在课程中加入相关的合规案例,让学生了解会计师在执业过程中需要遵守的法规和合规要求。安达信会计师事务所的信誉危机是一个著名的案例。安达信会计师事务所曾经是全球五大会计师事务所之一,因为涉及安然公司(Enron)的会计舞弊丑闻,其信誉受到了严重损害。在2001年安然公司的财务造假事件曝光后,安达信因审计失职被起诉,这导致了客户流失,事务所信誉急剧下降。尽管安达信试图与检察官达成暂缓起诉协议,但最终因为与检察官的合作不够而未能避免法律的制裁。这个案例强调了会计师事务所在进行审计工作时必须遵守的会计准则和职业道德规范。它提醒了会计行业必须坚持独立性、客观性和公正性,确保审计工作的质量。同时,也展示了当会计法规和合规被忽视时,可能会给公司带来的严重后果,包括法律责任、经济损失和声誉损害。在实际操作中,会计法规和合规要求企业建立健全的内部控制体系,确保财务报告的真实性和准确性。企业应当定期进行内部审计和风险评估,及时发现并纠正可能的不合规行为。此外,企业还应加强员工的法规合规培训,增强他们的法规意识和合规能力。

(3)社会责任感:会计师在执业过程中需要承担一定的社会责任,例如提供准确的财务信息、保护客户的机密等。在课程中强调会计师的社会责任,让学生了解会计师在维护社会公共利益和市场秩序方面的重要作用。会计师对企业的可持续性报告进行审计,展示了其在社会责任方面的作用。可持续性报告是企业披露其环境、社会和治理(ESG)表现的一种方式,对于投资者和其他利益相关者来说,这些信息至关重要。会计师在进行财务审计时,也体现了其对社会的责任。他们需要确保财务报表的真实性和公正性,这对于保护投资者利益和维护市场秩序至关重要。如果注册会计师在工作中发现财务造假等不正当行为,他们有责任采取行动,防止误导投资者和公众。在课堂上,通常会让学生选取一家感兴趣的企业,下载其财务报告以及 ESG 报告进行分析。

(4)诚信文化:会计师的职业活动需要以诚信为基础,在课程中加入诚信文化的教育,例如介绍一些企业诚信经营的案例或者会计师诚信的经典案例,让学生了解诚信的重要性。阿瑟·安德森的故事是一个展现会计师诚信文化的典型案例。阿瑟·安德森是著名的安达信会计师事务所的创始人之一。在他的职业生涯中,始终坚持诚信为本的原则,他的生活和工作态度体现了诚信文化的重要性。这种文化不仅对个人的职业发展至关重要,也对整个会计行业的声誉和信任度有着深远的影响。在安达信会计师事务所涉及安然公司会计舞弊丑闻后,尽管事务所最终因审计失职而受到重创,但阿瑟·安德森的诚信精神和对职业道德的坚守仍然被业界所推崇。他的故事提醒着每一位会计专业人士:诚信是职业成功的基石。总的来说,会计师的诚信文化不仅体现在日常工作中的每一个决策上,更是会计行业健康发展的重要保障。通过这些案例,我们可以看到诚信文化在会计行业的核心地位,以及它对于维护公众利益和社会信任的重要作用。

(5)爱国主义精神:在课程中结合我国的实际情况,加入爱国主义教育,例如介绍我国会计制度的演变和发展历程,让学生了解我国会计事业的发展和成就,激发其爱国热情,增强其民族自豪感。在这部分,我通常会跟学生分享华为的企业文化。从被外国人卡了技术的脖子,到现在 Mate 60 携麒麟芯片王者归来,夹带鸿蒙系统(鸿蒙现在已经完全地去安卓化了,原来可能要跟安卓兼容,未来将不带安卓玩了),再到现在华为高性能星闪芯片曝光……通往巅峰的路有很多条,但华为选择了最困难,但也是最有价值的一条。因为难走的路从不拥挤,登顶的长阶从来都需要脚踏实地。

这些思政元素的融入,不仅可以提高学生的职业道德素养和思想水平,还可以帮助其更好地理解和遵守相关的法律法规和规章制度,为其未来的职业发展打下坚实的基础。

四、课程反思

"商业与技术"这门课程帮助学生深入理解了会计在企业运营中的关键作用。以下是我对这门课程的一些反思:

(1)理论与实践的结合:课程不仅仅是对会计原理的讲解,更注重将理论应用于实际情境中。这种结合能帮助学生更好地理解理论知识,并提高解决实际问题的能力。

(2)批判性思维的培养:通过分析不同的案例,让学生学会如何批判性地思考问题,从多个角度进行分析,而不是仅仅接收现有的信息。

(3)沟通与合作的重要性:在小组讨论和案例分析中,帮助学生意识到沟通和合作对解决问题的重要性。每个人都有自己的观点和经验,通过有效的沟通和合作,我们可以得出更加全面和深入的结论。

(4)职业道德的认识:课程强调了会计职业道德的重要性,特别是在面对道德困境时,如何坚守原则并作出正确的决策。这可以帮助学生深刻认识到作为会计专业人士,我们的决策不仅会影响公司的财务状况,还可能对社会产生深远的影响。

(5)终身学习的意识:会计是一个不断发展的领域,新的法规、标准和技术不断出现。这门课程让学生认识到作为会计人员,需要不断学习和更新知识,以适应不断变化的环境。

"大学英语"课程思政教学案例

周 灵

一、课程介绍

"大学英语"是全校公共基础必修课,是我校高等教育的一个有机组成部分。为了体现学校以"交通为特色,轨道为核心"的优势,本课程以《大学英语教学指南》为指导,依托"内容—语言融合学习"教学法,围绕校本教材《卓越英语综合教程》中的单元主题进行项目式教学。各单元主要包括通识英语、交通工程英语和"一带一路"共建国家和地区文化等三部分内容,充分体现外语语言的人文性和工具性特点,既培养同学们的跨文化交际能力,又培养与行业相关的英语应用能力,以便更好地满足国家、行业和区域社会经济发展对国际化高素质专业人才的需求,全力服务轨道交通大行业与地方大产业。

二、课程目标

本课程的教学目标是落实立德树人根本任务,切实发挥课程思政功能,将思政教育有机融入英语教学中。通过充分发掘英语课程中蕴含的思政教育资源,坚持将思想教育和创新教育贯穿到学生英语知识的学习中去,提升思政教育的亲和力,坚持英语课程的正确价值导向,激发学生的创新思维和坚韧意志、担当意识和爱国情怀,引领学生树立正确的人生观和价值观。培养学生的通识英语能力,包括听、说、读、写、译等应用技能;培养学生的学术英语能力和职业素养;拓宽国际视野,提升综合文化素养,增强跨文化交际意识和交际能力,满足国家、社会、学校和个人发展的需要,助力学生服务中国和"一带一路"共建国家轨道交通领域的合作。

三、课程思政教学设计举例

本节课的内容为第八单元 A Greener Future 中 Section A 课文 *Green*，*Greener*，*Greenest*。本单元以环保为主题，介绍了环保主义思想是如何扎根于国外高校的，并从环保运动、环保建筑到与环境相关的课程和专业的设置，来说明高等教育以环境可持续发展为使命，不仅要为社会培养有环保意识的公民，还要培养环保工程师、环保建筑师和环保政策的制定者。通过对本单元的学习，引导学生深刻理解习近平总书记所提出的"绿色发展观"。绿色发展观承认自然的内在价值属性，坚持人与自然统一的大系统整体观，强调人在"人与自然"系统整体中的能动作用和主体地位，真正实现人与自然和谐共生。树立和践行绿色发展观，实现经济社会发展和生态环境保护协同共进，是新时代加强生态文明建设的必然要求。

1.**教学目标**

(1)认知类目标。

①了解美国校园中的环保建筑，校园里开展的环保运动以及开设的环保课程；

②掌握校园环保相关的重点词汇、短语、句子。

(2)能力目标。

①能够根据课文主题介绍环保思想以及环保型校园的特点；

②能够掌握说明文的写作特点和阅读技巧，理解并识别段落主题句和课文中心思想；

③能在上下文中结合语境理解某些关键词语和句子；

④能够根据课文主题进行关于绿色校园活动倡议(Green Campus Movement)的口语汇报以及以"My Suggestions on Building a Green Campus"为主题的在线写作。

(3)价值类目标。

①能够深刻理解思政主题：节能减排，具有环保意识是每个大学生的职责；

②能够正确理解人与自然、经济发展与环境保护的关系；

③树立绿色价值观,能够从我做起,从保护校园环境做起,保护人类共同家园。

2. 教学重点

(1)进一步熟悉并掌握略读、导读、细读等常用阅读方法并能熟练运用;

(2)通过抓主题句准确把握段落大意、文章结构及中心思想;

(3)掌握并运用与课文主题相关的词汇进行介绍和讨论。

3. 教学难点

(1)英语说明文文体的语篇特征;

(2)运用马克思历史辩证法观点对文章内容进行分析评价;

(3)运用马克思主义生态观正确理解人类与生态环境之间的关系,理解"绿水青山就是金山银山"理念。

4. 本单元中的思政元素

(1)树立人与自然和谐共生的环境意识。

全球气候变暖、海洋污染、生物多样性减少、酸雨蔓延、土地荒漠化、森林锐减、大气污染、水污染、臭氧层的耗损与破坏、危险性废物越境转移,这些被认为是"威胁人类生存的十大环境问题"。通过了解世界地球日的设立原因和主题及其背后反映的环境问题,让学生正确理解人与自然、经济发展与环境保护的关系,并坚持"绿水青山就是金山银山"的理念。

(2)坚持可持续发展理念。

国外高校的社团活动、校园建筑设计和环保建筑材料以及环保专业的多样化设置和生态农场的课外实践等处处体现出可持续发展理念。通过深入了解可持续发展的理念及其意义,帮助学生树立正确的环境意识和社会责任感,认识到个人的行为对环境和社会的影响,逐步树立可持续发展的价值观。

(3)践行绿色低碳生活方式。

通过对比国外高校如何利用学生、学校和企业通力合作来传播并践行环保理念,让学生意识到我国的环境和生态问题还任重道远,需要树立正确的环保观念,培养绿色的生活方式,为人类的可持续发展作出贡献。

5. 课程思政教学实施过程

本思政案例充分利用现代教育技术,采用多种教学手段,通过信息化的课程内容(PPT课件、视频、word文档等)和网络化的课堂教学(钉钉、课堂派、批改网、微信等网络平台),努力实现课程资源共享,提高教学效果。教学实施过程包括课前、课中、课后三个阶段,具体如下:

课前预习:预习课文,完成I花椒在线阅读测试,并思考校园环境污染的原因和危害、校园环境保护和大学教育的关系、人与自然的关系。

课中学习:

(1)导入:讨论"Environmental issues in everyday life"(思政元素融入:世界地球日主题宣传)。

步骤1:观看视频(Video Watching)。播放世界地球日科普视频以及在2023年4月22日是第54个世界地球日,中国制作的以"珍爱地球 人与自然和谐共生"为主题的宣传视频《我们属于大自然》(北师大版)。链接:http://vod.mnr.gov.cn/spxw/202304/t20230424_2783886.htm。

步骤2:小组头脑风暴(Brainstorm)。小组成员围绕环境问题,分享和交流环境问题产生的原因和带来的危害。

问题设计:How much do you know about causes and effects of environmental problems?

步骤3:教师点评并作必要补充,强调环境问题日益显著,需要每一个人的关注和为保护环境而努力。

(2)课文理解:Global &detailed comprehension(思政元素融入:校园环保文化)。

步骤1:小组调查。在小组内调查不同看法。

问题设计(Pre-reading Questions):What does a green campus look like in your mind?

步骤2:让学生快速阅读全文,识别每段的主题句,完成图表填空。

步骤3:以问题的形式,并以各段落为单位,细读全文,并讲解重点词汇、句型和用法。

段落问题设计(While-reading Questions):

Para 1:Why did Cornell president say"Sustainability is no longer an elective"?

Para 2:As the winner of 2008 champion of RecycleMania competition, what did

Kalamazoo College do?

Para3：What are the typical features of a green building?

Para 4-6：According to the passage, what effort did many universities make to help students become environmentally friendly?

步骤4:重点词汇和句型讲解。

重点句型(1):Members of the recycling club launched a "dorm storm," ambushing students in their rooms and preaching the virtues of waste reduction.

Paraphrase：The members of the recycling club conducted a surprise visit to students' dormitories and promoted the benefits of reducing waste.

重点句型(2):Students have gotten into the spirit, waging competitions to boost recycling and slash energy use in dorms.

Paraphrase：Students have been enthusiastic about participating in competitions aimed at promoting recycling and reducing energy usage in dormitories.

重点单词:

Boost:push or shove upward, as if from below or behind.

Examples：The government is hoped to take action to boost the economy.

The movie helped boost her screen career.

同义词辨析:boost/enhance/exalt/elevate.

Landscaping enhances the beauty of the grounds.

A king is exalted above his subjects.

The government elevated the living standards of the poor.

Do what you can to give her confidence and boost her morale.

(3)案例讨论(Case Study):通过视频分享真实的生活案例,让学生们交流人与自然的关系。(思政元素融入:人与自然的关系)

案例1(中英文双语视频):"Covid-19:为什么你的生活和过去不一样了"(https://www. bilibili. com/video/BV1U54y1n744/? vd ＿ source ＝ f997e5aa7e56ecc7b 300f8f0482eba5c)。

案例2(中英文双语视频):关于中国保护生物多样性主题的COP15大会主题宣传片。

"Humans have transformed the environment, and the environment has affected human events." What is your comment on this quotation? Can you support your opinions with relevant examples?

（4）课后活动及作业。

课后活动：小组共同策划一项校园环保运动（Green Campus Movement），并制作校园宣传海报。

课后作业：在"批改网"平台上完成一篇以"建设环保校园之我见"为题（My Suggestions on Building a Green Campus）的英文作文。

6. 教学评价

对学生进行绿色环保教育，不仅开阔了学生的视野，也帮助学生树立了绿色发展观，增强了学生的责任感和爱国意识。使学生深刻认识到保护环境需要我们共同参与，切实践行低碳生活的理念。在专业知识方面，本次课学习了与环保和疫情相关的词汇和语言表达，通过主题思考、讨论以及翻译练习让学生们深刻理解了习近平总书记提出的"绿水青山就是金山银山""人与自然和谐共处"的可持续发展理念，学生的口语汇报和在线作文表明学生很好地掌握了相关知识，本次课的教学效果显著。

四、课程反思

本课程是面向全校大学一年级和二年级所有专业学生开设的大学英语课程，如何在讲授英语知识的过程中巧妙地融合思政，做到润物细无声，需要在英语教学的实践中逐步探索、积极创新、持续优化。具体从以下几个方面进行了反思：

第一，育人先育己，育人先育心。教师应当从自身做起，树立正确的世界观和价值观，言传身教，在大学英语课程中通过挖掘鲜活的思政元素，让学生产生认知认同、情感认同和行为认同。

第二，创新融合多种方式方法。教师应根据具体的主题、知识点和思政元素，充分利用线上线下相结合的混合式教学、互动式教学、案例教学等多种教学手段，进行抢答、讨论、选人等课堂活动，设计包含海报、视频、写作等形式多样的小组任务和线上作业,将思政元素无缝渗入,巧妙融合在学生的自我探索和合作学习过程中。

第三,及时总结,优化完善。课程思政需要教师平时注重思政素材的积累和更新,根据不同专业学生的特点,教学内容应与时俱进,及时调整和总结改进。

"离散数学"课程思政教学案例

周庆忠

一、课程介绍

"离散数学"是现代数学的一个重要分支,是计算机类专业的学科基础课,对于学生知识、能力和综合素质的培养具有承前启后的作用。离散数学在各学科领域,特别是在计算机科学与技术领域有着广泛的应用。本课程主要内容包括:命题逻辑、谓词逻辑、二元关系和函数、代数系统、群与环、格与布尔代数,图论的基础知识、特殊图、图论的应用。通过本课程的学习,不但可以使学生掌握处理离散结构的描述工具和方法,为后续相关课程的学习创造条件,而且可以提高学生的抽象思维能力和严格的逻辑推理能力,为将来参与创新性的研究和开发工作打下坚实的基础。

本课程教学从爱国主义、科学家精神、专业素养等方面,挖掘育人素材,尤其是将我国学者在离散数学领域做出的突出贡献,融入课程教学,引导学生树立正确的"三观",激发学生的爱国情怀、软件强国之梦,培养勇于探索的科学精神。

二、课程目标

"离散数学"是我校软件工程专业的学科基础课,根据培养高素质、复合型、应用型人才目标和工程教育认证要求,本课程目标如下:

知识目标:熟练掌握离散数学的基本概念、基本理论和基本方法,具备将知识运用到后续专业课程学习中的能力。

能力目标:培养逻辑思维能力、逻辑推理能力和数学建模能力,能运用离散数学描述专业相关工程问题,为解决计算机类复杂工程问题打下基础。

素质目标:培育学生"严谨、完整、规范"的工程素养;利用课程中的爱国主义精神、科学家精神和数学美等,培养学生的人文素养、家国情怀。

三、课程思政教学设计举例

(一)教学设计

1.教学章节和内容

本案例选用的章节是江西高校出版社出版的《离散数学(修订版)》第7章"7.3 特殊群"。本节主要研究两类特殊群:循环群和置换群。循环群是最简单的群之一,它具有很多性质,应用广泛,例如国际公认的较理想的 ElGam 公钥密码体制就是基于循环群中离散对数问题构建的。置换群也有广泛应用,例如在正 n 边形的对称性问题、早期的凯撒密码以及着色等问题中的应用,可以联系实际问题引入介绍,让具体的应用实例唤起学生的学习兴趣。

2.学情分析

本课程教学对象为软件工程一年级本科生。大一新生普遍求知欲强、学习能力强、信息素养高,但由于离散数学课程内容丰富但相对抽象,加之学生对其广泛的应用不了解,因而对该课程价值缺乏应有的认识,不够重视,甚至排斥它,心理上感觉学习较困难,提不起足够的学习兴趣。因此,离散数学课程教学时,应以学生为中心,教师为主导,从知识背景相关应用出发,介绍它的应用价值,以问题为导向,启发和引导学生思考,激发学生的求知欲与探索精神,唤起学习兴趣与内驱力,以期实现理想的教学效果,更好地达成课程目标。

3.教学目标

(1)知识目标。

①掌握循环群的定义、判定、性质,生成元的计算;

②掌握置换群的定义,置换的轮换分解和对换分解。

(2)能力目标。

①提高自主学习、探索、概括归纳能力;

②能积极讨论问题、回答问题,提高逻辑思维、团队合作及语言表达等能力;

③能够使用循环群、置换群理论解决实际应用问题,提高理论知识运用、创

新等能力。

（3）思政目标。

①厚植爱国主义情怀，增强民族自豪感；

②培养学生执着探索、追求真理、敢于质疑猜想、勇于创新的精神；

③培养学生的团结协作精神、科技自立自强理念、勇于探索的工匠精神。

4. 学习重点

（1）循环群的判定与生成元的计算。

（2）置换群的轮换表示。

5. 学习难点

（1）循环群生成元的计算。

（2）置换群的轮换表示。

6. 教学方法

（1）实例导入：从循环群、置换群的应用实例引入，激发学生的学习兴趣和学习热情，增强探索新知的动力。

（2）启发式教学。

①通过循环群定义的讲解，启发提问：判断一个群是不是循环群的关键是什么？继而引出例题：证明整数加法群是循环群。证明的过程也就是寻找计算生成元的过程。

②通过让学生观察、讨论正三角形的对称性，引导学生自主思考、讨论对称的本质问题，引出对称群与置换群的内容。

③对于置换的轮换表示，通过含有多个不动点的置换特例表示，提问：置换的表示方法可否进一步简化？引出轮换和对换的概念。

（3）演示教学法：引入正三角形对称性问题时，可将小动画引入课堂教学，更加生动形象地展示对称的本质，加深学生对课堂内容的理解。

7. 主要思政元素

（1）思政素材。

①介绍中国群表示论奠基人——著名数学家段学复的事迹；

②介绍群论在物理学中的应用；

③从"宇称守恒"到"宇称不守恒"，介绍中国科学家杨振宁、华人科学家

李政道的重要成就。

（2）思政切入点。

循环群、对称群引入。

8. 案例教学意义

（1）离散数学内容丰富但相对抽象，加之学生对其广泛的应用不了解，因而对该课程价值缺乏应有的认识，不够重视，甚至排斥它，心理上感觉学习较困难，提不起足够的学习兴趣。因此，教学时，应从知识背景相关应用出发，了解它的应用价值，以问题为导向，启发和引导学生思考。

（2）通过知识的学习和应用，让学生感悟数学之美，提高学生的数学素养；通过了解中国数学家的事迹与成就，增强民族自豪感，培养学生科技自立自强、勇于探索的工匠精神。

（3）通过挖掘和梳理其思政元素，并将其融入教学环节，实现思政教育和专业知识的有效统一。

（二）教学组织与实施

1. 教学活动 1：导入循环群概念（5 分钟）

先回顾上节群与子群的基本概念和判定。

【案例分析】介绍 2022 年 6 月公布的西北工业大学被网络攻击事件，指出保障网络信息安全的重要性和紧迫性。通过介绍基于循环群中离散对数问题构建的国际公认的较理想的 EIGam 公钥密码体制，从而引入循环群的概念。接着，介绍我国群表示论奠基人著名数学家段学复在循环群方面取得的成就。

【课程思政元素】激发学生的学习兴趣和学习热情，提高学生学习的积极性。通过介绍数学家段学复在循环群方面的成就，增强学生的民族自豪感，激励学生树立科技自立自强理念，增强科技强国信心。

2. 教学活动 2：循环群的基本概念（40 分钟）

【知识讲解】通过循环群定义的讲解，启发提问：判断一个群是不是循环群的关键是什么？

【学生活动】学生听讲，根据问题进行思考或互动讨论，然后抢答。

对学生的积极讨论要及时反馈，并给予肯定。

【引导归纳】关键是如何寻找计算生成元。

【例题讲解】引出例题:证明整数加法群 $<Z,+>$ 是循环群。证明的过程也就是寻找计算生成元的过程。

【提问讨论】结合例题解题过程,请你归纳一下,计算生成元可分为哪几个步骤?

【引导归纳】计算生成元可分为如下两个步骤:①假设生成元存在,并根据生成元的定义计算它;②验证计算出来的元素是否是生成元,如果是,则该群是循环群。

【课程思政元素】鼓励学生思考,提高课堂学习参与度,增强合作与竞争意识,加深对新知识的理解,提高语言表达能力。

3. 教学活动 3:对称群与置换群的基本概念(30 分钟)

【知识讲解】对称群引入:设 A 是任意集合, $S_A = \{f \mid f$ 是 A 上的变换$\}$,则 S_A 关于函数的复合运算构成的群称为 A 上的对称群。为什么称为对称群呢? 这是由于此类群可描述事物的对称性。自然界和现实生活中,许多事物都有对称性,如图形中的等边三角形、机械系统中的对称结构、物理学中的晶体对称性等。群论的奠基人伽罗瓦利用方程复根的对称性原理,最终建立群论,解决了高次代数方程的求解问题。

“对称效应”在神秘无穷的“超自然界”也同样适用,有“对称即群”的说法。例如,群论在物理学中的应用,仅仅通过一个简单的对称性就得到了整个电磁学理论。无论是“经典物理”中的“对称性和守恒律”,还是“量子力学”中的“角动量理论”,都闪烁着“群论”思想的光芒。接着介绍从“宇称守恒定律”到由中国科学家杨振宁和美籍华人科学家李政道提出“宇称不守恒定律”的发展变化,指出科学家追求真理、大胆质疑猜想、勇于探索创新的精神。

【知识讲解】讲解定义 7.14“n 元置换的概念”,结合实例加深理解,指出置换群是 n 次对称群的子群。

【提出问题】n 个元素的集合 S,可以有多少个这种置换? 对积极思考回答问题的学生代表给予鼓励。

【知识讲解】任何 n 元置换都可以用不交的轮换之积来表示。请观察下面两个置换的特点:

$$置换 \sigma_2 = \begin{pmatrix} 1 & 2 & 3 & 4 & 5 & 6 \\ 3 & 5 & 2 & 6 & 1 & 4 \end{pmatrix} \qquad 置换 \sigma_3 = \begin{pmatrix} 1 & 2 & 3 & 4 & 5 & 6 \\ 3 & 1 & 2 & 4 & 6 & 5 \end{pmatrix}$$

【提出问题】请观察这些置换的表示,其元素的出现有没有什么特点或规律?(对发现轮换、替换特点的同学给予肯定、称赞)

【引导归纳】通过观察发现,有些元素会发生轮换(这些元素类似循环替换),有些元素是两两对换,有些元素没有发生替换。

【提出问题】能否把一个置换进一步简化表示,让置换的结构更清晰?一个比较自然的想法是把那些形成一个循环轮换的元素按替换先后顺序写在一起做成一组置换,对换的元素写在一起做成一组置换,不发生替换的元素可以省略不写。引出轮换、对换的概念。

【学生活动】通过让学生观察、分组讨论,引导学生自主思考讨论如何把一个置换表示为轮换之积。(引导学生合作解决问题,从而培养学生的团队精神和解决实际问题的能力)

4. 教学活动 4:对称群与置换群的基本概念(15 分钟)

【知识讲解】讲解定义 7.15"置换的复合概念",结合例 7.10 掌握求置换的复合的方法。

【拓展阅读】宇称不守恒定律(https://baike.baidu.com/item/%E5%AE%87%E7%A7%B0%E4%B8%8D%E5%AE%88%E6%81%92%E5%AE%9A%E5%BE%8B/4811059? fr=aladdin)。

四、课程反思

本案例设计除了讲授特殊群基本知识之外,还介绍了特殊群在生活、通信、物理等领域的广泛应用。为了帮助学生理解对称群,教师在课件中可使用动画演示,直观地呈现对称群的基本思想。教学设计既尊重了知识体系,又不囿于知识体系,采用了广泛联系的观点,联系学生日常生活中相关知识的应用,帮助学生理解特殊群的基本知识,并引导学生将探究活动从课内引向课外,开阔知识视野,提高研究兴趣。通过挖掘思政元素和设计恰当的思政融入策略达到了课程思政目标,总的来看,本案例较好地实现了课程所设目标。

"画法几何及机械制图 I"课程思政教学案例

曾昭韦

一、课程介绍

"画法几何及机械制图 I"课程是面向机械类专业本科一年级学生开设的一门技术基础课,是新生入学后接触到的第一门与工程实际紧密结合的课程。课程以机械图样为研究对象,运用投影理论,建立起形体与图形之间的联系,用图形来表达工程设计理念。本课程的主要教学目的是培养学生绘制和阅读机械图样的基本能力和空间思维能力,为后续课程和未来从事工程技术工作夯实必备基础。

本课程的理论体系严谨、实践性强,以图形表达为核心,以形象思维为主线,主要内容包括制图的基本知识、投影基础知识、组合体视图、机件的表达方法、零件图、装配图等。课程结合专业相关工程图样的绘制及实践项目案例的讲解,培养学生的基本工程素养,培养学生的空间想象能力、形象思维能力、实践创新能力,以及严谨细致的工作作风和精益求精的工匠精神。

二、课程目标

1. 知识目标

(1)使学生学习并掌握《机械制图》和《技术制图》国家标准及其他标准规定与技能。

(2)掌握正投影法的基本理论及其应用,锻炼学生三维空间形体的二维平面表达能力。

(3)掌握绘图与读图的基本方法与技能,使学生熟悉制图标准和各种规定画法及简化画法的内容与应用。

（4）建立工程意识，积累工程知识，夯实工程基础，掌握专业相关工程图样的表达内容、方法及特点。

2. 能力目标

（1）培养学生熟练绘图和读图的能力。

（2）培养学生的空间想象、空间分析和形象思维能力。

（3）培养学生的动手实践能力和创新设计能力，提高分析和解决工程实际问题的能力。

（4）培养学生认真细致的工作作风和严谨负责的工作态度。

3. 思政目标

（1）加强学生的科学精神和工程素养教育。

（2）启发学生的创新意识，培养团队协作精神和大国工匠精神。

（3）传承中华民族传统文化技艺，坚定文化自信，培养工匠职业精神。

（4）厚植学生科技报国的家国情怀，增强学生的国家使命感和责任感、民族自豪感。

（5）使学生树立大局观念和职业道德规范，培养有责任、有道德、有思想的时代新人。

三、课程思政教学设计举例

本案例以"画法几何及机械制图 I"第五章第四节读组合体视图的教学设计为例，主要教学内容为读组合体视图的方法。

1. 案例教学分析

读图是工程技术人员必须掌握的一项基本技能。读组合体视图是本课程的重点内容之一。本案例的设计思想是将习近平新时代中国特色社会主义思想的立场、观点和方法融入读图要点和方法的课堂教学中，提高学生正确认识问题、分析问题和解决问题的能力。将科学的思维方法、严谨细致的探索精神融入读组合体视图即组合体构型设计的讲授中，培养学生的创新意识和创新能力。本案例采用问题引入式、讲授式、启发式、举例式、讨论式、讲练结合式等多种教学方法将思政元素自然融入课程理论知识的讲解中,使学生从知识层面和思想层面都学有所获,并培养学生的爱国情操和大国工匠精神。

2.教学设计思路

本案例的设计思路如下图1所示。

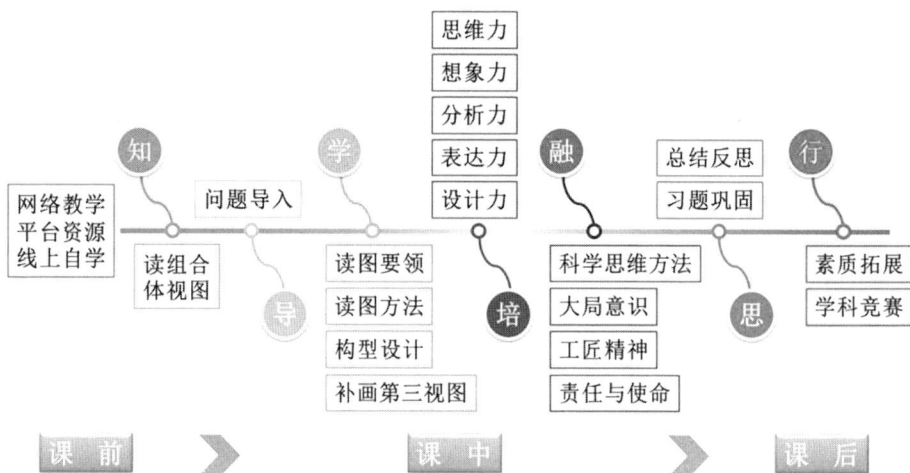

图1　案例教学设计思路图

3.教学目标

知识目标:(1)掌握组合体读图的基本要领和基本方法。(2)能够熟练运用组合体读图的基本方法读懂较复杂的组合体视图。(3)能够根据组合体两个视图补画第三个视图并构想出组合体的空间结构。

能力目标:(1)培养学生读图和绘图能力、空间想象能力以及利用所学知识分析和解决问题的能力。(2)培养学生的空间思维能力、图形观察力、形体表达力和构型设计能力等。

思政目标:(1)提高学生用科学的思维方法认识、分析和解决问题的能力,包括用联系的观点看问题、抓住事物的主要矛盾、具体问题具体分析等方法,要有整体思维、主次意识、深入分析和解决问题的能力。(2)培养学生的创新意识和创新能力,以及大胆尝试的探索精神、小心求证的严谨科学态度、科技报国的家国情怀和使命担当。(3)引导学生树立大局意识,传承和弘扬大国工匠精神,引导学生树立文化自信,增强民族自信心和自豪感。

4.教学重难点

组合体读图的基本要领、基本方法和组合体构型设计。

5.课程思政元素融入

在讲述组合体读图的基本要领时融入思政元素:在分析问题时要用联系的观点全面分析问题,看待事物时要从整体、多角度观察,解决问题时要采用科学的思维方法分清问题的主次、抓住事物的主要矛盾。在讲述组合体读图的基本方法的过程中融入思政元素:在分析问题时要具体问题具体分析,根据事物、问题的不同特点,采取恰当的分析方法解决问题,以科学的思维方法,在分析解决复杂问题时,化繁为简,对事物不能光看表面,要深入剖析内部,看清事物的本质。在组合体构型设计时融入思政元素:在看待事物时要摆脱思维定式,通过大胆想象、小心求证,积极探索解决问题的新方法;要有创新意识和创新精神以及严谨细致的工匠精神。

6.教学实施过程

【课程导入】画法几何综合求解问题;基本立体的投影、截切与相贯;画组合体三视图。

学生回答相关问题,教师总结评价。

设计意图:复习前述课程内容,引出本节课内容;培养学生的空间思维力、空间想象力和形体表达力。

【任务一】组合体读图的基本要领。

学生通过观察所给视图,分析视图所表达的组合体空间结构。

教师总结组合体读图的基本要领:(1)要将所给视图联系起来看图;(2)要善于抓住反映物体特征的视图读图;(3)要善于分析所给视图中线、线框所表示的含义。

设计意图:培养学生的图形观察力、知识运用力,在分析解决问题时要采用科学的思维方法,要有大局意识。

【任务二】组合体读图的基本方法。

学生根据所给两视图补画第三视图。

教师总结形体分析法和线面分析法的运用技巧和看图步骤。

通过举例让学生消化掌握组合体读图的基本要领及组合体读图的基本

方法。

设计意图:培养学生的形体表达力、知识运用力,在分析和解决问题时要用联系的观点看待问题,要抓住事物的主要矛盾,具体问题具体分析,要有整体思维、主次意识。

【任务三】组合体构型设计。

学生通过观察所给组合体视图想象物体的空间结构,并结合实际生活、校园特色图标、物件等掌握形体构型表达的多样性。

设计意图:培养学生细心观察生活的能力,启发学生善于思考,并培养其空间想象力、形体表达力、图形观察力;激发学生学习兴趣,了解校园文化,爱校如家,增强集体荣誉感,激发爱国情怀;培养创新意识和创新能力。

【任务四】小组汇报问题讨论结果。

针对课程内容及教师所提出的问题,学生分组讨论并进行汇报。教师讲评讨论结果。

设计意图:了解学生对课堂知识内化、应用的情况。锻炼学生的知识运用力、语言组织表达能力。培养学生全面、客观、深入分析问题,快速找到解决问题策略的能力,引导学生树立大局意识,传承和弘扬大国工匠精神。

四、课程反思

1. 教学策略

为充分体现以"学生为中心"的教育理念,明确课程思政教学目标,本案例采用问题引入式、讲授式、举例式、启发式、小组讨论式、讲练结合式等方法进行教学,并从以下方面进行教学设计:一是总结前面所学章节内容,主要培养学生绘图和读图的基本素质能力(空间思维力、空间想象力、形体表达力),本次课主要培养学生的图形观察力、构型设计力和科学思维分析力,这些素质能力是叠加的,并逐步提高的;二是从尊重学生已有的知识与生活经验出发,利用学生已有的生活体验及基本形体知识去分析制图课程中的一些常见问题的处理办法,并在此基础上设计教学情境,通过小组讨论、学生讲解等方式调动学生参与课堂教学的积极性,充分发挥学生的主体作用和教师的主导作用,环环紧扣、层层深入,使学生在掌握知识的同时,逐步形成技能,培养工程素养和工匠精神;三是针对章节教学内容,深入挖掘课程思政元素,有机渗透课堂教学过程,以敬业、精益、专注、创新的"工匠精神"为切入点,提高学生用科学的思维方法认识、分析和解决问题的能力,注重培养学生的工程素养和工匠精神,同时激发学生的科技报国情怀和使命担当意识。

2. 创新点

(1)学生课前通过网络教学平台学习了本章节的基本知识点,课堂教学不重复讲授,但通过典型的例题内化知识点。

(2)课前布置学生讨论的问题,先由学生汇报,教师再讲解,由此提出科学(或复杂工程)问题分析解决的常规方法。

(3)创新提出组合体构型设计问题(教材及参考资源一般没有此内容),培养学生的构型设计能力和创新能力。

3. 主要成效

(1)学生学习热情高,积极参与课堂教学活动,教学效果良好。

(2)课程思政元素融入自然,在理论知识传授的同时,提高了学生用科学的思维方法分析问题和解决问题的能力,培养学生的创新意识和探索精神。

(3)以赛促教,以赛促学,赛教融合,学生积极参加大学生科技创新大赛,不断提升自身能力与技能。